映画美学入門

映画美学入門

淺沼圭司

水声社

目次

凡例

一、本文中の＊印を付した映画人については、巻末の「作家紹介」を参照されたい。

一、本文中の★印を付した注は、今回の復刊にあたり追加した注である。

一、「作家紹介」の中の［　］でくくった部分も、復刊にあたり追加した部分である。

はじめに――復刊にあたって

昨年（二〇一七年）の暮れちかくのこと、あるできごとをきっかけにして、ごくしたしい数人の友人が、わたくしのためにあつまりを開いてくれた。その席上で、友人のひとりが、古本屋でたまたま入手したという『映画美学入門』（美術出版社、一九六三年）を手にとりながら、その読後感を率直に語ってくれた。それが口火を切ったかたちになって、しばらくのあいだこの本を話題《たね》に話に花が咲いたが、このあつまりには水声社の方も同席されていた。

年があけてしばらくして、水声社から『映画美学入門』を復刊したいという申し出があった。まったく思いがけないことで驚くしかなかったが、おそらくあの集まりでの話がひとつのきっかけになったのだろうと、それなりに納得した。

五十年以上もまえに、三十歳になるかならずで書いたこの本に、なにほどの価値があるのか、わたくし自身には判断しかねるのだが、改版ではなく復刊ということは、この書物が、五十数年まえに、ひとりのわかい、いわばひとり歩きをはじめたばかりの研究者によって、このように書かれたということそのものに、あの時の友人や水声社の方がなんらかの意義を見出したことを意味するのではと、ふと思いついた。たしかに、参照すべき文献がすくないうえに、その入手がきわめてむずかしく、それ以上に、おおくの先行研究がかならずといってよいほどに言及している映画作品の大半が見られないという、この本が書かれた当時の状況は、多様な情報や豊富な資料が容易に入手可能という状況のなかで仕事をするいまのわかいひとびとにとって、すこしばかりの意義は、あえていえば「他山の石」としての役割ぐらいはあるのかもしれない。

このような判断にもとづいて、復刊にあたっては、訂正ないし加筆は、つぎのようないくつかの場合を除いて、できるだけおこなわないことを原則とした。1、明白な誤記ないし誤植、2、時の経過あるいは状況の変化によってその意味に変化（曖昧）が生じた語、3、外国人人名のカタカナ表記が、本来の発音にしたがっていなかったもの、4、人名に付した生没年の、現在の資料にもとづいた訂正、など。

ところでクリスチャン・メッツは、その『映画における意味作用に関する試論』（Christian Metz: *Essais sur la signifiation au cinéma*, 1968）の冒頭で、この書物に収録する（既発表の）論文に手をいれることは一切しないとしたあとで、論文の発表とこの書物の刊行のあいだの時間的なギャップによって生じた問題については、テクストを変えることではなく、註をつけることによって対処し、その「最新版」を作成すると述べている。一度はこのメッツのやりかたにならうことも考えたが、旧版と復刊のあいだの五十数年のギャップは、註の付加によって埋めるにはあまりにもおおきいため、「最新版」の作成は、全面的な書きなおしによる以外になく、結局断念せざるをえなかった。

なお旧版の表紙裏に付した「年表」は、再録しなかった。全体として百二十年ほどの映画の歴史のうち、最近の五十年あまりを欠く年表には、なんの意味もないだろうから。「作家紹介」については、いまの読者にさほどなじみのない作家をふくんでおり、それなりに意義があると考え再録したが、いまの時点であきらかになった作家の没年や、場合によっては欠落していたいくつかの代表的と思われる作品名を、参考までに付加した。また「文献解題」は、いまでは入手のむずかしい、あるいはほぼ忘却されているだろう文献を含んでいることが、かえって当時の研究状況を伝えるのではと考え、再録した。

旧版には、本文で言及した映画がいくぶんでも読者に身近なものになればと、かなりの量のスティール写真を掲載してあるが、それらの映画の大部分は、DVDのような媒体や「ユーチューブ（YouTube）」などによって、実際に見ることができるようになっているので、すべて削除した。つけくわえれば、ヴィデオテープやDVDあるいはBRのような媒体が映画の研究——とくに歴史的、実証的な研究——にもたらしたものは、きわめておおきい。旧版における映画作品に関する記述は、参照した文献にもとづいたいくつかをのぞけば、すべてわたくし自身の映画館やフィルムライブラリなどでの受容体験の——しかも一度かぎりの——記憶にもとづいており、そのために、ごく簡単な——ときには曖昧な——ものにとどまらざるをえなかった。

五十年以上もまえに書いた本に直面すること、それは当初考えていた以上に難儀なことだったが、もっともやりきれなかったのは、五十何年かまえの「わたくし」が、いろいろなすがたで、言ってみればまるで「亡霊」のようにあらわれることだった。なかでも気になったのは、この「亡霊」の語り口――あえていえば「文体」――だった。なぜこれほどまでに、「である」という連語――「断定の助動詞」――を多用するのだろうか、それは、いまの「わたくし」の、断定を回避した――否定形や疑問形を多用する――語り口（文体）とはまるでちがう、というより正反対のものであり、つよい違和感をもたらすものだった。はじめは、意味上の脈絡に変化のないかぎりで、「である」を消去しようと考えたが、すぐに、この語り口（文体）が、ふたつほどの理由で、この本の「言説」のありかたと不可分に結びついていることに気づいた。

ひとつは、この本の執筆をすすめてくれた、当時の編集者のことばだった。最初は、いつものように、否定形や疑問形のおおい文体で書きはじめていたのだが、編集者から、この本は初歩的なひとびとのための入門書なのだから、このような婉曲な文体はふさわしくないという忠告をうけた。たしかに、初級者が必要とするのは、明確で理解しやすいかたちで呈示される知識ないしは情報だろうから、この忠告は当然したがうべきものだった。

もうひとつは、もっと私的な、わたくし自身に起因するものだった。「入門」というものは、もともと、たとえば「本殿」のような、明確に存在する実体（本体）にはいるために、まずはそのはるか手前にあるもの（門）を通過することなのだろうから、それ（門）は、だれもが容易に通過できるような直截な構造をもつべきであって、複雑さや曖昧は当然避けるべき、むしろあるべからざるもののはずだった。ところが——むしろ当然のことなのだが——なんとかひとりあるきをはじめたばかりのわたくしに、確立した「映画美学」などあるはずもなく、またみならうべき——依拠すべき——先行研究もないにひとしかったから、ともかくも自分の「映画美学」（本体）の構築をこころみながら、それに通じるべきより簡潔な構造物（門）を同時に構築するという至難な、むしろ不可能とさえ思われるしごとをするしかなかった。五里霧中の手探りをつづけながら、おぼろげにすがたをあらわしたものを、とりあえず自分自身が納得できるかたちに仕上げ、それをできるだけ明確な言表として呈示するという試みをくり返すしかなかった。「である」という連辞は、まずは自分自身がそのようなものとして納得するためのものであり、ついでそれを明確なかたちで呈示するためのものだったのではないか、いまは、あの文体を、このようなものとしてとらえている。結局「である」の削除はいっさいおこなわなかった。最初に述べた「復刊」の意図からすれば、こうするしかなかった——いま感じる違和感は、あえてそれとして引き受けるべきなのだろう。

「無知ほどこわいものはない」とはいうものの、このような仕事をよくも引き受けたものだ……、時たまあらわれる過去の亡霊にたいしては、精一杯の皮肉といくぶんかの共感をこめて、こういうしかないようだ。

なお「テレヴィジョンの問題」の章は、それが出版社の要請によって書かれたものであること、そして、なによりも「テレヴィジョン」の現在のありかたからみて、むしろその全体を削除すべきだったかもしれない。「テレヴィジョン」をあくまでも「放送」との関係においてとらえているそこでの論議は、あきらかに現状にそぐわないのだから。しかしそれは、たしかに五十数年前のこの国のテレヴィジョンのありかたを反映したものであり、また、考え方によっては、現在、その高度に展開した（複雑化した）あり方のゆえに、かえって見過ごされがちな「テレヴィジョン」の特性が、あるいはその起源的なすがたが、そこにしめされているとみることも、かならずしも不可能ではないだろうから、そのままにしておいた。

編集や装幀は、すべて水声社に委ねた——旧版の、ファルコネッティ／ジャンヌ・ダルク（カール・ドライヤー『裁かるるジャンヌ』）の写真を用いた表紙には、いくつかのごく私的な理由もあって、かなりの愛着があるのだが……。復刊は、よく知られた諺とは逆に、ふるい酒をあたらしい革袋にもることになるのだが、ふるい酒が、たとえかすかにでも、あたらしい香りを放つことはないだろうか……、そんなはかない期待を抱いている。

＊

旧版の「あとがき」には、「一九六二年の夏から冬にかけて国立近代美術館で催された『フランス映画回顧上映』」についての簡単な記述がある。そこでもふれてあるが、旧版の執筆を決意したひとつの理由が、この「回顧上映」を見たことだった。独立し、完備したフィルムライブラリーがあれば……、それはたしかに、そのころのわたくしの、そしておそらくは映画の研究をこころざすおおくのひとの、切実なおもいだった。それから半世紀あまりをへて、今年（二〇一八年）の春に、かつての「近代美術館フィルムライブラリー」が、他の国立美術館とならぶ「国立映画アーカイブ」として独立したことは、映画の研究者や愛好家にとって、このうえない朗報だった。

その最盛期からみれば、映画館の数が激減していることはたしかだが、いわゆる「シネマコンプレクス」という複数のスクリーンをもつあたらしい映画館が誕生しており、多様な映画に接することができるという点では、むしろいまの方が便利なのかもしれない。そして、「ミニシアター」と呼ばれる、大手の映画会社や配給会社の系列から自立した比較的小規模の映画館が、各都市につくられ、これまで紹介されることのすくなかったアジアや東欧などの国々の作品や、個人的な、あるいはごく小さな規模のプロダクションによる作品などを積極的に上映しており、一般に見ることのできる映画の範囲は、飛躍的にひろまっているといってよいだろう。

わたくしの住まいから電車で数駅ほどのところに、川崎市立のミニシアターがあり、しばしば足を運んでいるが、数カ月まえに、ジャン・ルノワールの『大いなる幻影』（一九三七年）の「ディジタル修復版」が上映された。ディジタル修復（digital remastering）に疑問を呈する意見もあるようだが、一般の観客にとっては、八十年以上もまえに作られた映画が、ほぼオリジナルなかたちで、しかも鮮明な画面でみられることは、おおきなよろこびといえるのではないだろうか。「フィルムライブラリー」の整備や、DVDなどの普及もあって、古い映画に接する機会は、いま飛躍的に増えているといえるだろう。余計なことかもしれないが、「ディジタル修復」と書物の復刊には、どこか相通じるものがあるように思う。

ディジタル修復版『大いなる幻影』が公開されたとき、身近なわかいひとびとに見ることを勧めた。そのなかのひとりが、なによりも八十数年まえ（むかし）に、このような映画がつくられたことに、おどろきをおぼえたという感想を述べてくれた。この国もふくめて、現在の世界におけるおおくの危機の根源ともいうべき、国家、人種、宗教、階級などの差異に起因する──自分とはことなったものにたいする不寛容《イントレランス》がもたらす──さまざまな問題が、すでに八十年以上もまえに、第一次大戦のできごとの描写をとおして、的確に、そして具体的に描き出されていることにたいする、率直なおどろきだったのだろう。

このような映画が、普通の映画館で、普通に見られることは、わたくしのようなふるい人間には、きわめて幸せなことに感じられる。映画史にひとつの時期を画した──ある意味では映画における数すくない古典のひとつともいうべき──『戦艦ポチョムキン』（一九二五年）は、フィルムが横浜港に到着していたにもかかわらず、ときの権力の検閲によってその輸入と公開を拒まれたという（一九二六年）。わたくしがはじめてこの映画を見たのも、通常の公開ではなく、いわゆる自主上映というかたちでだったし（一九五九年）、一般への公開は、さらにおくれ一九六七年、しかも「日本アート・シアター・ギルド（ATG）」系列の、いまでいえば「ミニシアター」においてのことだった。

現在は、幸いなことに、権力によるあからさまな検閲はない。しかし、このごろ、特定の作品や表現者などにたいして、一部のネット使用者などによる、ほとんど根拠のない批判——むしろ誹謗——がおなわれたり、あるいは特定の民族（国家）に対するいわれのない侮蔑的なことばを声高に連呼するひとびとがいるという。このような傾向は、そのものとしては無視に価するかもしれないが、しかしより危機的な状況が近づいていることの予兆だということはないのだろうか。旧版刊行後の半世紀あまり、わたくしどもは、きわめて平穏な、そして自由な生活を享受してきた。復刊以降も、このような生活がつづくことを願うしかないが、そのためには言論や行動の自由を制限しようというどのようなうごきにたいしても、つねに敏感であるべきではないだろうか。

装いをあらたにした旧版が、五十数年まえの理論的状況をいくぶんかでもとらええているとすれば、そしていまのわかいひとびとが、そこから現在に通じるなにかを感じとってくれるとすれば、書き手にとっては望外のよろこびなのだが……。

旧版をいわば忘却の淵から救いだしてくれた友人、復刊の機会を作ってくれた水声社、そして、通常よりも厄介な編集の仕事を引き受けてくれた飛田陽子さんには、お礼の申しあげようもない。

二〇一八年八月

浅沼圭司

序

映画研究の特色

映画の歴史は、他の芸術の歴史に比べて、きわめて短い。音楽や美術、文学や演劇の歴史は、人間の歴史とともにあるといってよいだろうが、映画の歴史はわずか一世紀あまりである。映画がいつ生まれたかを決めることは、かならずしも容易なことではないが、通説にしたがって、リュミエール兄弟*（Auguste Lumière, 1862-1954 ; Louis Lumière, 1864-1948）による公開上映をもって映画誕生の日付とするなら（一八九五年）、映画の歴史はわずか百二十年ほどということになる。しかもこれはいわば映画技術の成立の日付なのだから、映画芸術の歴史はさらに短いものといわなければならない。そして、このことは、とりもなおさず、映画の理論的研究の歴史の浅さを意味する。もし理論的という言葉を厳密にとるなら、その歴史は始ったばかりだとも考えられる。

映画について書かれた本は、たしかに無数にある。映画の歴史の短さを考えると、その数はむしろ驚くべきほどといってよい。しかし本当に理論的、学問的な性格をもったものとなると、これはまた意外なほど少い。映画の研究に志す人はかなりの数にのぼろうが、その多くの人びとは、手がかりとし参考とするにたる理論書の少いのに困惑を感ずるのではあるまいか。歴史の浅さだけからではこういった現状は充分に説明されえないだろう。映画の研究には、ほかの芸術の研究にはみられないようなむずかしさがつきまとっているのではなかろうか。

研究のむずかしさは、第一に、映画の歴史の短さそのものにもとづいているといえる。長い歴史をもつ他の芸術には、いろいろな時代の評価に耐えて輝かしい生命を保ちつづけて来た多くの作品、あるいは作家が存在する。ある時代の趣味に迎え入れられ、あるいはもの珍しさから高い評価をうけた作品や作家でも、時代が変るにおよんでまったく忘れさられてしまうことがあろう。それに対して、時代が変ってもその評価を保ちつづけ、あるいは時の試練をうけるたびに評価が高まっていくようなものもあろう。そうした作品や作家を、私たちは「古典的」と呼ぶ。このような意味での古典的作品は、一時的で上べだけのものではない、永遠の、真の美しさと芸術的価値を有していると考えるべきだろう。消えさり忘れさられていく作品には、芸術として（絵画や音楽……として）何か欠けるところがあるとみるべきである。だからある芸術を研究しようとする場合には、その芸術の本質や特徴を最もよく表わしているような理想的作品、古典的作品を研究の対象として選ぶべきだといえる。

ところで、映画にはこのような意味での古典的作品があるだろうか。映画の歴史は一世紀あまりしかない。なるほど映画を鑑賞する人の数は、他の芸術の場合とは比較にならないほど多いだろう。ある映画の作品は、他の芸術が長い歴史を通して獲得したと同様の、あるいはそれ以上の鑑賞者をもちうるだろうし、それだけの評価に耐えていると考えることもできる。だが、それにしても一世紀あまりという時間は充分の長さをもつものとはいえまい。それは結局共通の精神をもった現代というひとつの時代にすぎないのだ。映画には他の芸術におけるような古典的作品はほとんど存在しない、あるいはきわめて稀にしかないといわざるをえない。どんな作品を手がかりに研究を進めていけばよいのか。何がいったい、最も映画的だといえる作品なのか。

　しかし、いやしくも映画の研究を行おうとするのだから、具体的な作品を無視して、いたずらに空疎な思弁にふけることは許されないだろう。にもかかわらず一般的（客観的）にその価値を認められた規範的な作品が存在しないとすれば、研究者は具体的な研究を始める前に、個人的（主観的）な判断にもとづいて、手がかりとすべき最も映画的な（と考えられる）作品を選びださざるをえまい。

　現在の私たちには、それでも、たとえばエイゼンシュテイン*（Сергей М. Эйзенштейн, 1898-1948）の『戦艦ポチョムキン』（*Броненосец Потёмкин*, 1925）やドライヤー*（Carl Dreyer, 1889-1968）の『裁かるるジャンヌ』（*La Passion de Jeanne d'Arc*, 1928）などの、客観的に評価の定まった、いくつかの作品があたえられているわけだが、一九二〇年代、三〇年代の研究者には、それすらがほとんど欠けていたとみるべきだろう。作品を判断する客観的規準がないのであるから、彼らは自分自身の鑑賞体験や印象をもとにして作品の価値を判断し、その評価を明らかにする必要に迫られていたのである。つまり一言でいってしまえば、彼らは理論的研究を行う以前に（あるいはそのために）、批評という仕事をしなければならなかったのである。理論家である前に（ために）、彼らはまず批評家でなければならなかった。この時期に書かれたいわゆる映画理論なるものの大部分が、映画批評（評論）としての性格を強く備えているのも、単なる偶然ではない。そのために理論としての性格が弱められているのも、その時期の状況を考えればむしろやむをえないことだといえるし、あるいは映画そのものの性格がしからしめたとも考えられるのである。

こうした理論的な弱さを克服し、あくまでも学問的な見地から映画の研究を行おうとした人びともいた。もし映画が芸術であるのなら、それは他のいろいろな芸術全体にわたって共通に認められる性格をもたなければならないだろう。そして芸術の一般的な性格は、「美学」あるいは「芸術学」などという長い歴史をもつ学問によって、かなり明らかにされているとみなすことができる。したがって、「美学」あるいは「芸術学」の学問的成果と方法を映画に適用することによって、真に学問的な映画研究が可能となると考えるのも、ごく当然のことといえる。ドイツの有名な美学者、コンラート・ランゲ（Konrad Lange, 1885-1921）の『現在と未来の映画』（*Das Kino in Gegenwart und Zukunft*, 1920）という著作は、この立場の代表的なものである。

しかし、ここで注意しなければならないのは、それまでの美学や芸術学が、映画がまだ生まれないか、あるいは芸術的性格をそなえるにいたらなかった時代に、映画以外の芸術を研究対象として書かれたものだということである。したがって旧来の美学や芸術学にこだわり、あまりにも杓子定規にそれを映画にあてはめようとすると、かえって映画独自の性格を歪め、また見落すことになろう。たしかにランゲは、主として造形芸術（絵画・彫刻・建築）について考えられた結果を、あまりにも性急に映画にあてはめようとして、その芸術性をまったく否定してしまうという誤りを犯したのであった。いわば新参者の映画を芸術の領域から締めだすか、あるいは無理強いにそれを既存の芸術の枠内に押込んでしまうか。極端にいうと、こうした傾向は多かれ少かれ、この立場に立つ映画理論のすべてにわたって見出しうるのである。

独創的見解に富み、部分的には鋭い分析をしめしながらも、全体の理論的構成という点では疑問を抱かざるをえないようなもの、客観的、学問的性格はしめしつつも、映画に固有の秘密をついに解きあかしえずに終っているもの、現在までの映画論の多くは、こうした欠点をしめしている。そしてこれは研究者の努力、才能の不足にのみ帰せられるべきものではなく、映画自身の性質、その歴史の短さからくる研究のむずかしさにも起因するものなのである。

映画の研究は、第二に、つぎのような点からそのむずかしさを増すと考えられる。それは映画は決して静止した状態にあるのではなく、絶えず急速な変化をとげているということである。もちろん他の芸術も、時代の推移とともに変化する。近代から現代にかけては、その変化は非常に激しいものになっている。しかし映画のしめす変化はそれとは比較にならないほど急激であり、性質も異なっていると考えられる。映画の変化は、第一に、つぎのようなものとして考えられる。映画は一連の科学的研究の結果として生まれた純粋の機械技術であった。それがやがて興行物、娯楽品としての性格を備えるにいたり、そして、たしかにある時期に、芸術としての性格をしめすようになったのである。機械技術↓娯楽↓芸術、これはもはや同一のものとして論じられないような、あまりにも急激な変化である。飛鳥様式から白鳳・天平様式への、古典派の音楽からローマン派音楽への変化などと同列に論じられないものだということは、もはや説明を要しない。第二に、映画は別の観点からみても、大きな変化をとげている。当初の映画は、視覚的映像のみから成立っている、いわゆる無声映画だった。それがやがて音を伴なったトーキーに変化し、白黒の映画から色彩映画へと移り、さらには標準スクリーンから大型スクリーンの映画へと変ってきた。しかもこれが一世紀あまりのことなのである。このように目まぐるしく姿を変えていくものの正体を、あやまたずにとらえることはかなりむずかしいものといわなければならない。大げさにいえば、昨日の映画はもはや今日の映画ではなく、今日の映画は明日の映画ではないかもしれない。無声映画のみが真の映画であるとしたり、ワイド・スクリーンは映画の邪道であると考えるのも、たしかにひとつの見識ではあるが、やはり映画の実際を無視したものというべきである。しかし他方、目前の現象のみに目を奪われたり、変化を追いかけるだけでは、その時々のアクチュアルな問題に対する解明や判断ではありえても、映画の本質を捉えることからは、ほど遠いといわざるをえまい。目先のことだけに気をとられず、しかも映画の現実に即した理論を築きあげることは、なかなか容易のことではあるまい。

これまで考えてきたことと関係するが、映画の研究を困難なものとしている第三の理由として、映画が商品であるということがあげられる。ある作品は商品としての価値がある間は配給ルートにのせられ、採算がとれないと判断されるやいなや、一般の人の目から姿を消してしまう。優れた作品だろうと、映画の研究に重要な作品だろうと、商売にならないかぎり、二度と上映されない。歴史が短いからだけでなく、これでは古典的作品など現われる気づかいがない。研究の資料が、いわば禁じられているのである。

作品の単価の高さ、保存のむずかしさは、個人的な蒐集を許してくれない。とすれば公的機関によるフィルム・ライブラリー以外、問題を解決する方法はないだろう。映画の研究が欧米各国で第二次大戦後急速な進歩をとげたのは、決して偶然ではない。それは映画がともかくも半世紀という歴史を経た時期であり、またこの時期に各国のフィルム・ライブラリーが整備され、研究の体制が整えられはじめたからである。

映画研究の領域

前節では映画研究につきまとうむずかしさを考えながら、これまでの映画理論に対して簡単な反省をくわえてみたのであるが、それならば現在の映画研究はどのような状態にあるのだろうか。

これは先に述べた研究のむずかしさにも関係することだが、映画は他の芸術とは比べものにならないほど複雑で多様な性格をもっている。いってみれば、映画は無数の顔をもった正体を捉えがたい怪物である。そこには芸術という美しい顔もあるが、また娯楽という顔、企業という顔、機械技術という顔もある。これらすべての顔――側面をあわせもったひとつの全体が、まさに生きた映画なのである。だからあるひとつの面にだけ注意を集中し、他の面を無視するなら、映画を一面的に捉えることはできても、生きた全体を捉えることはできまい。しかしすべての側面を同時に、かつ同様に捉えることは、ほとんど不可能なことといわねばなるまい。そこで結局ひとつの側面を重視し、その分析に力を注ぐということが、どうしても避けられないことになってくる。だから、同じように映画を研究するといい、映画を学問の対象とするといっても、映画のどの側面に重点をおくか、映画をまずどのようなものとして考えるかによって、研究の性質は多種多様なものとなってこよう。

戦後フランスのパリ大学などを中心に「映画学」(filmologie) という新しい学問が起った。もちろん映画を対象とする学問である。しかし同じ「映画学」という言葉でありながら、それを用いる学者によって意味するものもまちまちであり、研究内容も多様なものになっている。アンリ・ワロン (Henri Paul H.Wallon, 1879-1962) という心理学者は、映画学は「存在する一つの事実としての実現された映画作品」をその出発点とすべきであり、そうした映画作品によってひき起される種々の反応を研究すべきだといっている。ところで映画のひき起す反応には社会的反応、道徳的反応、美的(芸術的)反応、心理的、生理的……といったいろいろな反応があるのだから、それに応じて映画の研究にも社会学、倫理学、美学、心理学、生理学……などのいろいろな領域が考えられよう。しかしこうした雑多な学問による研究を寄せ集めて「映画学」という名前をつけてみたところで、これではひとつの学問として独立しうるだけの統一は作りあげられない。したがっていろいろな反応のうち何が映画にとっていちばん重要であるかを考え、それに応ずる学問を中心に映画学を築きあげることになる。ワロンの場合には、心理学的研究が映画学の中心におかれている。

同じパリ大学の「映画学研究所」の中心的人物の一人であるエティエンヌ・スリオ（Etienne Souriau, 1892-1979）の場合には、映画が私たちにしめしてくれる世界、「映画的世界」の特質はあくまでも芸術的（美的）なものであると考えられている。スリオは映画を他の諸芸術と関連させながら捉え、具体的には演劇、文学、絵画、舞踊などと映画を比較しながら、その特質を明らかにしようとしている。これはいわゆる「比較美学」の方法を映画に適用したものであり、この場合映画学は明らかに「映画美学」ないし「映画芸術学」といった色あいをおびている。

このように考えてくると、他にも「映画社会学」「映画生理学」あるいは「映画経営学」などといった多様な研究が考えられ、事実そうした著作や論文が数多く発表されているのである。戦後の西ドイツにおける映画研究を、例としてあげてみよう。一九五四年に何人かの学者が中心となって「ドイツ映画学会」（Deutsche Gesellschaft für Filmwissenschaft）が創設されたのであるが、その設立の趣意あるいは目的のひとつとして、映画の学問的研究のためには多くの学問領域の協同が必要であるということが述べられ、具体的には哲学、教育学、美学、公示学（Publizistik）、社会学などから、さらには諸自然科学、医学、技術論にいたる学問の名前があげられているのである。

具体的な映画研究が、多様な領域におよぶということ、これは映画そのものの性質から考えて当然の結果である。とすれば問題は、前にいちど述べたように、いろいろな領域での研究をどのように関係づけるかであり、まとめあげるかであろう。映画がもっている多様な顔——側面——それぞれが無関係に、てんでばらばらにあるのではあるまい。それはちょうど人間の体の諸部分が、それぞれ独特な性質と働きをもちながらも、おたがいが密接かつ整然とした関係を保ちつつ人体という統一ある全体を作りあげているようなものだろう。いろいろな側面のうちあるひとつに重点をおき、それを中心に（それの下に）他の側面を関係づけるという考えかたもあろう。先にふれたワロンなどの場合がそうである。しかしそれとは異なった考えかたのあるのも、当然のこととして考えられる。ジルベール・コーエン゠セア（Gilbert Cohen-Séat, 1907-1980）などの場合がそれである。

コーエン゠セアも、映画がいろいろな側面をもっているということは否定しない。ただ彼はそうした諸側面を、関係づけも秩序づけもせずに混同すること、あるいはそれらのうちのひとつだけに重点をおくことが、現在までの映画研究を停頓させている最大の原因だと考えるのである。そして諸側面の混同をさけるために、それを二つに区分して考えるべきだという。ひとつは「映像の結合によって生ずるあるシステムによって、生命を——世界・精神・想像力・人間・物の生命を表わすことに関する」事実であり、もうひとつは「人生によってあたえられ映画によって具体的な形をあたえられたもの、すなわち記録・観念・情緒などを、人間の諸々の集団の間に伝達することに関する」事実であるとされている。別ないいかたをすれば、一方は映画によってさまざまな思想や感情を表明（表現）することに関するものであり、他方は映画によって表明されたものを人びとの間に伝えひろめることに関するものであろう。もちろん具体的な映画は、この二つのものの密接な関係の上に成立っているのであるが、研究にさいしては、この二者は厳密に区別して考えるべきだといっている。ところで、こうした二つの部分に共通に認められる特質、したがって結局は映画のもつ諸側面のすべてにわたって認められる特質、それはコミュニケーションということであり情報（information）ということだとコーエン＝セアはいう。たしかにある内容をいい表わし、それを他者に伝えるということ（これは送り手→受け手という関係におきかえて考えてみることもできるだろうが）は、コミュニケーションや情報の最も根本的なことだろうから、こう考えるのも妥当であるといえよう。おそらくコーエン＝セアは、映画の根本的（一次的）特質を、コミュニケーションあるいは情報として捉え、多様な側面はそれから派生したもの、あるいはそれがいろいろな現われかたをしたもの、つまり二次的なものであると考えているのであろう。こうした考えかたによれば、映画美学、映画社会学……は、映画の二次的な性格をあつかう学問であり、こうした多様な（二次的）学問を統一し、それらに意味をあたえるために、映画の一次的性格――本質についての学問が必要であるということになる。具体的な諸事実の背後に潜み、それらに意味と統一をあたえるもの――本質についての学問、それはもちろん哲学である。つまりコーエン＝セアは、多様な領域にわたる映画の研究をささえ、まとめあげ、体系づけるいわば基礎学として、「映画哲学」（philosophie du cinéma）が必要であると主張しているのである。

同じような考えかたは、立場は異なるにしろ、モラン（Edgar Morin, 1921-）などにも見出されるようである。映画は私たちの日常生活に入りこんで、あらためて考えるまでもないわかりきったことになっている。しかし、「わかりきったことというものは、かえって人を盲目にするものだ」とモランはいう。そして「私たちは映画について何も知っていないことさえ知らない」というエプステイン（Jean Epstein, 1899-1953）の言葉をひいている。映画の芸術性や企業性などは、映画全体の中でたまたま私たちの意識に捉えられた部分にすぎない。そして隠された部分――「正体のわからぬ分りきったこと」は、それ自身正体のわからぬ分りきったものである人間存在というものと関係しあい入り混っているのだという。したがって映画を全体として捉えるためには、人間をあるがままにしかも全体的に捉えようとする努力が必要であろう。つまりモランの映画研究は、「人間学」（anthropologie）的色彩をおびてくるのである。

映画の諸側面のうちひとつを、それに相応する学問の方法によって精密に分析しようとする研究、何よりもまず映画の全体的な姿と本質を究明しようとする哲学的研究とならんで、忘れることのできないものに戦後ことにさかんになったマス・コミュニケーション研究の立場からする映画研究がある。しかしながら、マス・コミュニケーション研究というもの自身が現在つくられつつあるものであって、完成した学問ではないという事情を反映して、この立場に立つといわれる研究も、結局社会学的、心理学的、社会心理学的……といういくつかの二次的研究領域に分類されていくと思われる。そうしたなかで特に注目すべきと思われるのは、コミュニケーションの新しい媒体、「新しい言葉」として映画を捉え研究しようとする方向である。こういう研究方向は、古くはバラージュ・ベーラ（Balázs Béla, 1884-1952）の『視覚的人間』（*Der sichtbare Mensch, oder die Kultur des Films*, 1924）などにみうけられる。この本のなかでバラージュは、文字にかわる新しい伝達機関としての映画が生まれることにより、それまでの概念的・抽象的文化にかわって具体的・全体的文化が生まれるだろうと、力強く予言していた。現在では「ドイツ映画学会」の中心人物の一人であるヴァルター・ハーゲマン（Walter Hagemann, 1900-1964）などの研究があり、ある意味ではマルタン（Marcel Martin, 1926-2016）の『映画言語』（*Le Langage Cinématographique*, 1955）などもこの中に含めて考えることができる。

映画美学

映画に関する学問には、さまざまの領域と種類があることが明らかになったわけだが、それでは映画美学とはそのなかでどのような位置にあり、またどのような性質をもつ学問なのだろうか。しかし、このことは前の部分で明らかにされてしまった問題だともいえる。映画美学は映画の多種多様な側面のなかのひとつ、芸術的（美的）側面を研究の対象とする学問であり、いわば芸術としての映画をあつかう学問である。あまりにもわかりきったことであり、これにつけ加えて説明する必要もないかのようである。

しかしもう少し立ちいって考えてみると、問題はもっと複雑であり簡単には解決できないものに思われてくる。なぜなら、この問題は、美とは、芸術とは何かという、あるいは美学とはいったいどのような学問かという根本的な問題と切りはなして考えることができないからである。映画美学とは何かを知るためには、美学とは何かを明らかにする必要があろう。だがこれはあまりにも大きな、そして根本的な問題である。ここでは、残念ながら、問題を必要な範囲に限定し、かつ単純化せざるをえない。

映画美学は、映画の芸術についての学問である。映画美学は、映画の美についての学問である。この二つの文章は、同じことをいっているのだろうか。おそらく微妙な相違が感じられるだろう。そしてそれは、結局は美と芸術の相違から発するものなのだろう。ところで一口に美といっても、そこには風景や花などの美（自然美）、人間の体や行為の美（人間美）、そして芸術の美（芸術美）などが考えられよう。とすれば、美は芸術を含むものであって、（映画）美について考えることは当然（映画）芸術について考えることだといえるのだろうか。ところで、逆に、芸術には美だけがあるのだろうか（ここでは美という言葉を、日常使われている意味に限らず、たとえば壮大、気高さ……なども含んだ広い意味で用いたい）。たしかにいろいろな芸術は、あらゆる理屈をぬきにして（つまり概念的にではなく）、私たちの目や耳などの感覚に直接訴え（つまり直感的に）、ある喜び（快感）をあたえてくれる。だが一方では、小説を読み映画をみることによって、たとえば人間の生きかたについて考えたり教えられたりする。あるいはまた、ある作品は社会のいろいろな問題を明らかにしてくれ、ある場合には特定の政治的意図を訴えかけたりする。芸術は美以外にも、道徳的・教育的・社会的・政治的などの要素を含んでいるのである。

とはいっても、道徳的・教育的……の要素を欠いた芸術は考えられても、美をまったく欠いた芸術を考えることは不可能なのだから、芸術にとって本質的なものは美だということになる。だからこそ芸術の研究にとっては、美の学問——美学が不可欠のものとなるのである。しかしながら芸術はまた、自然美や人間美とちがって、それが他ならぬ具体的に生きている人間によって人間のために作られ、人間の間につたえられているのであるから、具体的に生きる人間にまつわるいろいろな問題（道徳的・社会的……）を、何らかの意味でそのなかに含んでいるのである。芸術を美の問題だけに還元して考えるのは、適当でないといわねばなるまい。したがって芸術の研究のためには、美学を基礎としながらもそれとは別に、芸術をあるがままの姿で全体的に捉える「芸術哲学」といったものが必要とされるのである。

一般的な問題を考えるのはこの辺りで断念して、映画美学の問題に帰ろう。私たちが映画美学の「美学」を前に述べたように言葉通りに解釈するなら、それは映画の美についての学であり、映画の芸術を全体的にとらえることはむずかしいといわねばなるまい。映画は他の芸術以上に美以外の要素を含むものと考えられるのだから、そしてそれら諸要素との関係が映画美そのものの性質を規定しようから、映画芸術を全体的にとらえることなしには、映画美そのものを充分にとらえることができないともいえるのである。このように考えてくると、映画美学は「映画芸術の哲学」としての性格をもつことになる。「映画の美学的研究が映画美学である」という規定は、結局は同義語反復の消極的規定でしかあるまい。ここではもう少し積極的に、映画美学を「映画芸術の哲学」と考えることにしたい。

ところで、このような映画美学と他の映画研究との間には、どんな関係があるのだろうか。最近になって、芸術をコミュニケーションあるいは情報のひとつの形式としてとらえようとする理論がさかんになった。もしそうであるなら、映画美学はコミュニケーション論ないしは情報理論の立場からする映画研究のなかに包含されることになろう。たしかに芸術（あるいは映画）の場合も、作者が自分の思想・感情を作品に表明し、鑑賞者にそれをつたえるという働きをもっている。しかし同時に、芸術は他のコミュニケーションや情報の形式にはない独自の性格を有することも事実であろう。そして芸術の独自な性格を形づくるものが、美の要素であることはいうまでもない。芸術は、なにかを表明しつたえるだけで成立するのではなく、そうした働きのなかで美を実現する——あるいは美を通してそうした働きを行うことによって成立するものである。したがって美についての考察を欠いた、美学によるうらづけをもたない研究は、芸術（あるいは映画）の研究として無意味なもののように考えられる。

文学は言葉を基礎として成立する芸術である。ところで言葉というものは、芸術の領域だけではなく、いろいろな分野で表明・伝達という働きをしめしている（科学論文、法律、日常会話……）。言葉というものをある独特な仕方で用い、あるいは独特の性質をもった言葉を用いることによって、独自の美を作りだすものが文学であるとも考えられる。したがって文学という芸術を充分に把握するためには、美学や芸術哲学とともに、言葉一般の性質や働きをとらえる学問——言語哲学の支えが必要とされるのではなかろうか。

映画芸術の基礎となっているものは映像である。ところで映像は、言葉と同様に、いろいろな分野で表明・伝達の働きをしめしている（科学映画・教育映画・ニュース映画……）。映像を独自な仕方で用い、あるいは独特な性格をもった映像を用いることによって、映画芸術は成立っている。したがって、文学の場合と同様、映画芸術を理解するためには、美学や芸術哲学とならんで、映像一般の性質と働きを研究する学問の支えが必要とされるのではあるまいか。前にあげたコーエン＝セアの映画哲学も、結局はこうした性質をもつものと考えられるのであろう。ところで映像を基礎とするものとして、映画の他に私たちはテレヴィジョンをもっている。もちろん映画とテレヴィジョンの間には明らかにある相違があるが、映像を基礎とする点では共通の性格をもつといえる。したがって映画映像のみならず映像全般を研究する学問、すなわち映像の哲学が望まれるのではないか。

これまでのべたことを整理してみよう。私たちは映画美学を、映画芸術の哲学としてとらえる。そして映画芸術は映像という表明・伝達の媒体を基礎とした芸術であるのだから、映画美学を支える基礎的な学問として映像の哲学（映像論）と芸術哲学が必要と考えられる。

美学——芸術哲学
　　　映像哲学
　　　　　＼／
　　　映画芸術の哲学（映画美学）

現在のところ、一般映像の哲学としての映像論が未だほとんど試みられていないのだから、さしあたっての映画美学は、本来の映画美学と、（映画）映像論をそのなかに含むものとなる。先の図式は、したがってつぎのように書きなおされる。

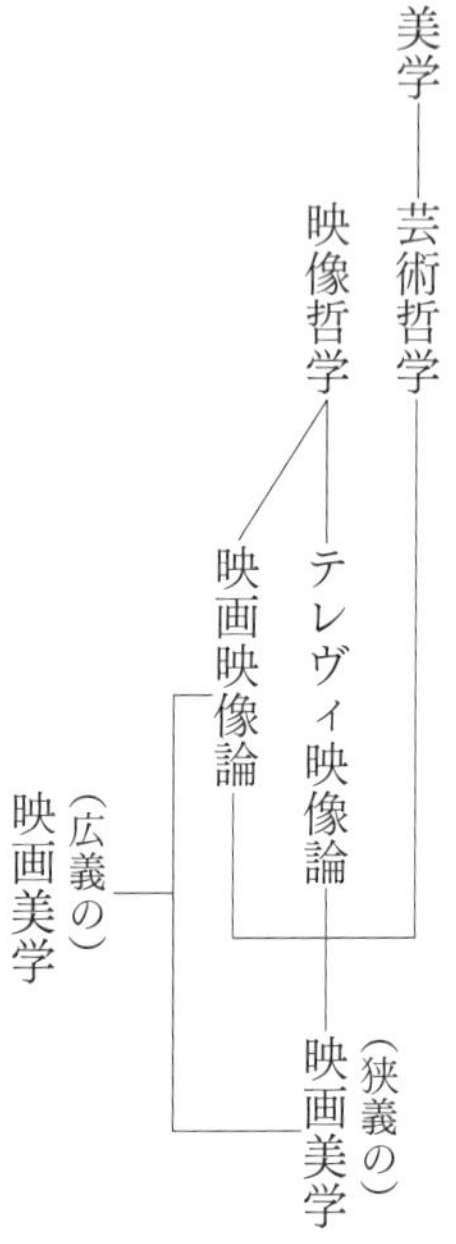

「映画美学」という学問の性格を、いろいろな面から明らかにしようとしてきたのであるが、具体的にそれはどのような内容をもつものだろうか。

　私たちが日常芸術という言葉を使うとき、どのようなものを考えているのだろうか。ある絵、ある曲、ある映画が芸術なのだろうか。ところで、ギリシャ時代に作られた優れた彫刻が、どこかの地中深く埋もれているとしたらどうだろう。あるいは現代音楽の優れた作品を、それまでせいぜい浪花節ぐらいしか聞いたことのない人が聞いたらどうだろう。美しい彫刻、優れた音楽について語ることができるだろうか。ある作品はそれを鑑賞する人によって美しい作品となるのだし、鑑賞しうる人に対してだけその美しさを現わす。とすれば、芸術と漠然といわれるものは、作品――鑑賞者、という二つのものから成立っているというべきである。したがってある芸術を研究する場合には、その作品と、それを鑑賞する態度について考えなければならない。「映画美学」の場合にも、当然映画作品の性格、映画鑑賞の性格について考えなければならない。ところで映画と一言でいっても、たとえば劇映画、記録映画、漫画映画……、あるいは恋愛映画、西部劇映画……など、じつにたくさんのものが含まれている。このようないろいろな種類の映画は、おたがいにどんな関係をもち、またそれぞれどんな性格をもつのだろうか。「映画美学」には、映画の種類についての研究も含まれるべきである。

もちろん、映画美学はかくあらねばならない、などという法則はどこにもない。いろいろな内容をもつ映画美学が考えられてよいだろう。さしあたり、私たちがこれから考えていく映画美学は、主に先に述べたような内容をもつものとなる。

I　映画芸術の成立

たとえば音楽美学という学問は、いうまでもなく音楽の本質についての学問であって、音楽の歴史についての研究は含まないのが普通である。歴史の研究は、音楽史学という別の学問によって（もちろん音楽美学と密接な関係を保ちながら）行われるのである。映画の場合でも、その歴史の研究は、映画史学という映画美学とは別の学問によって行われることは、いうまでもあるまい。

しかし映画には、他の芸術と同じに考えることを許さない、特別の事情があるのではなかろうか。ある芸術について考える場合、ごく特殊な（たとえば「芸術起源論」などの）場合をのぞいて、それがいつどのようにして生まれたかを考える必要は、おそらくほとんどないだろう。なぜなら、その発生は、多分、人間の発生という問題といっしょに考えなければならないのだから。映画はちがう。機械技術としての映画は十九世紀末に、芸術としての映画は二十世紀初期に生まれた。映画は人間が明確な意識をもってその誕生を見まもることのできた、数少い（唯ひとつのといえばいえるだろうが）芸術のひとつである。あるものが突然、そして何の理由もなしに生まれるということはありえまい。映画は、まさにその発生について考えずにはすまされない芸術である。

その上に映画は、前にも述べたように、機械技術→見世物（娯楽品）→芸術という、極端な変化をとげてきている。科学上の実験器具にひとしかったものが、なぜ、どのようにして芸術になったのか。祭や市の立つ村から村へ渡り歩くドサ廻りの見世物が、どのようにして芸術としての性格をもつようになったのか。このことを解き明かさずに、映画芸術について語ることはできないのではあるまいか。このことのなかに映画の特殊な性格を明らかにする手がかりが潜んでいるのではないだろうか。

映画芸術の本質を考えるためには、映画芸術の成立について考えることが必要なのである。とはいっても、もちろん、映画の初期の歴史を書こうというのではない。映画史初期の問題のなかに、映画の本質を考えるための手がかりを見出そうとしているのである。

映画の技術は、最初おたがいに何の関係もなく行われていた自然科学や技術の研究が、ある発展段階に達した時に、関係しあい合流することによって生まれた。映画という川を遡って行くと、何本かの支流に行きつく。第一の支流は、ギリシャ時代の残像現象の発見に始る。アラビア人や中世人によって行われつづけた残像現象の研究は、ルネサンス、近世にいたって大きな発展をとげ、その結果十九世紀中葉にベルギー人ジョゼフ・プラトー（Joseph Plateau, 1801-1883）などによって「動体鏡」というひとつの技術（装置）が生みだされるのである。残像現象を利用して、運動しているものを一瞬一瞬の静止した姿に分解し、あるいは静止したいくつかの要素から運動を作りだす装置である。第二の支流は写真の流れであり、これもギリシャ時代に源をもつ。そして一応の完成をみたのは十九世紀中葉である。もうひとつの支流は幻燈であり、具体的には中世に始まる。十八・九世紀には幻燈に動きをあたえようという試みが行われていた。これら三つが十九世紀中頃から合流し始め、最終的にはこの世紀もおわりかけたころ、リュミエール兄弟やエディスン*（Thomas Alva Edison, 1847-1931）などによってひとつの完成をあたえられるのである。

たとえば『列車の到着』や『嵐の海』（いずれもリュミエールの最初の映画、*L'Arrivée d'un Train en Gare de La Ciota, La Mer par Gros Temps*）を、実物そのままにスクリーン上に再現する映画を、当時の人びとは驚きの眼をもって迎えた。映画はそれまでまったくなかった新しいものであり、まことに珍しく不思議なものであった。ところで、新しさや珍しさ、それはいつの時代でも「見世物」というものに要求される性質ではあるまいか。まして十九世紀末は、社会の複雑化の速度が急激に早まり、人びとが生活のために強いられる緊張が増大した時代である。緊張をやわらげ、心にくつろぎをあたえてくれる新しい娯楽に対する要求が強まっていた時代である。新しさと珍しさをもって登場した映画は、新しい見世物、娯楽物となって全世界に広まっていった。映画というものが、見世物になっていた。上映される映画の内容など、二の次だったのである。

当時の映画は、上映時間わずか数分のもので、撮影されるものは、工場の出口の様子であり、食事をする子供の姿であり、要するに日常的生活、現実の一断片を、カメラの移動もなく編集もなく模写したものにすぎなかった。現実のたまたまカメラの視野に入った部分を、完全に受身にかつ機械的に再現したにすぎなかった。

映画が人びとの間にひろまっていくにつれて、それは当然のことながら新しさ、珍しさを失っていく。映画というだけでは、もう人びとの興味をつなぐことはできない。事実誕生後一、二年で、映画はもう経済的な危機に見舞われている。映画そのものが新しくなくなったのなら、映画によってみせるもの（内容）を新しい珍しいもの、面白いものにする以外あるまい。映画はやがて外国の都市の模様を、女王の戴冠式の有様を、そしてミュージック・ホールの喜劇的な寸劇を映しだすようになる。旅行映画、ニュース映画などがこうして生まれる。しかし珍しい都市、新しい大事件は、そう都合よく無尽蔵にあるものではない。しかも撮影するカメラはまったく動かず、たまたまレンズの前にあるものをとらえるだけなのだから、できあがる映画は千篇一律、どれをみても同じようなものであった。寸劇を撮影しても結局は実物の模写でしかなく、しかも観客を引きよせるためにしだいに低俗な内容のものが多くなり、映画館は場末で不良たちのたまり場みたいなものになっていた。

このような深刻な危機を打開し、映画にひとつの活路をあたえたのがジョルジュ・メリエス*（Georges Méliès, 1861-1938）である。魔術使であり魔法芝居専門の劇場の持主であったメリエスは、偶然の機会に映画によるトリックの可能性を発見し、入替トリック、ミニアチュア撮影、二重焼……

等、現在用いられているトリックのほとんどすべてを実用化した。大砲から打ちだされた人間を入れた砲弾が月世界に到着したり（『月世界旅行』*Le Voyage dans la Lune*, 1902）、汽車が空中を飛びまわったり（『不可能界旅行』*Le Voyage à travers l'impossible*, 1904）、映画でなければ描けないような世界が、はじめてメリエスの映画によって登場するのである。多彩なトリックを駆使しながら、メリエスは、幻想的な映画、今日の空想科学映画にあたるようなものなどをつぎつぎに作りだし、人びとの興味を映画に引きつけることに成功したのである。

たしかにメリエスの映画には、映画独特の世界がある。カメラやフィルム操作によって作りだされるトリックは、映画独自のものである。しかし、映画によってあらわされる世界全体は、むしろ魔法芝居——演劇に似かよった性質をもっているというべきでないだろうか。これは彼の映画の作りかたを考えるとはっきりする。舞台に似たステージが作られ、そこで芝居の演出法にもとづきながら、空想的な物語が展開する。カメラはステージから一定の距離におかれたまま、何の動きもしめさず、舞台を受身に、機械的に模写しているだけである。場面の変化は、ちょうど演劇の幕や場の変化に対応する程度のものでしかない。カメラやフィルムは、トリックを作りだすためにのみ用いられ、物語は、いってみれば、トリックとトリックを結びあわせるための、つなぎといった役割しかもっていないのである。そしてそれはお伽話や芝居から借りられ、演劇的に展開していくのである。

結論的にいってしまえば、メリエスの映画は、演劇という別種の芸術によって作りだされた想像上の（フィクションの）世界を、映画という技術を用いて模写したという性格をもつ。もっとも想像の世界でおきる不思議な出来事を、映画独特のトリックで描いているために、単純な芝居の模写という性格を、幾分は脱しているのではあるが。全体的な性格という点から考えると、メリエス映画の世界は、映画そのものによってとらえられ作りあげられた世界ではない。映画は、そこでは、魔法芝居の舞台では実現できないようなトリック——魔術を実現するための手段にすぎないといえるのではないだろうか。

そのうえ、物語はトリック——不思議な出来事を結ぶつなぎにすぎないのだから、かなり荒唐無稽なものであり、同工異曲といった性格をもっていた。幼稚な内容のくりかえしに、はじめメリエス映画の新しさにひかれていた人びとも、しだいに興味を失っていき、映画は大人の見るべきものではなく、たかだか子供や教養のない人びとの気晴しにすぎないという考えが、かなり一般的になっていった。

一九〇五、六年ごろには、映画は社会的にほとんど認められていず、ごく低い地位しかあたえられていなかった。そして、それは結局内容の貧しさと低俗なことから生ずる問題なのだろう、そう判断した人びとがいた。彼らはこの問題の解決策を探し求め、それを小説や戯曲、神話や伝説などに見出したのである。つまりこれらのなかに、映画のための豊かで「上品な題材」を求めたのである。さらには、映画の社会的地位を高め、教養ある人びとの鑑賞にも耐えられるようにするためにと、有名な芸術家たち——アカデミー会員である文学者や音楽家、コメディー・フランセーズの座員たちに協力を求めたのであった。こうして、優れた原作を優れた芸術家によって映画化するために「フィルム・

ダール」（Film d'Art）という会社が、一九〇七年に設立され、同じころ「自由劇場」（Théâtre Libre）の系統に属する人びとによって、自然主義文学の映画化をモットーとした「文学者・著作家映画協会」（Société Cinématographique des Auteurs et des Gens de Lettres）が発足した。

反響は大きかった。なにしろサラ・ベルナール（Sarah Bernhardt, 1844-1923）のような大女優が出演しているのである。登場する人物もはっきりと性格づけられ、筋もきっちりと構成され明確なまとまりをもっていた。人びとは感動した。フィルム・ダール（芸術映画）の時期になってはじめて、映画は芸術的な性格を備えたように思われ、少くとも芸術であろうと志したのである。映画に対する評価もおのずと高まった。

だがこうした感動や評価は、じつは原作や出演した俳優などが原因となったものであって、映画そのものにもとづくものではなかったのではあるまいか。事実これらの映画は、メリエスの場合と同じく、舞台の上で演じられる芝居を、ほとんど動くことなく一点に据えられたカメラが、まったく受身にかつ機械的に模写することによって作られていたのである。映画――カメラやフィルムによって新しく作り出された美しさも深さもない、それは演劇の完全な複製にすぎなかった。芸術性は借りものに過ぎなかった。

リュミエールからフィルム・ダールまで、映画は変ってきたし種類も多くなってきた。スクリーンの上に描き出されるものも、日常生活の単純な一断片から魔法の世界へ、さらには芸術的世界へと変ってきた。しかしカメラは相変らず一点に固定され、受身で機械的な性格はぜんぜん変っていない。

映画はすでに在るもの（自然や日常生活）か、何か別のものによってすでに作られたもの（魔法芝居や演劇）を、ただ写しとり保存しておくだけであって、自分の力で自分しかできないものを作り出すにはいたっていない。この段階では「芸術映画」については語りえても、「映画芸術」について語ることはできない。

フランスを中心とするこうした映画の芸術化の動きとならんで、映画は、芸術とは一見無関係な別の動きをしめしていた。いくつかの例によってこの動きを考えてみよう。映画史のごく初期、イギリスのブライトン（Brighton）という都市に、何人かの映画製作者がいて、非常に特色のある映画を作っていた。現代の代表的な映画史家であるサドゥール（Georges Sadoul, 1901-1967）は「ブライトン派」（l'école de Brighton）という名前をそれにあたえている。いまスミス*（George Albert Smith, 1864-1959）の『お祖母さんの眼鏡』（*Grandma's Reading Glass*, 1900）という映画を例にとる。お祖母さんが縫物をしている側で、孫が彼女の老眼鏡でいたずらをし、周囲のものを覗く。時計、鳥かごのカナリア、お祖母さんの目……が画面に大きく映る――。内容は他愛がない。しかしこの映画は、祖母と孫を表わす画面（いわゆる「中景」medium shot, M.S.）と時計その他をいっぱいに大きくとらえた画面（クローズ・アップ close-up による画面――closed shot, C.S.）という二種の画面から構成されている。つまりカメラは、映画の内容に応じて撮影位置を変えているのである。もはや受身にではなく、ある意味で自発的な動きをカメラはしめしているのである。

フランスとともに映画誕生の地であるアメリカでは、当初特に特色のある映画は作られず、映画館ではむしろメリエスの映画などがさかんに上映されていた。そのようなアメリカ映画に活気をあたえ、独特の道を切り開いたのがポーター*（Edwin S. Porter, 1870-1941）であった。ここでは『アメリカ消防夫の生活』（*The Life of an American Fireman*, 1902）を例に彼の映画の特色を明らかにしよう。消防夫の活躍を描いたこの映画は、つぎのような場面を含んでいるといわれる。（1）消防署の室内。机にむかってまどろむ消防夫が、火事で危険にさらされている妻と子の夢をみる。（2）火災報知器。（3）消防夫の寝室。警報に目をさます。（4）ポンプ格納庫。（5）格納庫の戸口。ポンプが出発する。（6）街。疾走するポンプ。（7）燃える家。子供と母親の救出。そして（7）の場面は、さらに家、室内、家という三つに分けられているといわれる。★この映画では、カメラは物語の展開を追いかけ、画面もまたそれに応じて、かなり急速に交替する。レンズの前で演じられる物語を、カメラが受身にとらえるのではなく、カメラとそれによって撮影されたフィルムが、ある出来事を物語るのであ

★　旧版執筆当時、この映画を見ることができなかったので、記述はジェイコブスの著作（Lewis Jacobs: *The Rise of the American Film. A Critical History*, 1939）を参照したが、その後の研究によると、その記述は、オリジナルではなく、編集しなおされたヴァージョンにもとづくものだったという。オリジナルでは、火災から救出される母子のできごとが、まずは屋外の視点から、ついで屋内の視点から重複してえがかれている。ただ、ここでの記述は、そのことによって変更する必要はないので、これ以上の記述はおこなわない。なおこのことについては、以下の書物を参照のこと。
——浅沼圭司『物語るイメージ』、水声社、二〇一三年。

る。いくつかの異なった場面を表わすフィルム断片が、ある意図のもとに結びつけられ（編集され）、それによって物語の展開が表現されるのである。

フランスのフィルム・ダールは、イタリーにも強い影響をあたえた。一九〇八年前後から、イタリーにおいても、文芸作品の映画化がさかんに行われた。しかし、フランスのフィルム・ダールが演劇的な性格を強くもっていたのに対して、イタリーのそれは大がかりなスペクタクル映画に発展していった。バルデーシュとブラジヤックは、共著になる映画史の中で、フランス人は映画をコメディー・フランセーズを通してみたのに対し、イタリー人は彼らのオペラを通してみたといい、フランス人は高貴を、イタリー人は華やかさを目ざした、ともいっている（Maurice Bardèche et Robert Brasillach : *L'Histoire du Cinéma*, 1953-1954）。古代文化の遺跡を背景に、波瀾万丈の物語を、大群衆シーンや巨大なセットを用いながら映画化したイタリー映画は、動きの少く重苦しいフランス映画を圧して、一時世界の映画界に君臨したのである。代表的作品は『クオ・ヴァディス』（Enrico Guazzoni : *Quo Vadis*, 1912）や『カビリア』（Giovanni Pastrone : *Cabiria*, 1914）であろう。

『カビリア』を例にとろう。小説家ダヌンツィオ（Gabriele d'Annunzio, 1863-1938）がシナリオを書いたこの映画の物語は、第三次カルタゴ戦争に題材が取られ、場所もローマ、シチリア島、カルタゴ、地中海と目まぐるしく変化する。現地撮影を主としていたため、ロケ隊が各地に派遣され、多くのフィルムが作られた。ところが物語は各地をつぎからつぎに飛びまわって発展するため、フィルムは、シナリオにもとづきながら、適当に切取られ結びあわされなければならなかった。イタリー人は製作の実際から編集を知ったのである。

　画面に豪華さをあたえるため、しばしば巨大なオープン・セットが作られた。ところが、巨大なセットの前で演技する俳優の表情や身振をとらえるために、カメラを近くに据えると、せっかく作ったセットの一部しか入らず、セットを全部画面に入れるためにカメラを遠くにおくと、今度は俳優が小さくしか写らない。一方を取れば他方がだめ、他方を取れば一方がだめ。一種の二律背反である。これを解決するためにカメラマンは、カメラを車にのせた。遠くにおいたカメラを、まわしながら、しだいしだいに俳優に近づけていったのである。こうしてイタリー人は、またもや実際上の必要から、移動撮影を知ったのである。

　私たちはいくつかの例によって、カメラが自発的な動きをしめすようになり、フィルム断片を結びつけることによって物語を展開させる方法が確立していくのをみた。こうして物語られる内容が、興味本位で高さや深さに欠けるものが多かったにしろ、それは完全に映画によって作られたものである。すでにあるもの、すでに作られたものを映画が模写するのではなく、映画によって新しいものが作りだされたのである。映画による芸術の可能性が、はっきりとここにしめされた。しかしまだ芸術は生まれない。そしてこれは内容の通俗さだけによるものではない。

　もう一度先の例を考えなおしてみよう。ブライトン派のクローズ・アップ。これは、凸レンズを通して見られたものが、大きく写しだされるものだった。レンズを通したのだから大きく見える。クローズ・アップには、レンズという物理的な原因がある。現在のクローズ・アップの用法とはまったく異なった、単に説明的用法であることは明らかである。

ポーターやイタリー映画のカメラ位置や画面の変化。ポンプが格納庫から街へ出るから、画面も変る。主人公がローマからシチリア島へ行くから、画面もローマからシチリア島に変る。つまりカメラは、物語の発展を追いかけているのである。カメラを動かす原因は、物語のほうにあると考えることはできないだろうか。カメラが自発的に動いたといったけれど、じつは物語の展開に引きずられて動いたというべきだろう。完全に自発的ではなく、多分に受身の性格を残していると考えられる。フィルム・ダールのように、完全にできあがったものを模写するのではないにしても、何らかの意味で作られてしまった物語を、いわば映画に移しかえた――、そういえるのではあるまいか。映画は、完全に自発的に、自分自身のやりかた（表現方法）で、自分自身のもの（内容）を作りだすにいたってはいなかった。

グリフィス*（David Wark Griffith, 1875-1948）は、直接にはポーターの流をくみ、さらにフランスやイタリーの映画の成果を自分のなかにとりいれながら、映画にひとつの完成をあたえた人である。彼の作品としては『国民の創生』（*The Birth of a Nation*, 1915）や『イントレランス』（*Intolerance*, 1916）が名高いが、ここでは『歳月をへて』（*After Many Years*, 1908）を例にしてみよう。これはテニスン（Alfred Tennyson, 1809-1892）の有名な長篇の詩『イーノック・アーデン』（*Enoch Arden*, 1864）の映画化である。物語は説明するまでもあるまい。この映画で有名なのは、つぎのような部分である。

海へ行ったまま帰らない夫を待ちわびる若妻の姿がしめされる。とそのつぎには、彼女の顔のクローズ・アップがしめされ、さらにそのつぎに孤島で苦しむ夫の姿が現われる……。このような画面の交替を説明づけるものは何だろうか。妻の顔は、なぜ大きくみえるのか。レンズで覗いたのでもない。悲しむ女の顔は大きくなるものだ、もちろんそんなことはない。クローズ・アップを説明するための客観的な理由は、何もない。グリフィスがそうしたのだ。理由は完全に主観的である。つまりクローズ・アップすることにより、愛する夫とひきさかれた若妻の悲しみ、苦しみを、より強く表現しようとしたのだろう。クローズ・アップにより若妻の心が、よりよく表現されると感じたのだろう。顔のクローズ・アップから孤島の夫への転換、これも物語がそう展開したのではない。それは妻の感情や想像――心の動きを、映画の画面によって具体的に表現したものである。さらに、こういう画面交替は、妻の悲しみをさらに強く表わすものだし、ひきさかれた愛しあう者同志の悲しみを表わすものである。ここでも画面と画面を結びつけるものは、物語上の理由でも客観的理由でもない、グリフィスという作家の主観なのである。カメラを動かし、画面を結びつける原理は、映画を作る作家の主観のなかにある。描かれるものが客観的現実であり、カメラもそれを客観的に模写するだけであった映画は、グリフィスにいたって完全に主観化されたのである。他の何者によっても束縛されず自発的に動くカメラの作りだす世界は、作家の主観の生みだした世界であり、彼の個性にうらづけられた世界なのである。私たちは、グリフィスにいたってはじめて映画の芸術について語ることができる。そして彼のスタイルが確立するのが、先にあげた二つの代表作においてだとするなら、映画芸術の成立の時期も、ほぼこのあたりにみることができる。

自然界の運動の記録・再現のための機械にすぎなかった映画は、その新しさ、珍しさのゆえに見世物となり、見世物としての努力を重ねていくうちに自発性と個性を獲得していき（つまり人間化されていき）、それがグリフィスによってひとつの完成をあたえられる。このように考えることによって、機械→見世物→芸術という急激な変化を、私たちは一本の連続した発展としてとらえることができるのではないだろうか。そして、映画芸術が機械、見世物の発展したものとしてとらえられるなら、映画芸術はそれ自身のなかに機械・見世物（娯楽）という要素を含みもっていると考えるべきだろう。映画のしめす複雑な性格を解き明かす手がかりを、私たちはこのことにも求めることができる。

II　映画作品の構造

映画の作品は、どのような構造（仕組）をもっているだろうか。これはいろいろな角度から、さまざまな仕方で考えられる問題だろう。おそらく誰もがまず気づくことだろうが、総合芸術と呼びならわされている事実がしめすように、映画はそのなかに多くのものをあわせもっている。シナリオは文学の一種類として考えることもできるものだし、装置・衣裳は美術・デザインの領域に属するものであるし、さらには俳優の演技や映画音楽なども、映画を作るのに不可欠のものである。私たちは映画作品の構造をまずいろいろな芸術によって作りあげられ、組立てられているものとして、考えることができよう。しかし、映画作品はこれら文学・美術・演劇・音楽……といった芸術の寄集めからできあがっているのではない。それらは映画作品というひとつの全体に融けあい、そのなかである役割を果しているのである。したがって映画におけるいろいろな芸術の要素について考えるためには、まず映画作品全体の性質なり構造が明らかにされる必要がある。映画のなかでの音楽は、独立した音楽芸術ではなく、まさに映画音楽なのであり、演技もほかならぬ映画演技なのだから。

映画作品の構造は、一方では、映画によって表現される物語（ストーリー）の構造として考えることができる。いわゆる映画の劇的構成の問題である。ひとつの映画にとって、その物語をどのように展開させるかは、きわめて重要なことだろう。しかも映画の物語は、小説や劇とははっきりとちがうものなのだから、その独自の性格や構成は、充分に分析されなければなるまい。しかしながら、映画の物語が、なぜ小説や劇のそれとちがうのかということを理解するためには、これまた映画とはいったいどんなものかということを、あらかじめ理解しておかなければならない。そのうえ、物語をもった映画というものは、じつは映画（芸術）のなかの一部にすぎないのだから、物語の有無にはかかわりなく、一般的な映画作品についてまず考えなければなるまい。

ともかく、どのような角度からとらえるにしても、映画が、いろいろな部分、あるいは要素から組立てられている一種の構築物であることにちがいはない。それはたとえてみれば、ひとつの建物のようなものである。部分的にではなく、全体としての構造をとらえるには、どうすればよいのだろうか。

ある建物の構造は、それを支える土台がどのようにつくられているかによって決定される。土台があり、柱が建ち床が支えられ、さらにその上に新しい階が作りあげられる。建物の構造は、このように、土台→一階→二階……という階層の関係で考えることができる。ある芸術作品の構造も、これに似通った仕方で考える場合がある。映画の土台は何か、それは何階建か、階と階の関係は何か……。

しかしこういう構造分析を行うためには、かなり専門的な美学上の知識が要求されるので、ここでは、もう少し別の見かたをしてみよう。

ある建物の構造は、それを作りあげている最も基礎的な要素（材料といってもよい）はなにか、という点から考えることができよう。鉄筋とコンクリートとガラス、あるいは木と竹と紙……。映画の場合も、同じような考えかたができる。映画という建物を作りあげているいちばん基礎的な要素はなにか。

私たちは映画を見に行くという。たしかに映画は見えるものである。しかし現在の映画は見えるだけでなく、さまざまな音が聞えてくる。映画は聞えるものでもある。思い切って大きな要素に映画を分けると、それは見えるもの——視覚的要素と、聞えるもの——聴覚的要素という二つになるのではないか。視覚的要素、それはいうまでもなく「映像」である。私たちは映画を映像と音から組立てられたものと考えることにしよう。そしてこの二つのものの性格、関係などを考えていくことにしよう。

映像

映画が生まれてから三十年ほどは、いわゆる無声映画の時代だった。現在でもアマチュアが作る八ミリ映画は、大部分音をもっていない。音のない映画は、たしかにある。だが、映像のない映画、見えない映画など、もちろん存在しない。映像は映画の基礎である。これはあらためていう必要もない、誰もが承知していることである。映像という言葉はよく使われるし、それについて語られることも多い。しかしこの言葉は、かならずしも同じ意味で用いられているとはかぎらないし、その性格もはっきりしない部分が多い。ここではいくつかの問題を定め、その点から映像について考えてみたい。

1 現実的性格の問題

第一章でみたように、映画（技術）は自然界で運動するさまざまなものを、できるだけ忠実にとらえようとする一連の努力の結果作られたものだった。いってみれば、映画は現実をできるだけ忠実に再現しようという性格を、最初からもっていた。こういう点に着目して、映画あるいは映像の本質として、「現実的性格」ないしは「現実に似た性格」をあげる理論家は非常に多い。前にあげたコンラート・ランゲもその一人である。彼は映画を、写真という機械的操作によって現実の運動する事物を客観的に模写するだけのものであるとし、そこには人間の想像力が働く余地もなければ、芸術家の個性が現われる可能性もないと考え、その芸術性を否定したのだった。あるいはまた、アルンハイム（Rudolf Arnheim, 1904-2007）は映像が現実と非常に似通っていることを指摘し、安易に作られた映画は現実のそのままのひきうつしになる危険があるといっている。したがって、彼によれば、映画が独特な映画作品を作りだすためには、むしろ映像と現実の間の相違に着目し、それを強調しなければならないのである。

　映像はカメラによって作りだされる。ところでカメラはひとつの機械なのだから、それはレンズの前におかれたもの（対象）を、客観的に（それこそ機械的に）フィルムに固定する。そしてフィルムは映写機という機械によって、そのままスクリーン上に映しだされる。うつされるもの（対象）↓レンズ↓フィルム↓映写機↓映像（スクリーン上の）という関係は、完全に直線的でありかつ直結的である。この関係はむしろつぎのような図式で表わしたほうがよいかもしれない。〈対象≒レンズ≒フィルム≒映写機≒映像。∴対象≒映像〉映像は写されるもののほとんどそのままなのである。これにたいして、たとえば絵画の場合などでは、対象と絵の間に、画家の目、手などの主観的要素が介入するのであるから、どのように忠実に描こうとしても、対象と絵の間には等式は成立しない。ところで、〈対象≒映像〉という式は、〈映像≒対象〉という形に書きなおすことができる。つまり、スクリーン上に見ているものは、ほとんどそのままの形で現実に存在するということである。映像はカメラの前の対象なしには作りえぬものなのである。絵に描かれている美しい人が、現実に存在するかどうか、こんなことを問題とする人はいないだろう。ところがスクリーンの上に見られる人は、たしかに現実に存在するかあるいはしたのである。映像が現実的といわれるのも、当然のことだといえる。

しかし、はたしてそう簡単に割切ってすませられるものだろうか。もう少し立入って考える必要がある。ここで問題となるのは、「現実」あるいは「現実的」とは、いったいどういうものか、ということだろう。常識的に考えた場合、私たちの周囲にある世界、そのなかで具体的（日常的）な生活を営んでいる世界、それが現実であるといえる。いいかえれば、私たちが実際の生活のなかで、自分の目、耳などの感覚でとらえ、いろいろな仕方で体験したものが、一般にいわれる現実なのである。不必要な混同をさけるために、ここでは、「体験現実」という言葉でそれをいい表わすことにしよう。そして今は映像を問題としているのだから、体験を「見る」という体験に限定して考えていくことにしよう。

私たちは自分の目でものを見る。ところで人間の目は決して一様のものでなく、ひとつひとつ違った性質をもっている。もちろん視力の違いなどもあろうが、たとえば注意深い目やボンヤリした目などというちがいもあろう。同じものであっても見る人によってずいぶんちがって見られるということは、たとえば「あばたもえくぼ」などという諺からもうかがいうる。要するに人間の目は、その人の性格・体験・環境などによって規定されているのである。

そのうえ、私たちは見えるものすべてを見ているのではない。今視野のなかにあるひとつの物が、私たちの興味を特にかきたてたとすると、私たちの意識はそれにだけ集中し、他のものは意識から消え去ってしまう。目に入ってはいるけれど見ていないのである。私たちはまた、醜いもの、恐しいもの……を、できるだけ見まいとする。私たちは、無意識のうちに、美しいもの、快いもの、都合のよいものを選びとって見ているのである。私たちの「体験現実」というものは、このようにして作られているのである。

カメラの目――レンズには、このような個性による規定がない。レンズは愛情によってうるみもしなければ、憎悪のために歪みもしない。カメラの目は、無意識の選びとりを行わない。目の前にあるすべてを、できれば見ずにすましたいものであろうと、そのままに見てしまう。

私たちの見るものと、映像の間には明白な相違がある。映像は私たちが気づかずにいたもの、思いがけないものをしめしてくれる。映像は、私たちが主観のヴェールを通して見ていたものを、むき出しの姿でしめす。映像は私たちの目に隠されていたものの姿を、あばきだす。映像は「体験現実」あるいは「日常的現実」とは明らかに異なった世界をしめすのである。

映像が現実的であるということは、それが「体験現実」の再現であるということを意味するものではない。もし「体験現実」の単なる再現であるなら、映像は私たちの体験のくりかえし、保存にすぎず、積極的な意義はついにもちえないだろう。映像の再現するものは、日常生活で私たちが気づかずにすごしている、あるいは私たちから隠されている周囲の世界の真の姿であり、その意味で「現実的」なのである。映像によって、日常生活では見ることのできなかったものを見るのであり（日常的体験とは異なった体験をするのであり）、このことによって映像は、「現実的」なままにある積極的意義をもちうるのである。

いまある小学校の運動会を対象にして、ある映像を作る場合を考えてみよう。広い運動場のそここに生徒が集まっている。父兄がいる。役員席がある。校門の前には屋台店さえ出ているかもしれない。ところがカメラの視野は、限られたものでしかない。ファインダーから見えるのは、それらのごく一部分にすぎない。どこを撮影すればよいか。運動会の雰囲気がいちばんよくでているような部分を選びとり、カメラの視野をそこに限定しなければなるまい。運動会は開会式にはじまり、いろいろなプログラムが演じられながら、閉会式でおわる。限られた長さの映像で、最初から最後まで撮影することができないとすれば、運動会の雰囲気がもっとも盛りあがったある時間を選び、その時間に限定してカメラを廻さなければなるまい。

実際の出来事を忠実に再現した映像であっても、それは場所的にも時間的にも、選択され限定された結果なのである。単に機械的・客観的に写しとられたものではなく、ある判断にもとづいて撮影されたものなのである。だから、逆に、その映像を見ることによって、それを撮影した人が、運動会をどのようなものと考えていたかがうかがえるといえよう。つまり最も単純な映像にさえも、撮影者の個性は何らかの形で現われているのである。映像は、それが個性のしるしを帯びているという点で、単なる機械的再現ではなく、作りだされ生みだされたもの——創作物としての資格をもっている。

もう一度運動会の例にもどろう。レースに熱狂する子供たちの姿を撮ろうと思った。いちばん適当と思われる場所を選んだのだが、どうもしっくりいかない。女の子が多すぎる。そこでカメラの前から数人の女の子にどいてもらい、そこへ他の場所から男の子をつれて来た。ふたたびレースに熱中しはじめた姿をカメラに収めた。ごく簡単な例である。だが、こうして作られた映像は、実際にあったものを、そのまま写しとったものではない。その映像を作るために、カメラの前の人物を適当におきかえたのである。一種の構成が行われたのである。カメラの前の対象は、かならずしも実際にそこにあるものである必要はない。一定の意図の下に構成されたものでもありうるのである。もう一歩進めて考えるなら、別段実際の運動会である必要もない。数人の子供に運動会らしい服装をさせ、学校らしい建物のそばの空地に運動会らしい飾りつけをし、そこで子供たちに運動会らしい仕草をさせて、カメラに撮ることも考えられよう。映像は運動会を表わしてみせる。しかし、それは実際にはまったくなかったものであり、ある映像のためにだけ作られた運動会である。カメラの前の対象は、まったく新しく作りだされたものでもありえよう。

以上のように考えてくると、映像は「現実的性格」ないしは「現実に似た性格」をもつと、単純にいうことはできない。映像は、それを作るために特定の対象を必要とし、対象はカメラによって忠実に、ほとんどあるがままの姿で再現される。この意味から、映像の最も根本的な性質として、「再現性」とでもいうべきものを考えることはできよう。しかし対象は、かならずしも実際にありすでに存在するものであることを必要としない。特別に構成され、新たに作りだされたもの——形成されたものであってもよいのである。そのために特に形成された対象を忠実に再現した映像、それは形成された映像である。

一方、自然界や私たちの周囲にある事物を対象とする場合であっても、映像はそれらのものを、私たちに馴れ親しんだ姿のままに（つまり体験現実そのものとして）再現するだけではなかった。映像はそれらのものの私たちに隠されていた姿を、あらわにしめしうるものでもあった。ところで、日常の生活のなかで、私たちは周囲のものや人間を、すべて自分と関係させてだけ見、考えている。ポストは手紙を入れるためのもの、リンゴは食べておいしいもの、あの木は目の前の美しい風景の点景をなすもの。人は母親であり、友人であり、恋人だ。だがポストは、手紙を入れようが入れまいが、それとは無関係にそれ独自の形と色をもったひとつのものとして存在する。恋人と呼んでいたこの人は、私とはまったく違った肉体とうかがい知ることのできぬ感情や考えをもった人間——つまり他人でしかない。他人——私とは異なり、しかもどこか似ているこの生きものは、私に対して一体何なのか、私はそれに対して一体何なのか……。自分との関係を断切られたとき、周囲は私たちにとって何と異様なものとなるのだろう。サルトル（Jean-Paul Sartre, 1905-1980）の『嘔吐』（*La Nausée*, 1938）の有名な一節を思いだしてみよう。「……マロニエの根は、ちょうど私の腰掛けていたベンチの真下の大地に深くつき刺さっていた。それが根であるということが、私にはもう思いだせなかった。ことばは消え失せ、ことばとともに事物の意味も、その使用法も、また事物の上に人間が記した弱い符号もみな消え去った。……私は、その黒い節くれだった、生地そのままの塊と向いあって動かなかった。その塊は私に恐怖を与えた。……マロニエの樹の数を〈計算し〉たり、ラ・ヴェレダ（像）との関係において〈位置をきめ〉たり、その高さをすずかけの樹と〈比べ〉たりしても無駄だった。それらのものはそれぞれ、私がそこに閉じこめようとした関係から逃げ去り、孤立し、溢れでていた」（白井浩司訳による） 私たちが安住していた関係が破れるとき、周囲はまったく新しいむきだしの姿で現われる。そしてとらえがたく不可解なものとなった周囲の事物や人間を前に、私たちは逆に、これらのものに対していったい自分は何なのかを考えることを余儀なくされよう。日常生活の中で見失い、そして限定された体験のなかにとらえることのできずにいた事物や人間の隠されていた姿を、あらわにむきだしにしめし、慣習のなかに埋没し、単に関係に支えられてだけ生活している人間に、自分の生や存在の真の姿に対する目を見開かせる――それは芸術の最も大きな働きのひとつではなかったろうか。

もちろん単一の映像が、このような意味での芸術としての性格を、完全に備えているなどと考えているのではない。だが、そこに到る可能性を含んでいることは、明らかに否定することのできない事実である。馴れ親しんでいたものを写した写真が、時としてあたえる不思議な、気味悪い印象は、このことのひとつの証拠のようにも思われる。さきに映像は選択と限定の結果であると考えたことも、このことと関連させて考えなおすこともできる。何かを選ぶ——、それは他のものを捨て去ることを意味する。何を捨て去るのか。日常の世界には雑多なものが入り混り、私たちの目はそこで方向を見失って、迷い、さまよう。目をあやまたず事物の核心に導くために、雑多な核心的でない要素や部分を捨て去るのだ。この意味で選択や限定は、芸術的形成の主要な要素なのである。

ここで私たちは、はっきりとランゲの意見を否定することができる。映像は明らかに芸術的（美的）性格を有している。そしてまた、モンタージュを映画芸術の基礎として重要視するあまり、映像そのものの形成を軽視してしまった形式主義的なモンタージュ論（エイゼンシュテインやプドフキン*（Всеволод И. Пудовкин, 1893-1953）らの初期の論文に見られる）の誤りも、あらためていうまでもなく明らかである。

2　空間の問題

私たちは映像をスクリーンの上に見る。そしてスクリーンは、矩形の平面——二次元の空間である。映像は、視覚的二次空間としての性質をもっている。ところで、視覚的二次空間の性質をもつものといえば、だれでも絵画を考えるにちがいない。絵画には奥行が、三次元の世界があるではないか——、そう反論する人もあるだろう。しかし、いうまでもないことだが、絵画の奥行は遠近法などによって平面の上に表わされた——表現されたものであって、三次元の世界が実際にあると考える人はいないだろう。それは想像上のものなのである。これは映像の場合も、まったく同じである。

映像はまた白↓黒のいろいろな調子、多彩な色彩をもち、具体的あるいは抽象的な形から成立っている点で、絵画と共通の性格をもっている。なによりもまず、映像は形成された視覚的二次空間であるという点で、絵画と非常に近い関係にある。事実私たちは、映画批評その他で、あの映画の画面は非常に絵画的であったなどという表現に出会うことが多い。そして、たとえば水平に引かれた線は静けさ・安定を、縦の線は飛躍と増大を、斜の線はその傾斜の角度によってさまざまの暗示を表わす——などという、絵画についていわれる線の構図は、多分映像にもあてはめられるものだろう。あるいは色彩の配列その他、映像は絵画から学ぶべき多くのものをもっているといえる。

有名な絵画作品の構図からヒントをえたり、あるいはそれをほとんどそのまま借用して映像を形成したような映画作品も、かなりの数に上る。ジャック・フェデ*（Jacques Feyder, 1885-1948）の『女だけの都』（*La Kermesse Héroique*, 1935）などには、全篇にわたってフランツ・ハルス（Frantz Hals, 1580/81-1666）などの十七世紀オランダ絵画の面影を、はっきりと認めることができる。あるいはジャン・ルノワール*（Jean Renoir, 1894-1979）の『フレンチ・カンカン』（*French-Cancan*, 1953）などには、フランス印象派の絵画から構図を借りたような画面が見出されるのである。このような具体的な例は、構図の上での、したがって空間の性質の上での絵画と映像の共通な性格を実証しているものと考えることもできる。そこで、映像の空間の性質を考えるために、絵画空間との比較を行ってみよう。

まず絵画の空間について考えてみたい。もちろん絵画の空間といっても、それはさまざまな性質をもっているものだろうし、それを分析する仕方も数多くあるだろう。ここでは映像を考えるために重要だと思われるものについてだけ考えることにする。

絵画の空間は完結した空間である、そういわれることが多い。あるいはまた、絵画空間はそれ自身でみちたりた――自足的な空間であるとか、絵画は一箇の小宇宙であるなどといわれることもある。これらのことは、いったいどのようなことを意味しているのだろうか。これはかなりとらえにくい、抽象的な問題であるから、できるだけ具体的なものから分析を進めていこう。

絵画の作品は、ほとんどの場合額縁に入れられている（もちろん例外もあるし、また種類によってはぜんぜん額縁のないものもあるが、ここでは普通考えられる絵画、いわゆる「タブロー」（tableau）を中心に考える）。ところで、額縁というものは、単に絵を保護したり、あるいは装飾という役目だけをもつものだろうか。もしそうだとすれば、額縁は絵画という芸術の本質、あるいは絵画の芸術性にとって、直接の（必然的な）関係をもつものではないということになる。しかし他方では、額縁は絵画に欠くことのできない、その芸術性と必然的に結びついたものだと考えることもできよう。このような考えに立って、額縁について興味深い分析を行ったのがジンメル（Georg Simmel, 1858-1918）である。

彼は、額縁はただの装飾ではなく、絵画をあたかも大海に浮かぶ島のように、外の世界から孤立させる役割を果すのだといっている。もっと別のたとえによって考えてみよう。額縁は、封建時代の西欧の諸都市をとり囲んでいた城壁のような役割を果す。城壁は外部の世界からある都市を区分し、外部の力の侵入を防ぎ、都市内部に秩序と統一を作りあげる働きをする。いってみれば城壁は都市の独立を強めるものなのである。城壁に囲まれた都市は、外の何物にも属することなく孤立し、したがってすべてのものを都市の力で、都市の内部で作りださなければならない――つまり、それは自給自足の性質をもつ。城壁を額縁に、都市を絵画空間におきかえて考えてみればよい。絵画空間は、外の空間から孤立し、みずからの力で統一を保った独立の性質をもち、他の何物の力も借りず自分の力だけで成立っている空間なのである。額縁はそうした空間の性質を強めるものといえる。

内側の方が高く（厚く）、外側の方が低い（薄い）額縁は、鑑賞者の視線を内から外へ――絵から外の空間へ導くものであって、悪い額縁である――こうジンメルのいうのも、もっともなことといえる。それは低い、すき間だらけの城壁のようなものだから。あるいは、小さな絵の場合には、その空間の独立性をまもるために、幅の広い力のある額縁をつけるべきだといっていることも、先のたとえから考えれば容易に理解されるにちがいない。

額縁という手がかりから、絵画の空間は自立し自足した空間であることがうかがえた。さらにいえば、それは閉じられた空間であり、外部に向かって連続することのない空間である。

しかし、はたして実際にそうであろうか。こう結論するだけで、すませるものだろうか。たとえばある自然の対象を、できるだけ忠実に写生したような絵でも、自然空間と何ら関係がないといえるものだろうか。「自然の一角を切りとる」ということをモットーにした印象派の画家の作品は、ある自然空間と直接の関係をもつのではないか。モネ（Claude Monet, 1840-1926）の有名な『睡蓮』の連作は、彼の邸宅にある池の一部を切りとったものだといわれている。しかし『睡蓮』を鑑賞する人は、それを大きな池の一部として見ているのではあるまいし、それを池全体、邸宅全体におしひろげながら見ているのではあるまい。

一般的にいって、風景画というものは、そこに描かれている風景によってのみ成立っているのではない。風景そのものではなく、ある独特の個性をもつ画家が、ある場所である時に見た風景が絵のなかにある。画家が風景をどう見たかという、見方が風景画を支えているのである。自然の風景の一部をそのまま切りとるのではなく、描かれた風景を通して画家の見方が現われているのである。そこにはある風景に対した時の画家の、微妙な心のゆれ動き――「気分」がある。したがって、そこには外部空間の切りとりではなく、画家の心の――内的空間が定着されているといえよう。鑑賞者は単に絵のなかの風景を見るのではなく、それを通して画家の「気分」を感じ、それに応じて自分のなかにもひとつの「気分」が作りだされるのである。写実的な風景画さえもがもつ、あの一種抒情的な性格は、以上のようなことにもとづくものなのだろう。そしてそれは、風景画の空間が外部空間と直接の関係をもたず、内的空間という性格をもつことを、明らかにしめしているのである。

もっと一般的な観点から、この問題を考えてみよう。画家が見るということ、描くということは、いったいどういうことなのだろうか。日常生活のなかで、私たちは周囲の事物や人間を、私たちとの関係、私たちのために果す機能、私たちがあたえた意味などからだけ見ている――これは前の節で明らかにされた。ところで、画家はよりよく見る人だということが、しばしばいわれる。ということは、彼がものを関係・機能・意味（それはもの自身とは関係のない、人間がものにあたえたおおいであろう）においてだけ見ずに、それをつき抜けてものの真の姿を見ることを意味する。真の姿にもどったもの、それはもはや日常的空間のなかで、日常的法則の支配の下におかれてはいない。画家はものの真の姿をとらえるためそれをさまざまに変形し、ものとものとの新しい関係を作りだし（シュールリアリズムの絵画では、日常ではありえないようなものとものとの結びつきが行われている）、まったく新しい世界を作りあげる。画家がカンヴァスに描くものは、外の世界の一部なのではない。彼によって日常的性格をはぎとられ、変形され、新しくまとめあげられた、日常生活とはまったく別の世界なのである。そこにはもはや日常的・現実的法則の支配はなく、独自の法則により統一された世界があるのみである。絵画が小宇宙であるといわれることは、このような点からも理解されよう。そして先にのべたような絵画の空間の特質も、このことによってさらに明らかになるだろう。

したがって、レンブラント（Rembrandt Harmensz van Rijn, 1606-1669）のように、背景を暗く描くことによって奥へ沈んでいく空間を表わす場合でも、空間は絵の世界を出て他の空間に深まっていくのではもちろんない。それはあくまで絵のなかでの無限の奥行であり、それでこそある神秘的な印象をあたえるのである。あるいはレオナルド（Leonardo da Vinci, 1452-1519）の『最後の晩餐』（*Ultima cena*, 1495-1498）のように、巧みな遠近法の使用によって、絵のなかの空間が絵のある部屋の空間と直接連続しているかのように描かれている場合もあるが、その場合でも絵画空間が外部空間へ拡がっていくのではなく、人びとの視線を絵にだけ集中させ、いわば室内の空間を絵画空間のなかに吸収し凝縮するような性質をもつと考えられるのである。

以上のような性質をもつ絵画空間に対して、映像の空間はどのような性質をもっているのだろうか。ところで、空間の性質という点から考えれば、映像は根本的には写真と同一の性質をもっていると考えられる。両者ともに、カメラによって作りあげられる視覚的二次空間であり、映像というものは結局いくつかの連続した写真からできあがっていると考えられるからである。もちろん、映像は（後でふれるように）時間の要素をも有しているのであって、その点写真と完全に同一視することはできないが、その空間の性質をはっきりさせるために便宜的に時間の要素をとりはずして考えるなら、写真によってこの問題を考えることは許されるだろう。空間の問題に関するかぎり、写真についていわれたことはほとんどそのまま映像についてもいいうるはずである。

絵画に比べた場合、写真の最も大きな特色は、それがカメラ――レンズによって作られるということである。したがって、この点については、先に映像について語られたことはそのまま写真にも適用される。つまり、〈対象≒写真〉という関係がここでも成立する。もちろん写真作家は、あたえられた対象をただ受身に再現するだけでなく、対象からその日常的な関係・機能・意味を奪いとり、それを真の姿においてとらえる。この点で写真作家もまた、画家と同様よりよく見る人である。しかし写真作家は、そうしてとらえたものを、画家のように自由に変形したり、それに新しい関係をあたえたりすることはできない。彼はある対象に立向かい、そのものの真の姿がいちばんよく現われるような位置をえらび、アングルをきめ、さらに一定の照明をあててそれを強調する。そしてシャッター・チャンスを選びとる。このようにして彼が見いだし作りあげたものは、まったく機械的にカメラによって再現される以外ない。対象を想像力により変形し結びつけることは、彼には禁じられている。この意味で写真は、絵画にくらべはるかに対象に束縛された芸術である。絵画は画家の内的空間をカンヴァスに定着したという性格をもつものであったが、写真の場合、たとえそれが写真作家によってとらえられ見いだされた日常とはまったく違ったものであろうと、作家の外部にある対象を再現したものにほかならないのである。写真は、外部空間をある仕方でフィルムあるいは印画紙に定着したものである。ある仕方——カメラ位置、アングル、照明、シャッター・チャンスなどを決定することにより、外部空間のある一部、ある側面を選びとる……。つまり写真空間は、ある連続する外的空間から、その一部を切りとることによって成立する。それは外的空間と直接の関係をもった空間であり、切りとった部分以外の空間と同質の、それと連続する空間である。ある全体ではなく、部分であり、完結し自己を閉じる空間ではない。絵画が独立王国的な都市であるなら、写真は開放的な近代都市である。

このように考えると、先にあげたジンメルが、写真を額縁に入れることの無趣味さをついているのも、当然のこととして理解される。額縁は孤立し、完結し、閉ざされたものにこそふさわしくかつ必要なものであって、開放的で、部分的で連続的な写真空間を額縁でとり囲むのは、「矛盾にみちたものであり、暴力的なもの」といえよう。写真の額縁は、もし使われるとしても、画面を保護するだけの細い枠のみのものとすべきであり、あるいは台紙を用いて、額縁と写真の間に余白を作るべきと思われる。

　これまで考えてきたような写真空間の性質を、雄弁に物語ってくれる具体例がある。いわゆるトリミングの技法である。構図上あるいはその他の理由で、ある写真の周囲を切りとるのである。ともかくも完成された絵画の作品からその一部を切りとったとしたら――、その作品は失われてしまう。完結した全体を切りとることは、全体を破壊して部分にしてしまうことである。写真の空間は最初から部分である。部分から一部を切りとっても、部分という性格は変らない。分数はいくつに割っても分数である。もうひとつの例は、連続写真とでもいうべきものである。山脈や砂丘などのひらけた風景を撮影する場合、カメラを水平に移動させながら数枚の写真をとり、それを適当に切りとり、連続させ（つなぎ合わせ）て、一枚の写真を作りあげるのである。この一事だけでも、絵画のそれとまったく違った写真空間の性質を理解するのに充分だろう。

　以上で明らかにされた写真空間の性質は、そのまま映像の空間についても考えることができる。というよりは、写真空間に関して見いだされたいくつかの性質は、映像においてはさらに強度のものとなるというべきかもしれない。写真は、具体的には、ある一定の形をもった印画紙である。それはいわば一箇のものとして、なお他から区別して考えられるであろう。方形の印画紙の各辺は、ある意味では写真空間を他から区別する働きをもつとも考えられる。映像は、暗い映写場のスクリーンの上に成立する。映像は、写真のようなもの——物質的性格をあまりもたず、あるいはまた、写真のようなみずからを他から区別する強い縁をもっていない。したがって、開放的・連続的な性格はいっそう強められると考えられるのである。

映画の主要な技法のひとつである移動撮影も、こうした空間の連続性なしには考えられないものである。今までスクリーン上になかった空間が、しだいしだいにスクリーン上に現われ、それまでスクリーン上にあった空間が、しだいしだいにスクリーン外に消えていく。まったく新しい、ちがった空間が、それまであった空間を侵し追いはらったのではなく、カメラの視野外に連続していた空間が視野内にとり入れられたにすぎない。スクリーンから消えた空間は、完全に消え去ったのではなく、カメラの視野（スクリーン）外に連続する空間になったにすぎない。パノラミック（パン）、トラヴェリングなどのカメラ技法を可能にしているのは、まさに空間の連続性なのだろうし、逆にこうしたカメラ技法からも映像空間の性質は実証される。ジョン・フォード*（John Ford, 1894-1973）の『駅馬車』（*Stage Coach*, 1939）などにみられる移動撮影シーン（駅馬車とインディアンのシーン）は、映像空間の連続的性質を実感的に立証しているものといえよう。

映像空間の特殊な性格を如実に物語る技法の例として、さらにクローズ・アップが考えられる。クローズ・アップは映画（あるいは写真）の最も重要な技法のひとつであり、バラージュ・ベーラなど多くの人によって、その表現上の意味、機能が分析されているが、ここではあくまで空間の問題と関連させて考えよう。そのために例をあえて写真にとって考える。

スケッチ、あるいは生物学その他の観察記録の場合などはともかくとして、あるひとつの完成した絵画作品の場合には、あるもののごく一部分だけをとらえ、それを拡大して描くということは考えられないことである。なぜなら、あまりにも小さなものからは、まとまった全体的印象を作りあげることは不可能だし、一部分から完結した全体的世界を形成することはできないからである。ところが写真の場合には、ある細部をとらえ拡大することによって、ひとつの作品を形成することは充分可能である。これは写真空間が、すでにそれ自身部分という性質をもつことを考えれば、当然のことといえる。

たとえば、裸体のある一部のみを写しだした写真がある。私たちはそこに裸体の曲面と照明によって生みだされた光と影の美しいコントラストのみに、つまり形式的な美しさのみに目を向ければよいのかもしれない。しかし、それと同時に、そこに裸体の美しい部分を感ぜずにはいられない。逆にいえば、その時私たちは、美しい部分をもった裸体全体を想定しているのである。ある体の美しい部分を美しく表現することにより、美しい体全体を想像させる。そこに裸体写真のひとつの性格があるのではないか。極端ないいかたをすれば、他の部分がまったく醜いモデルを用いた場合でも、私たちは写された美しい部分から、美しい体全体を想像するのである。写真は部分の表現によって、あるまとまった対象ないしは雰囲気を描きだすのである。この点に写真の、あるいはクローズ・アップの魔力が、ひとつの表現力があるといえる。

その他、望遠・広角など各種のレンズを用いての撮影、とくにズーム・レンズによる撮影やパン・

フォーカスの技法など、この観点からも考えることができる。

空間の性質の問題から、ごく自然に、構図の問題が導きだされる。構図とは、結局、空間の形成ないしは形成された空間の問題なのだから……。これまで述べてきたことから、絵画の構図と写真ないしは映像の構図が異なったものであること（むしろ、異なったものであるべきこと）は明らかである。したがって写真や映画に、絵画の構図を何らの反省もなしにもちこむことは、無意味なことというべきである。写真や映画の初期――つまりそれらの独自の性格が未だ充分に自覚されていなかった時期には、そうしたことがしばしば行われた。それは写真においてとくにいちじるしい。いわゆる「芸術写真」の時期には、写真に絵画的な性格をあたえるためにいろいろな工夫が行われ、当時さかんであった肖像写真にも、古典派肖像画や十七世紀オランダの室内画の構図が、まったく無批判にとりいれられていた。しかし、かりにある風景画の構図を借りて写真を写したとしても、まったく平凡な、いわゆる「絵葉書的」な写真ができるにすぎない。写真独自の構図が写真史に現われるのは、写真が絵画と訣別したときにはじまる。

絵画でも写真でも（具体的対象を表現する場合には）、構図は、根本的には、対象に対する作者の態度、見かたによって決定される。しかし絵画の場合、すでに見たように、対象は作者の内部で自由に変形され完結した空間にまとめあげられるのだから、構図は対象との直接的関係を免れた、作家の自由な創造の結果であるといえる。ある場合には、純粋に線・形・色彩の美しさを作りだすために

（形式美的要請によって）、対象の形や色彩を自由に変化させるのである。写真にはそれが許されない。対象の真の姿を最もよく露わにしうるようなカメラ位置、シャッター・チャンス（そしてトリミング）、これが写真における構図決定の要素である。もちろんそれらを選択し決定するのは作者の主観であり、その意味で写真の構図も作者の創造の結果である。しかし、対象の変形その他が不可能なのであるから、写真の構図は、対象によって決定されるということもできよう。

もちろん、写真の構図が対象に束縛されるからといって、ファインダーを通して見える対象に作家の主観が完全に吸いとられ、対象に対する態度が確立されないときには、構図は成立しない。対象による束縛が強いだけに、かえって作家の態度が明確なものであることが要求されるのである。

ごく一般的にいって、絵画の構図は空間の完結性・閉鎖性を破るものではありえない。画面の安定や全体的性格を脅かすような極端なアングルその他は、絵画においては避けるべきである。たとえば裸体画の場合、頭部が画面内にないような構図はほとんど考えられまい。体の大部分が画面内になければならない。頭部の欠けた裸体画は、非常に無気味な印象をあたえるにちがいない。つまりそれは（空間の性質からして）体の部分ではなく、頭部のない体全体という印象をあたえるからである。あるいは肖像画の場合などでも、人物は画面の中央におかれる場合が多いだろう。画面の片すみに人物がおかれた場合、その画は不安定な印象をあたえるか、あるいは片すみに追いやられた人間という感じをあたえるにちがいない。

写真の場合、このような意味での構図上の制限はない。極端なアングルその他が可能である。たとえば裸体写真の場合、頭部のないあるいは体の一部のみの場合でも、決して奇異の感じはあたえないと考えられるし、肖像写真の場合でも人物を画面のすみにおいたり、上から見下すアングルをとることも考えられるのである。一般的にいって、写真独自の構図は、画面外への連続を意識させるような、ある意味で動的な性格をもつのではあるまいか。

映像の構図についても、同様のことが考えられる。たとえばルネ・クレール*（René Claire, 1898-1981）の『幕間』（*Entr'acte*, 1924）のなかの、踊るバレリーナを真下から写した画面とか、木下惠介*（一九一二―一九九八）の『カルメン純情す』（一九五二）のなかの、カメラを斜にして撮影した画面など、極端なアングル、不安定な構図のよい例だろう。ところで、写真とちがって映像は単一では作品を作りあげられない。ある数の映像のある連続によってひとつの作品が作りあげられるのだから、単一の映像の構図だけについて語るのは、それほど意味のあることではない。というよりは、ある映像の構図は、作品全体との関連から決定されるというべきである。このことについては、後でふれることにしよう。

いずれにしろ、私たちは映像の空間の性質を考えるために、時間の問題を括弧に入れて考えてきた（そのため、写真について語ることが多くなった）。しかし、映像は動きをもったものであり、そのことを考えずには、結局は空間の問題を充分にとらえることはできない。したがって、映像の時間の性質を考えたうえで、さらにこの問題にふれる必要があるだろう。

3　時間の問題

映像の空間の問題を考えながら、私たちは結局どうしても時間の問題を考えねばならぬことを知った。映像はたしかに二次空間――平面としての性格をもってはいるが、同時にそれはある運動をもつものであり、ある時間的な長さ――時間的延長をもっているものであるのだから、時間の問題は、空間の問題とならんで、映像を考えるうえで最も重要なもののひとつである。ここでは、前の節で検討した空間の問題を、もう一度とらえなおしながら、時間の問題について考えていこう。

絵画の空間は完結し閉ざされた性質をもつものであったが、それは同時に動かない――静止した空間である。この点では写真の場合も同様である。絵画や写真について、これは何分の長さをもっているなどとはいわないだろう。つまりそれは時間的延長をもたない。今見ている絵の空間は、ある別の空間が変化してできたものではないし、また時間がたてば別の空間に変化するものでもない。それはつねに変化することのない、不変のまま持続する空間である。そういう意味からすると、絵画（あるいは写真）の空間は、時間の流れからとり出された空間であるということができる。

ところで、「建築は凍れる音楽である」などという言葉を聞くことはないだろうか。動くことなく、変化することのない建築を表わすのに、なぜ音楽という言葉が使われるのだろうか。あるいは絵画や彫刻について書かれたもののなかにも、音楽と比較しながら述べている文章や、時間という言葉がよく見いだされると思う。なぜだろうか。そして、建築や絵画など――一般的に造形芸術といってよいだろうが――についていわれる時間とは、いったいどのようなものなのだろうか。これは、じつは、美学や芸術学の最も重要な問題のひとつであり、そして映像の時間の問題とは、かならずしも直接的な関係はもっていない。しかし、一般的な問題から特殊な問題が明らかにされることは充分期待できるし、またこれから考えようとする問題に、いわば側面から照明をあててくれるとも考えられるので、(その範囲で) ごく簡単にでもこの問題にふれないわけにはいくまい。

日常の生活で、たとえば街を歩いている時、ポストを見ることがあるだろう。しかし、あそこにポストがある。あそこにあるのはポストだということを知ってしまえば、私たちはほとんどの場合それを見つづけることをしない。あるいはひとつの文字を見、その意味を知った――読んだとき、もはやその字に目をとどめはしない。そのときの見るという行為は、決して持続的ではない。

いまここに一枚の絵、たとえばゴッホ (Vincent van Gogh, 1853-1890) の『ひまわり』があるとしよう。ポストや文字を見るときのように、一瞬間それを見ただけで、そこに一枚の絵がある、ひまわりを描いた絵があるということを、知ることはできよう。あるいは前にその絵を見たことのある人なら、あれはゴッホの作品で、美しいものだったと、考えることはできよう。しかし、それで果してゴッホの『ひまわり』を鑑賞した、その美しさを感じとったといえるだろうか。一瞬間見ただけで、あるものがそこに存在しているということ (対象の存在) を知るだけでは、鑑賞――美的体験は成立たない。あるものの美しさを感じ、豊かに充実した鑑賞を行うためには、ある時間、そのものを見つづけなければなるまい。日常的 (瞬間的) な見る行為では、対象の存在は知りえても、その美しさは感じとれまい。チラッと見、あああそこに絵があるな、そういう場合の絵は、ただのものでしかない。目をそれに注ぎ、特別の仕方で見つづけるとき、それははじめて美しい絵、芸術作品としての絵（美的対象）になる。だから、日常の生活でものを見ること（日常的態度）と、美しい絵を見ること（美的態度）とは、決して同じものではない。逆にいえば、たとえ同一の対象であっても、日常的態度で見る場合と、美的態度で見る場合とでは、ちがった性格を帯びてくるのである。

ゴッホの『ひまわり』は、それを見つづけている間、最初から最後までまったく同じものとして、私たちの前にあるのではない。はじめ気づかずにいた形や色彩の間の関係をしだいしだいに見いだし、あるディテールのもつ意味に気づき……見つづける間に絵はますます豊かなものとなり、深さをましていき、それに伴なって、鑑賞者の体験も充実したものになっていく。そしてその時、私たちは我を忘れ、周囲を忘れさっているのだ。団体で寺院などを見学し、ある仏像の美しさにひかれてその前に立ちつくす……ふと気づいたとき、まわりにだれもいなくなっていることを発見して驚くことがあろう。時間を忘れさっていたのだ。

絵を見つづける、それは絵と見る人の間にある時間が流れ去ったことを意味する。しかもその間現実の時間は完全に忘れられているのだから、その時間は、絵と見る人の間にだけ流れる独特な時間だろう。絵を見る人はその時間をみずから生みだし、その時間のなかに生きる。ひとつの作品と鑑賞者の間に成立する、現実（日常）のそれとまったく異なったこのような時間体験、それこそが美的体験であると考えることもできよう。たしかに絵や彫刻、あるいは建築は、それ自身としては時間の流れから取りだされている。しかしそれがほかならぬ美しいもの——美的対象となるためには、鑑賞者との間に成立つ時間の流れのなかにいかに組み入れられなければならないのである。

絵を見つづける間、私たちは視線を一点に固定したまま動かさずにいるだろうか。そうではあるまい。壁画などの大きな絵を見る場合には、実際に首や目を動かすだろう。小さな絵を見る場合でも、実際に目を動かすにはいたらぬまでも、注意の方向は決して一点に留ったままではいない。それならば、絵を見る目あるいは視線は、勝手気ままに画面をうろつくのだろうか。そうではない。私たちの目は、画面に描かれた線をたどって動き、ある部分からそれと関係のある他の部分へと移動する。私たちの目や注意は、絵によって導かれながら動く。絵は目や注意の動きを導きながら、その動きにある秩序を、リズムをあたえてくれる。あるいは、特に色調の微妙な変化は、私たちの目の動きに、強弱の変化や調子の変化をあたえてくれる。これは建築を見る場合についてもいいうることである。たとえば薬師寺の三重塔は、視線にきっちりと秩序づけられた軽やかなリズムをあたえてくれるし、醍醐三宝院の五重塔は、やや重いが力強い、うねるようなリズムをあたえてくれる。

作品と鑑賞者の間には、時間が漫然と流れているのではなく、秩序づけられた時間が流れている。流れる時間の微妙な秩序——リズムは、鑑賞者にある快さを感じさせるだろう。そしてその快さは、まさに作品によって鑑賞者の心のなかに生みだされたものであるから、作品と鑑賞者の間に、一種の親しみを、密接な関係を生みだすにちがいない。絵を見る悦び——、そんなことの秘密の一端がここにあるのかもしれない。

映像の空間は、絵画のそれのように、静止し、変ることなく持続するものではない。それは動き、変化する。今見ている空間は、一瞬前の空間が変化してできたものであり、つぎの瞬間は別の空間に変化すべき空間である。この点を強調していえば、映像の空間は瞬間的性質をもっている。

ところで、それが瞬間的であるのなら、私たちは映像の空間を見つづけることはできないだろう。とすれば、映像とそれを見る人の間には、絵画の場合に見られたような時間の流れは成立しえないというべきである。前に述べたように、そうした時間の流れを体験することが美的体験なのであれば、映像に関しては、美的体験は成立しないといわざるをえない。

映像はある時間の長さをもち、そのなかで動き、変化する。したがってある瞬間の空間は、一瞬前の空間の変化した結果であり、つぎの瞬間には別の空間を生みだすべく定められているといえる。したがって、ある瞬間の空間は、その時間的な前後に、同様に瞬間的に変化する空間のある連続を、必然的に伴なっていると考えることができる。瞬間の連続、それはとりもなおさず時間の流れなのであるから、ある瞬間の空間は、ある時間の流れによって支えられているといえよう。逆のいいかたをすれば、ある時間の流れが消えうせれば、映像の空間もまた消えうせざるをえないのである。

以上のことから、つぎのような結論を導きだすことができよう。映像の空間は、それが成立つためには、ある時間の流れを必要とする。つまり、映像の空間は、それ自身のみではありえぬものなのである。それは明らかにある時間の流れが、その瞬間瞬間に生みだしていくものと考えられる。その意味から、映像の空間は、「動的」(dynamic) な性質をもつということができよう。だから、何らかの原因で時間の流れが停止した場合でも、映像の空間は静止性を獲得して、絵画や写真の空間に共通した性格を帯びることはない。具体的にいうならば、ある瞬間の空間がある時間変らずに持続する(画面が動かなくなる)場合、私たちはその空間が独立した存在を獲得したと考えず、その瞬間がながびく——時間が止ったと感ずるのである。マルセル・カルネ*(Marcel Carné, 1906-1996) の『悪魔は夜来る』(*Les Visiteurs du Soir*, 1942) のなかで、突然舞踏会の画面が止る。観客は、それによって、何らかの力で時間が止められたと感ずる。その画面がどれほどつづこうが、それは瞬間でしかない。画面が動きだす。時間がふたたび流れはじめたのである。このようなことを考えれば、映像の空間は瞬間を具体化したものだということもできよう。映像の空間は、時間の流れのなかにある。さらにいえば、映像は時間の流れそのものなのである。絵画は空間そのものであり、その空間を見つづけることによって、鑑賞者のなかにある時間の流れが生ずるものであった。同じ時間の流れとはいっても、それはまったくちがった性質のものなのである。

　時間の流れそのものといえば、誰でも音楽のことを考えるにちがいない。一定の秩序をもって動き変化する音から、音楽は成立っている。時間の流れそのものといっても、音楽には日常的な時間の流れはない。それは作曲者によって独自な秩序をもつものに作りあげられた、音楽だけの時間である。聴衆は現実からその時間の流れのなかに引きこまれ、その流れに運ばれる。その流れは聴衆の全体を包みこみ、動かす。音楽の時間の流れる間、聴衆はそのなかでだけ生きるだろう。これもまた、現実のそれとはまったく異なった時間体験である。作品と鑑賞者の間のいわばひそかな関係から、聴衆のなかにだけ流れる静かな時間ではなく、おのずから動き、聞く人をそのなかに包みこむ時間である。音楽を聞くときの、あの陶酔と恍惚は、絵画を鑑賞する時のあのひそかな悦びとは、まったく異質のものであろう。しかしそれもまた、独自の時間体験である点、美的体験であることにちがいはあるまい。映像もまた、それ自身が時間の流れであるという点で、（その点では）音楽と共通した独自の美的体験を可能にするものといえる。

これまでは、空間の問題を展開させながら時間について考えてきた。今それを、あらためて時間の問題としてとらえなおしてみよう。映像の時間は、それが流れるときに、必然的に視覚的な空間を生みだしていく。そこに音楽との決定的な差がある。映像の時間は、瞬間瞬間に動的な空間を生みだしながら流れていくのだから、時間の流れは変化する空間の連続として受けとられる。変化する空間の連続――、具体的にいえば、それは、スクリーン上のある形の変化である。

ところで、第一節で明らかにされたように、スクリーン上に見る形は、カメラの前の具体的な対象のほとんど完全な再現なのだから、映像の時間の流れは、具体的な事物の変化によって直接にはしめされる。ここで問題は、新しい方向に展開する。それは、映像によって表わされる（表現される）時間の問題である。

映像はそれ自身ある独自の時間の流れであると同時に、それが具体的事物の再現であることから、ある具体的な時間の流れを表わすことになる。映像の表わす時間とは、いったいどのような性質をもつものだろうか。ここでは、それを「時制」(tense) の問題から考えてみたい。

「時制」といえば誰でも言語を考えるだろう。というよりは、映像の時間の性質を考えるために、言語から「時制」という概念を借用したというべきかもしれない。ところで、言語は、よく知られているように、さまざまな種類の時制をもっている。大きく分ければ、過去、現在、未来の三つだが、各国語によりそれはさらに複雑に区分されている。たとえばフランス語などでは、過去は半過去、単純過去、複合過去、大過去、前過去の五つ、未来は単純未来と前未来の二つの形をもち、それぞれが独自の時を表わしている(なお未来には過去未来、過去前未来を含めることもできる)。現在を含め、フランス語は十の時制をもっているのである。しかもそれはいわゆる「直説法」についてだけであって、他に「条件法」には三つの、「命令法」には二つの、「接続法」には四つの、「不定法」には二つの、「分詞法」には三つの時制があり、結局フランス語には二十以上の時制が存在する。このような複雑な時制を自由自在に使いこなすことによって、非常に変化に富んだ微妙な時間を表現することができるのだろう。プルースト (Marcel Proust, 1871-1922) の文章などは、その最もよい例のひとつである。たとえば『失われし時を求めて』(*À la Recherche du Temps Perdu*, 1913-1927) のなかのつぎのような一節。「街道に出てみると、ぱっとばかりの眩しさだった。八月に祖母と眺めたときは、林檎の葉と畑らしいものしか見なかった場所に、いまは見渡す限り、一面に林檎の花盛り、しかもそれらの樹々は稀有の絢爛を誇って、未だ嘗て見たこともない素晴しいバラ色のサテンを陽に輝かせながら、裾を汚すまいと気をつけるふうもなく、泥のなかに、舞踏会の盛装で立っていた。……」（井上究一郎訳による） このわずか数行の文章のなかには、じつに七種類の時制の動詞が用いられ、微妙なニュアンスを醸しだしているのである。そのニュアンスを他国語に移しかえることは、多分不可能なことだろう。

それでは、映像には言語の場合のような多様な時制ないしは「法」があるのだろうか。結論を先にいってしまえば、映像はこの点については非常に貧しい。言語の場合にならっていえば、映像には「直説法・現在」だけしかない。このことは、私たちが第一節で知った映像の性格――再現性にもとづくものではないか。カメラは、現にそのときレンズの前にある具体的な対象を直接記録し、映写機は今見ている観客の目に直接それをしめす。ある時間的な長さをもった映像によって表わされるものは――それは運動する具体対象であり、いくつかの対象の関係から生まれるある出来事なのだろうが――、言葉や文字などのような観念的なものを通して人の心のなかに想い浮かべられる場合とはちがって、観客の目に対して外から直接にあたえられる。もちろんスクリーンの上で実際にものが動いたり、出来事がおきているわけではないが、観客はあたかもそれが自分の目の前で動き、おきているかのように受けとるのである。

あるいは、つぎのように考えることもできる。話し手あるいは書き手が、今生きているその瞬間に、自分の周囲または内部に生じている出来事を、生じているままに（体験するままに）話し、書こうとする場合、現在の時制がとられるのだろう。映像は、ある意味では、カメラの見たものの記録である。ところが、カメラは、現に自分の前で生じている出来事しか見ることができない。過ぎ去ってしまったもの、未だ実現しないものを、カメラはどのようにしても見ることができない。映像の時制は、つねに現在でしかありえぬことは、以上のことからも容易に理解されるだろう。しかも映像は、カメラの前で生じている出来事をありのまま忠実に再現したものであるから、「法」からいえば直説法でしかありえぬことも論をまたない。

　ところで、映像には現在しかないと結論することに疑問をいだく人がいるかもしれない。何百年も前に死んでしまったジャンヌ・ダルクを描いた映画があるし、人間の未だ行ったことのない月世界を描いた映画があるではないか……誰もそれを現在のことだと思って見てはいない――。その通りである。映画は過去でも未来でも自由に表現できる。木下恵介の『風花』（一九五九）では、現在から過去に遡り、過去から現在にたち戻りながら、非常に多彩な過去が表現されていた……。

　映像が現在形だけしかもたないということは、映画が現在しか表現できないことを意味するのではない。映画は、いろいろな技法を用いることにより、過去、未来を自由に表現する。クローズ・アップ、オーヴァー・ラップ（overlap）、カメラ移動……等。しかし……。たとえば主人公の回想という形をとった映画は多くある――オータン＝ララ*（Claude Autant-Lara, 1901-2000）の『肉体の悪魔』（*Le Diable au Corps*, 1946）など――。だが回想の部分をつづる映像の時制は、やはり現在でしかない。『肉体の悪魔』を途中から見た人は、見ている場面が物語のなかの過去だと感ずることはできないだろう。過去形で過去が表現されるのではない。現在形で表わされた出来事を、観客が過去の出来事だと判断して見ているのである。先にあげたいくつかの技法は、観客に判断をうながすひとつのきっかけである。きっかけを見なかった人には、過去と判断する根拠がないのである。

ジャンヌ・ダルクは過去の人だということを、私たちは知っている。知らない場合でも服装やその他で、過去の人だということを知らされるだろう。彼女を主人公にした映画は、だから過去の出来事を描いたものである。しかし、スクリーン上のジャンヌは「涙を流した」のではなく、今涙を流しているのだ。映画は、全体としては過去の出来事を、現在形で描きだしているのである。それは小説などで時として用いられる、「物語的現在」あるいは「歴史的現在」と呼ばれるものにあたる（描写になまなましい感じをあたえたり、あるいは描写のテンポを活発にするために、過去形で表わすべき場所に、現在形を用いるもの）。映像には現在形しかない。そしてある意味では、現在形しかない映像を用いて、過去や未来などの複雑な時間を表現しようとした努力が、映画の表現技法を進歩させるひとつの原因になったともいえる。

現在形ですべての時を表わす、それは過去や未来を、過去そのもの未来そのものとして描くのではなく、現在化して描くことを意味する。譬喩的にいうならば、映画のカメラは時間の流れを過去の事件の時点にまで遡り、現におきているものとしてそれをとらえ、あるいは時間を飛躍して未来の事件の現場をとらえてくるのである。映像は過去を現在にひき戻し、未来を現在に引き寄せる力をもっているということもできよう。

単一の時制しかもたない映像は、言語に比較して非常に貧しいといわざるをえない。したがって時間の表現についても、言語に比べ映像は単純で自由さを欠くものとなろう。先に例をあげたプルーストの文章など、映像におきかえることは、まったく不可能というべきではないか。この点についてE・スリオは、スタンダール（Stendhal, Henri Beyele, 1783-1842）の『赤と黒』（*Le Rouge et le Noir*, 1830）を例に、つぎのように説明している。

「ジュリアンはしばしばその小路を歩いたものだった……。彼はしばしばそこで会ったのだった……」（Julien allait souvent dans une allée... Il y rencontrait parfois...）という文章をシナリオにすれば「ジュリアンは小路を歩く……彼はそこで会う……」（Julian se promène dans une allée... Il y rencontre...）となってしまうだろう。

たしかに、小説のなかでは動詞が「半過去」の形をとっているために、わずかの文章で、ジュリアンが過去において継続的にあるいは習慣的に小路を歩いたことがしめされうるのだが、映画ではそれを現在の、しかもただ一回かぎりの動作としてしか描きえない。名作といわれる小説の映画化が、しばしば凡庸な結果に終っているのも、言語が映像におきかえられることによって、原作の複雑かつ微妙な時間表現が単純化され画一化されることにもとづいていると思われる。

もちろん映画には、映像の特質を充分に生かした独自の時間表現がある。それは特に現代の映画に多く見られるようである。しかしこのことについては、別の個所であらためて考えることにしたい。

カメラは現にその時自分の前で生じている出来事をとらえる。観客は、スクリーンの上に、その事件があたかも自分の目の前で生じているかのように見る。その通りである。だが、もっと立入って考えてみよう。今、あたかも……かのように見る、といった。問題はそこに潜んでいるように思われる。カメラの前では、出来事（それは実際のものでも、俳優その他によって演じられたものでもよいだろう）は本当にその時おきている。ところで、撮影と映写の間にある時間的なずれがあることは、あらためていうまでもない。スクリーン上の出来事は、そのときおきているのではなく、おきてしまったものなのである。ただそれがふたたびおきている（再現されている）にすぎないのだ。おきてしまったものがふたたびおきる、そこに映像の時間の特色が――とらえがたく人を誤らせやすい特色があるのだろう。

現在という時間（時制ではなく）は、私たちが生きているこの一瞬であり、二度とふたたびたち帰ることはない。私が以前に聞いた、ベルリン・フィルハーモニーの演奏するベートーベンの第五交響曲は、もはやいかようにしても私にもどってはこない。レコードは、それらしい代替物をあたえてくれるだけだ。かつて見た映画であれば、私はそれをまったくそのままもう一度見ることができるだろう。私たちは映画を途中から見る。見なかった部分はもう二度ともどってこないのではなく、ふたたびそっくりそのままくりかえされるからにほかならない。

音楽会場で、私たちはオーケストラがつぎにどのような音をだすかを知らない。その音は未だまったく作りだされていない。誰もその音を聞きえない。スクリーンの上に、つぎにどのような場面が現われるか、私たちはそれを知らない――だが、この場合には、それを見ていなければ、という条件がつくだろう。誰かは見ているのだ。つぎにくる画面は、未だ完全にないのではなく、すでに作られてしまっているのだ。ただそれが、私たちの前に、ふたたび現われていないだけなのである。

音楽は、そして同じような点で演劇は、純粋に現在の芸術である。しかし映画は……、たしかに現在の装いはもっているが、すでに作られくりかえされるという点で、純粋に現在の芸術ということは、はばかられよう。いうならば、それは現在化の芸術であろうか。

映像は時制としては現在であるが、純粋の（時間としての）現在には属さない。このことは、映画作品全体の性質を考える上で、非常に大事なことだろう。それについても、後でふれることにしよう。

映像の時間の問題を考えるためには、さらに表現される時間の長さ（持続といってよいだろう）や流れの問題にふれなければなるまい。しかし、この問題は、先に映像の時間の流れは具体的事物の変化として直接にはしめされる、そう結論したことによって、解決ずみの問題でもある。

映像はカメラの前の具体的対象の運動を直接再現するものなのだから、映像の表わす時間は、その映像を作る間（撮影する間）カメラの前に流れた時間の長さと一致する。いいかえれば、映像の表現する時間の持続は、カメラの前の具体的な時間の持続と一致する。そして、映像はカメラによりとらえられたものの映写機による忠実な再現であるとすれば、映像の表現する時間の持続は、映像それ自身の時間の持続と一致する。ということは、映像によって私たちが見ている出来事は、カメラの前の実際の出来事と、まったく同じ時間の長さをもっていることを意味する。そして、原則的にそれは正しい。

原則的に……。カメラのとらえたものを、映写機が忠実に再現してくれる場合には……。一般に、映写機の回転速度は、カメラのそれと一致している(トーキーの場合一秒間二十四駒、無声映画では十六駒)。しかし二者の回転速度は、つねに一致するとはかぎらない。同じ長さのフィルムであっても、映写機の回転速度を早くすれば、映像の持続時間は短縮され、遅くすれば長びく。カメラと映写機の回転速度を適当にずらすことによって、映像自身の持続時間は自由に変化させることができる。しかし、その場合でも映像の表現する時間には、変化はない。

カメラの前の出来事が一分間の持続をもつものであれば、映像の表現する時間も一分間の持続をもつ。しかし、映像自身の持続時間は、もちろん一分間でもありうるが、三十秒でも二分でもありうるのである。高速度撮影、微速度撮影による時間の持続の拡大であり、圧縮である。

これらの特殊撮影は、いわゆる「科学映画」などで用いられることが多い。スポーツ選手の急速な肉体の動きをゆっくりと再現したり、めだかの卵が受精してからかえるまでをわずかの時間で見せてくれたり(岩波映画『めだかの卵』、一九六二)する。しかしながら、これらの技術で作られた映像の表わす時間は、私たちの周囲に流れる時間とは明らかに異質のものであるため、人間の具体的な生活、行為を描こうとする映画(いわゆる「劇映画」など)に用いられる機会は、それほど多いといえない。全体の時間の流れとは異質な時間が流れ、印象の統一を乱すおそれがあるからだろう。

もちろん、そうした異質の性格に着目して、具体的・実際的でない時間を表わすために、これらの技法が用いられることもある。たとえば「夢」を表わすためになど（黒澤明*（一九一〇―一九九八）の『酔いどれ天使』（一九四八））。ジャン・ヴィゴ*（Jean Vigo, 1905-1934）の『操行ゼロ』（*Zéro de Conduite*, 1932）のなかには、高速度撮影による映像がたくみに用いられていた。寄宿舎の少年たちが、規則一点ばりの大人たちに反抗し、羽根枕の羽根をまきちらしながら行進するシーンであった。飛び散る羽根のゆっくりした動きが、反抗というどぎつい内容に幻想的気分と一種の詩情をあたえていた。この映画はヴィゴ自身の少年時代を描いたものといわれるが、追想が厳しさのなかに詩味をあたえたものでもあろうか。

微速度撮影――その一種である駒落し撮影は、喜劇映画に用いられることが多い。ギクシャクした体の動きは、何かの手で操られている印象をあたえ、みずから動いていると信じている人物との間のずれが、喜劇的効果をあげるのだろう。この技法で印象に残っているのはジョルジュ・ルーキエ*（Georges Rouquier, 1909-1989）の『ファルビク』（*Farrebique*, 1946）である。これは長編記録映画といってよいものだが、そのなかでルーキエは、時間の推移をこの技法で描いていた。暗い画面が明るくなり日が上り、長いものの影がみるみる縮まる。観客は数秒の間にそれを見るのだが、カメラは数時間、現地で自分の前の変化を見つづけていたのである。その数秒は現実の時間の重さを充分感じさせるもので、記録映画にふさわしい優れた技法だった。

最後にマルセル・マルタンのいう時間の逆転についてのべよう。これはフィルムを逆に映すことによって得られる効果である。すでに一八九六年、リュミエールは『壁のとり壊し』(*Démolition d'un Mur*)の中で、くずれ落ちた壁が突然もとの姿にもどるのを見せていた。時間の流れが逆流するとマルタンはいうのである。だが、それは運動の方向が逆になるのではあっても、時間が逆流するのではあるまい。時間の流れを遡ることはできるにしろ、時間は決して逆流するものではあるまい。逆流する時間、それはすでに人間にも自然にも無関係のものであって、それを実現してみせたところで、何の意味ももたない。逆映しは、時間の逆転としてではなく、運動の方向の逆転として、ある表現上の効果をあげるだろう。それは時間の問題ではもはやない。

4　意味の問題

最近の映画研究のひとつの傾向として、映画を「新しい言葉」としてとらえる立場のあることは、序論ですでに述べた。映画は、明らかに、ある思想的・感情的内容をもち、それを他につたえる役割を果すのだから、このような研究の立場も充分に意義あるものである。ワルター・ハーゲマン、マルセル・マルタン、ジルベール・コーエン＝セアなど、それぞれに相違はあるにしろ、こうした立場に立つものだった。このような場合はもちろんだが、映画の構成要素たる映像がある意味をもつものであることは、明白な事実として一般的に認められているということができる。映像は、それが意味をもち意味をつたえるという点から、言語などとともに、「記号」の一種であると見なすことができる。とすれば、つぎのようなことが問題にされなければならない。映像の意味は、言語の意味などに比べて、どのような特質をもつのだろうか。「記号」としての映像の特殊性は何なのだろうか。ところでその前に、意味とか、記号とかを、どのようなものと考えればよいのだろうか。私たちは「意味」という言葉を、日ごろ何気なしに使っているが、いったい「意味」の意味は何なのだろうか――これは決して言葉の遊びではない。事実、『意味の意味』と題された、この研究領域での重要文献がある（Charles K. Ogden, 1889-1957, and Ivor A. Richards, 1893-1979, : *The Meaning of Meaning*, 1923）。これは非常に難しい問題である。この問題の研究のために「意味論」（semantics）などという独立した学問があるのだし、しかも研究者によってその見解はまったくまちまちなのである。映像の意味の問題を考える以上、先の問題にふれずに素通りすることはできないだろうが、あまり専門的な意見にこだわらず、あくまでも「映画芸術の理解」という立場から、自由に考えてみることにする。

汽笛がなる……私たちは汽車が走っているなと思う。汽笛の音は、私たちに汽車というものを想起させた。その場合汽笛は汽車を意味し、汽車は汽笛によって意味されたものだということができる。雪の上についた二本の筋は、橇が通ったことを意味するだろう。汽笛は汽車を表わす記号であり、雪の上の筋は通った橇を表わす記号である。あるもの（汽車や橇）と記号（汽笛や雪の上の筋）を結びつけること、それを意味作用と呼ぶことができる。別のいいかたをすれば、それは意味するものと意味されるものの結びつきである。

私たちは「汽車」という文字を見て、煙を吐き鉄の車輪を回転させながら線路の上を驀進するあの機械を、頭のなかに想い浮かべるだろう。「橇」という文字を見たときも、同じようなことが行われるだろう。「汽車」という文字は、汽車というものの記号であり、橇というものは、「橇」という文字によって意味されたものである。ものと記号、意味するものと意味されるものの結びつきが行われたのであるから、私たちは意味作用というものを、ここでも認めることができる。

ところで、今の場合にも先の場合にも、同じ意味作用という言葉を使ったのだが、はたしてこれら二種類の例は、完全に同じものだといえるのだろうか。鳴っている汽笛は、その時実際に汽車がどこかを通っていることを意味している。雪の上の筋は、いつか（近い過去に）一台の橇が実際にそこを通ったことを意味する。それに対して、「汽車」という文字は、実際に走っているある特定の汽車を意味するものではあるまい。私たちは、その文字を見て、石炭を焚き蒸気によって動き人や物を運ぶもの（汽車の概念）を考えるか、あるいは線路上を走る汽車の姿（イメージ）を心の中に想い浮かべるか、そのいずれかだろう。もちろん、想い浮かべたイメージは、かつて見た実際の汽車と対応するものかもしれない。だが「汽車」という文字は、かつて見た特定の汽車を直接意味するものではなく、汽車のイメージを私たちにあたえるにすぎない。この二つの場合が、決して同一に論ずることのできないいちじるしく異なった性格をもつものであることは、明らかである。

同じように意味といい、記号といい、あるいは意味作用といっても、そこにまったくちがった性質のものがあることは、以上のことからも充分うかがえよう。スザンヌ・K・ランガー（Susanne K. Langer, 1895-1985）は、一方（汽笛――汽車の例の場合）を「サイン」（sign）と呼び、他方（文字の例の場合）を「シンボル」（symbol）と呼んで、二者をはっきりと区別している（この区別は、多くの学者によっていろいろに論じられ、その呼びかたもかなり異なっているが、混乱を防ぐためにランガーの区分に従うことにする）。

サインは、ランガーのいうところによれば、あるもの、事がら、状態が、存在したか、存在するか、存在するだろうことをしめすものである。汽笛は汽車が通っていることをしめす。雪の上の筋は橇が通ったことをしめす。踏切の点滅する信号灯は、汽車が通るだろうことをしめす。私たちはサインを見（あるいは聞き）、それによってあるもの、事がら、状態の存在を知ると、それに応じてひとつの具体的な行動をとる。信号機の緑を見て（それは安全という状態をしめす）、私たちは横断歩道をわたる。野球監督のサインを見て（それはやはりある状態と、選手のとるべき行動をしめす）、選手は盗塁する。以上の事から、つぎのような一応の結論をえることができよう。サインの働きは、サイン、サインによってしめされるもの（対象）、およびサインを認めそれによってある具体的行為をとる人間（主観）という、三つのものの結びつきから成立っている。図式的に現わせば、主観──サイン──対象、という関係である。

それに対してシンボルは、具体的な対象ではなく、対象についての概念ないしはイメージ（表象という言葉でまとめて表わす場合が多い）のみを直接にあたえるものだった。最も簡単な場合を例にとって考えてみよう。私たちは日常生活で幾度となくいろいろな花を見ており、私たちの頭のなかには花の表象ができあがっている。そして「花」という文字を見たとき、私たちの頭のなかに花の表象がはっきりと呼びおこされるのである。サインの場合にならって関係を図式的にしめせば、主観—シンボル—表象—対象、ということになる。そして、シンボルは具体的な対象を表わすものではないのだから、サインの場合のように対象に反応する具体的行動はひきおこさない。シンボルによってひきおこされるもの、それは多分思考であると思われる。「サインは行動の基礎であり、あるいは、行動を命ずる手段である。シンボルは思考の道具である」とは、ランガーの言葉である（岩波現代叢書版訳による）。

　シンボルの働きのこのような性格は、もちろんランガー以外の人びとによっても、いろいろな仕方で明らかにされている。いまそのひとつとして、リチャーズとオグデンによる有名な三角形をあげてみよう。

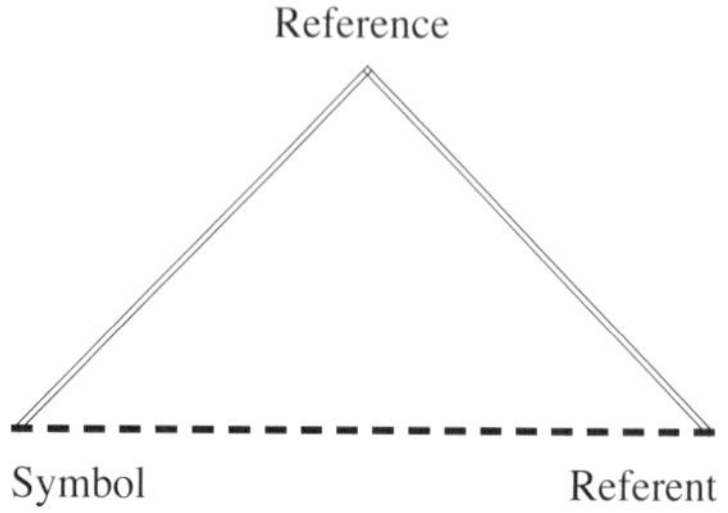

"Reference"は表象にあたるものであり、"Referent"は表象に対応する具体的対象であるとすれば、この三角形はランガーのあげる関係と、根本的には異なるものではあるまい。シンボルと対象の間の点線は、二者の間に直接の関係がないことをしめしている。

　このようなシンボルは、実際にはどのようなものをさすのだろうか。その代表的なものは、いうまでもなく言語であり、いろいろな芸術もまた、このような立場からは、シンボルとして考えられているのである。たしかに、今簡単に見たようなシンボルの性格は、私たちが芸術の性格と考えるものと相反するものではなく、むしろ芸術をそのなかに含みうるようなものだと考えられるのだから、芸術をシンボルと考えることも、うなずけよう。ただ芸術はひとつの特殊なシンボルなのであり、シンボル一般の説明で、芸術を完全にとらえうると考えるのは、当らない。いずれにしても、私たちが映像の意味を考える場合、映像をサインとしてではなく、シンボルとして考えるべきことは、以上のことから明らかである。

映像はシンボルであるとしても、ごく特殊なシンボルである。ひとつの映像がある。その映像は川を意味しているとしよう。「川」という文字とちがって、「川」の映像は流れる川を直接そこにしめしているように思われる。しかし映像には実際の奥行もないし、水音もない。映像は私たちのなかに音をたてて流れ、飛沫を顔に浴びせる川のイメージを想いおこさせる。私たちは映像を見て、何ら具体的な行動をおこさない。「川」という文字とは明らかにちがった性質をもってはいるが、基本的な意味では、映像についても、主観—シンボル(映像)—表象—対象、という関係を認めることができるだろう。しかし、この四つのものの関係は、文字などの場合とは非常にちがっていると思われる。ではどうちがっているのだろうか。私たちは映像が文字とはちがうものだということを、ほとんど直感的に知っているし、もっとあからさまにいえば、映像ははたしてシンボルなのだろうかという疑いをさえ抱くだろう。そこで、しばらくの間、シンボルということにこだわらず、もっと別の角度からこの問題に照明をあててみよう。

まず言語について考えてみよう。話し言葉の場合、私たちはハナという音を耳で実際にとらえる。文字の場合ならば「花」という線で作られたある形を目でとらえる。いずれの場合にも、言語は私たちの感覚で直接にとらえることのできるもの（実在するもの）である。私たちはハナという音、「花」という形によって、花というものを思い、また感ずる。しかし、その花というものは私たちの頭のなかにあるものであって（表象）、私たちが自分の感覚で直接とらえる（目で見、匂いをかぐ……）ことのできないもの（実在しないもの）であろう。このように考えると、言語というものは、語音・字形（実在するもの）―表象（実在しないもの）、という組立をもつものといえよう。

映像の場合はどうだろうか。私たちが目で直接とらえるもの（スクリーンの上に実在するもの）は、スクリーンの上の光と影だろう。その光と影から、私たちはひとつの花を想い浮かべているのである。私たちはスクリーンの上に花を直接見ているように感じるだろうが、花はスクリーンの上に実際にはない。それは私たちの頭のなかにだけある。したがって、映像についても、光と影（実在するもの）―表象という組立を考えることができるだろう。言語も映像も、実在するものと、それによってしめされる実在しない対象という組立をもつ点で、共通の性格をもつ。しかし、この二つのものの関係は、言語と映像では非常に異なったもののように思われる。

言語の場合、二つのものの関係は、直接的、必然的なものではなく、慣習的（コンヴェンショナル）なものであると思われる。つまり、ある約束（コンヴェンション）を知らなければ、語音や字形からある対象を想い浮かべることはできないのである。幼い子にとっては「花」という文字は、ただの線のかたまりにすぎないだろうし、アフリカの先住民の話す言葉は、私たちの多くにとっては意味のない音の連なりにすぎないだろう。語音や字形は残っていても、そうした約束が失われていれば、それは何ものをもしめさない死語にすぎないだろう。自国語の場合には、そういう約束のなかに生まれ育っているため、約束が生来身についたものとなり、二つのものの関係は直接的、必然的であるかのように考えられるだろうが、原理的に考えれば、決してそうではない。

映像の場合には、二つのものの関係は、直接的で必然的だといえる。花を表わす映像からは、幼児であろうがアフリカの先住民であろうが、そして多分数千年後の人間であろうが、同じように花を想い浮かべることができるだろう。映像から何かを想い浮かべるのに、約束は不要なのである。「花」という文字から想い浮かべるものは、各人各様、千差万別であるにちがいない。ある人は桜を、あるいは菊を、あるいは……。かりに「黄色い小さな菊」と書表わしたところで、事情は同じだろう。ところが、映像のしめすものは、細かな部分まではっきりと規定された、あるひとつの花である。映像は、どんな人に対しても、あるひとつの花を想い浮かべさすだろう。映像の場合、二つのものの関係は、ほとんど一対一の強いものだといえる。

映像については、〈実在するもの≒実在しない対象〉、という関係が成立つのではないか。観客は実在するものだけを直接感じとるのではあるが、今のべたような関係から、実在しない対象を直接見ているかのような印象を抱くのである。そのうえ、第一節で述べたことからもわかるように、映像の光と影（実在するもの）は、カメラの前にある具体的な対象が、レンズを通り、フィルムに感光することによって作られるものなのだから、今度は、〈実在するもの（光と影）≒具体的対象〉、という関係が成立すると考えることもできる。

今までのべてきたことを、先のシンボルの関係にあてはめてみよう。主観―映像―表象―対象という関係は、〈主観―映像≒表象≒対象〉、と書きなおされるだろう。つまり、観客は、具体的対象を、あたかも直接感じとっているかのように思うのである。映像から意味を読みとるという意識は、この場合ほとんど働かないだろう。もちろん三つのものは完全な等号で結ばれているのではないのだから、主観―対象という関係は成立たない。その点で、映像は、非常に特殊なものではあるが、やはりシンボルのひとつであり、それなりの意味機能を有するというべきである。

言語の発生の状態については、いろいろな学説があり簡単には考えられないだろうが、一種の擬声語のようなものがその最初にあったと考えることもできよう。ところで、擬声語は、ある具体的対象を直接まねて音をだすものだし、聞く人はそれによってあるかなりはっきりと規定された表象を抱くだろう。現在でも原始的な生活を送っている人びとの物語は、自分が直接体験したことに限られているというし、その物語は、自分が見たもの、自分のとった行動のひとつひとつに対応する擬声語から成立っているといわれている。おそらく言語の最も原始的な状態にあっては、〈主観―言語≒表象≒対象〉、という関係があったと思われる。擬声語によるコミュニケーションが行われている間に、ある共通の対象を表わすためにある特徴的なひとつの音が用いられるようになり、やがてしだいしだいに現在のような言葉が形成されていく、そう考えることもできる。

初期の人びとは、映像を実際のものであるかのように受取っていた（疾走する汽車の映像を見て、ひき殺されないようにと観客が逃げだしたというエピソード）。しかし映像に馴れるにしたがい、それは実物ではなく、何かを意味するものだということが、当然のことと考えられるようになる。対象に対してある位置にカメラをおくと、単なる対象の再現ではなく、ある意味を帯びた対象をしめしうることが理解されてこよう。観客はそのような映像から、単にある対象を見ているだけでなく、ひとつの意味を読みとりうるようになるだろう。クローズ・アップ、さまざまのカメラ・アングル、移動撮影などの発見により、映像は対象の単なる再現から、しだいしだいにシンボルとしての性格を帯びたものに発展していく。映画の歴史は、ある意味では、映像＝シンボルの成立の過程として考えることもできる。もう一度くりかえしていうと、主観―シンボル―表象―対象という関係は映像についてもいいうる。ただ、それぞれの項の関係が、言語などとはちがった、非常に特異なものなのである。

これまで考えてきたことを基礎にして、もう少し具体的に意味の問題を分析していこう。たとえば「家」という文字は、おそらく誰に対しても、人間がそのなかで生活を営むある建物を意味するにちがいない。しかし、その家が木造であるか、石造であるか、古いか新しいか、白いか黒いか……ということは、「家」という文字からは、まったくうかがうことはできない。白い家でも黒い家でも、人間がそこで生活を営むという点には変りないのであるから、「家」という字は、家というものの最も中心的な性格をつたえてくれると考えられる。しかし、それは具体的な家の性格については、ほとんど何も語ってくれない。いってみれば、「家」という文字は、中心が明確で周囲が漠然としているものである。それに対して、「白い」という文字は、赤でもない、黒でもない、他の何の色でもないひとつの色を意味する。しかし、それは白い家なのか、白い花なのかについては何もつたえてくれない。「白い」という文字は、先の場合とは逆に、周囲ははっきりしているが、内容がはっきりしていないということができよう。今この例からだけ考えると、言語には、中心の明確なものと、周囲の明確なものという二つの種類を考えることができる。そして、「家」という言葉は、「白い」という言葉と結びつくことによって、その周囲は明確なものになるだろうし、逆に「白い」という言葉は、「家」という言葉によって内容をあたえられるといえよう。ある言葉とある言葉は、このようにはじめから補いあい、結びつくような性質をもっていると考えられる。そのうえ、「家」という言葉は、具体的な建物のみではなく、おそらく内容上の連想から、そこで生活する人間の集団——家族というものも意味するだろうし、家族のひとつのしきたり——家族制度をも意味しよう。さらに、先祖からの家系、親しみ、暖かさ……などという意味を派生させていく。「家」という言葉と結びつきうる言葉の範囲は、このようにしてほとんど無限に広がっていくだろう。「白い」という言葉も、色彩上の性格から、清純、潔白、あるいは冷たさ……といった意味を生みだしていくにちがいない。言葉というものは、その性質からして、まったく自由に他の言葉と結びつきうると考えられる。

それに対して、映像は、すでに述べたように、「あるひとつの家」（白い古い大きい高い……家）を、「白い何か」（白い花、馬、雲……）を表わすのだから、中心も周囲も、きっちりときめられた性質をもっている。そしてその意味ははじめからきまりきっていて、別の意味を派生させることはほとんどないといってよい。先にのべたような言葉の性質を、やわらかいというなら、映像は非常に固い性質をもっているといえる。映像は、他の映像と、言葉のように自由には結びつかない。これは映像の意味を考えるうえで、非常に大事なことだと思われる。

ところで、あるひとつの映像は、絵画や写真などのように、それ自身だけでひとつのまとまった意味を表わすものではない。私たちは映像の空間を完結的ではなく、部分的だと考えたが、意味の点からみても、映像は完結的ではなく部分的である（写真の空間も部分的な性質をもつものだったが、写真は部分によって全体を暗示的に表わすものでもあったから、意味的には、あるまとまりをもつ――あるいはまとまりを目指すものだと考えられる）。あるひとつの映像は、作者が作りあげようとするある作品のなかで、ある特定の意味作用を果すために作られる。だから、映像の意味というものは、作品全体のある個所におかれることによって――全体との関係を得ることによって、はじめて完全なものとなると考えられる。

ここで、もうすっかり有名になっている、無声映画時代のソヴィエトの作家レフ・クレショフ（Лев Кулешов, 1899-1970）の実験を例としてあげてみよう。男のある表情をした顔の映像がある。それはそれ自身、ともかく何らかの意味をもっている。今、この映像の前に、食事の映像を結ぶ――と、その顔は空腹の表情に変化する。今度はその前に柩の映像を結びつける――と、その顔は悲しみの顔に変化する。今の私たちから見れば、何とも素朴な実験だし、あるほほえましさすら感じとられるだろう。が、それはともかく、この例は、映像の意味はそれ自身によってではなく、他との関係におかれてはじめてはっきり定まるということを、充分に物語ってくれる。

　このことから、さらに新しい重要な問題が生まれてくると考えられる。私たちはある映像から、ある対象を、まるで実際に見ているかのように受けとる。たとえば一人の女性の顔を見る。そして、その女性の顔は、実際に生きている（あるいは生きていた）女性の顔を忠実に再現したものである。しかし、その映像は単に具体的な女性の顔を具現することだけを目的としているのではない（もちろんそのような場合もあるだろうが――）。映像にとって、そしてそれを見る私たちにとって大事なのは、その女性によって表わされているまったく別の女性なのである。スクリーンの上には、ファルコネッティ（René Jeanne Falconetti, 1892-1946）の顔がある。しかし私たちはファルコネッティという女優の顔を見ているのではない。彼女によって演じられたジャンヌ・ダルクを見ているのである。ジャンヌ・ダルクはもはやこの実際の世界のどこにも存在しない。ただ映画の作品の世界のなかにだけで生きている（実在しない）女性なのだ（実在したジャンヌと、カール・ドライアーによって創造されたジャンヌの間に、直接的な関係のないことは、いうまでもあるまい）。

　このようなことは、いうまでもないことだろうが、演劇の場合にも考えられる。私たちは舞台の上に、生きている肉体をもった俳優を見ているのではない。彼によって演じられた人物、この世界のどこにも実際にはいない、ただ作中でだけ生きる想像上の――実在しない人物を見ているのである。俳優によって人物に生きた肉体があたえられたと考えるよりも、俳優の肉体が人物のなかに消えさるのだと考えるべきではないか。私たちが肉体をもつ俳優に意識を奪われているかぎり、演劇作品を充分に鑑賞していることにはならない。俳優の芸とは、自分の肉体をいかに人物の中に消えうせさすかにかかっているのでなくてはなるまい。

人物の場合だけではない。映像からほとんど直接に見てとれる（実在のものを再現した）風景が問題となるのではない。それによって表わされる作中の（作中だけの）風景が問題なのである。

映像はそれ自身である対象を意味する。しかしその仕方は、きわめて特殊であって、観客に対してあたかも直接にその対象をあたえるかのような性格をもつものだった。しかし、そうしてあたえられた対象は、さらに別の対象を、もはや実在の対象と何ら直接の関係のない、想像上の（実在しない）対象を意味するのである。このことにおいてこそ、映像は真に意味的であるといいうるのだし、シンボルとしての性格を獲得するということができるのである。そして映像がこのような性格を備えるにいたるのは、それが作品全体の中に組入れられる時なのである。

映像は、それを積重ねることによって、映画作品全体を作りあげるのだが、映像の真の意味は、作品全体との関係からはじめて最終的に決定されるのである。個々の意味をもつと同時に、作品のなかにおかれた場合の意味を有するという点では、映像は言語に近い性格をもつと考えられる。ところで、映像の最終的意味が全体との関係によって決定されるからといって、個々の映像よりもその結びつきのみに重点をおく考えかたは、誤っているといわなければなるまい。映像はそれ自身ですでに意味をもち、しかもその意味は、前に考えたように、非常に明確に規定されているのだから、ひとつの映像の果す役割は、文章のなかの単語の場合に比べ、はるかに大きくかつ重要なものだと考えられるからである。というよりは、映像の意味は、かなり細部まで規定されているという点で、単語に比べるよりもひとつの文（センテンス）に比べるべきだといえるかもしれない。映像の表わすものは、「花」ではなく、「すっかり咲ききり、まさに散りおちようとしている」ような「赤い大きなばらの花」といったほうがよいようなものだからである。

いずれにしても、映像の意味は、いくつかの映像を結びつけ、積重ねることによって完全に決定されるのだが、前に明らかにしたように映像の結びつきは、言語の場合に比べ、いちじるしく自由さを欠くものだった。本来やわらかな性質をもつ言語は、まったく自由に結びつくことによって、ひとつの単語の意味をはるかにこえ出た新しい意味を作りだしていく。「暗い家」という言葉は、光線のさしこまないひとつの建物を意味すると同時に、悲しみや不幸に襲われたひとつの家族、あるいは忌わしい血筋などといった意味をももつだろう。言葉は他の言葉と結びつきながら、新しい意味を開拓し、ふくらみを増していく。こうして、修辞上のいろいろな技法が生みだされていく。映像の場合には、そのような修辞上の豊かな可能性は、ほとんど存在しない。映像の結びつきは、何らかの意味で強い共通性をもつ映像同志の間でだけ可能となるだろう。

イギリス現代の小説家ヴァージニア・ウルフ（Adelaine Virginia Woolf, 1882-1941）は、この点について、詩人の用いる言葉は無数の暗示に満ちているが、映像は明白なひとつの意味をもつにすぎないといい、つぎのような例をあげて説明している。「わが恋は紅きばらのごと、水無月に萌え出でしばらのごと」(“my love's like a red, red rose, that's newly sprung in June”) という単純な詩句でさえも、濡れた、暖かな感じ、紅の滴りと花弁の柔さの印象をあたえ、詩句のリズムと混りあって情熱の声と愛のためらいをつたえる、といっている。この詩句のなかで「ばら」という言葉は、「ばらの花」を意味するのみでなく、それと結びつけられた言葉とともに、優しさ、みずみずしさ、熱っぽさ……をも意味し、「わが恋」という語を修飾しているのだろう。映像はあるひとつのばらの花を意味しうるにすぎない。

「汝《なれ》花のごと」(“Du bist wie eine Blume”) という詩句のなかで、「汝《なれ》」と「花」は直接結びつけられているが、かりに「女の顔」の映像と「花」の映像を結びつけてみたところで、詩句の場合のような有機的結合は決して生まれない。せいぜい、一人の女が花を見ている、といった意味をもちうるにすぎまい。例にあげたような、最も単純な語の結びつきすらも、映像ではなしえないのであるから、第三節であげたプルーストの文章、「……それらの樹々は稀有の絢爛を誇って、未だ嘗て見たこともない素晴しいバラ色のサテンを陽に輝かせながら、裾を汚すまいと気をつけるふうもなく、泥のなかに、舞踏会の盛装で立っていた……」などを、映像に移し変えることは、まったく不可能なことといわなければならない。

もちろん、映像が譬喩的な意味をまったくもちえないというのではない。言語のように豊かで自由なものではないにしろ、直接的な関係のない映像を結びつけることによって、ある譬喩的な意味が作りだされる。チャプリン*(Charles Spencer Chaplin, 1889-1977)の『モダン・タイムズ』(*Modern Times*, 1936)では、地下鉄の入口に殺到する群衆をしめす映像が、牧舎に追いやられる羊の大群の映像と結びつけられていた。無気力、従順……いろいろな意味が感じられるだろう。ある哲学者をまねるなら、「あの羊に意志があるのなら、(あの群衆と同様に)みずからの意志で動いてると思うだろう」といった一種の皮肉(アイロニー)すら感じられた。しかし、ここで注意しなければならないのは、この二つの映像はたしかに直接的な関係は欠いているが、押しあいへしあいする群というみた目の上での共通性と、何ものかの力によって動かされるという状況上の共通性をもっていることである。あるいはプドフキンの『母』(*Mama*, 1926)のなかの有名な、革命的な労働者の動きと氷を割って流れる春の川の結びつきも、同様な性格をもつものと考えられる。

譬喩的な表現を意図する場合であっても、映像の結びつきは、直接的でないにしろ、かなり強い関係のある映像同志においてのみ行われるべきだといえる。このように考えてくると、エイゼンシュテインが『戦艦ポチョムキン』のなかで行った結びつけ、オデッサ市を砲撃するポチョムキンの砲身と、眠っていたライオンの彫刻がしだいしだいに立ちあがる映像の交互的な結びつけは(これは非常に多くの理論書が例にあげ、称讃しているものだが)、かならずしも充分な譬喩的効果をあげているとは思われない。たしかにこの映像の結びつけは、雌伏していた偉大なものの蹶起を意味するものといえようが、映像の間の共通性が稀薄であるため、有機的な結合が行われず、その譬喩は説得的な力をもちえなかった。映像による言語への挑戦としては興味あるものであっても、かならずしも成功したものとはいえないのではないだろうか。

　作品全体のなかで異質なものに感じられず、しかも効果ある譬喩——つまり真に映画的な譬喩は、直接の関係をもった映像同志のある結びつき、あるいは映画のなかに登場する人物、小道具、背景などによってえられる。チャプリンの『独裁者』（*The Great Dictator*, 1940）のなかで、独裁者ヒンケルが地球の格好をした風船を一人でもて遊ぶシーンなど、力強い、映画でなければできぬ譬喩だった。しかし、これは映像の意味の問題からはみ出す、別の問題である。

　映像はある対象を、いわば再現的に意味し、またそれによってある想像上の対象を意味する。しかしそれだけにおわるのではなく、それらを通して、もはや感覚的にとらえあるいは具体的に想像しえないようなもの、より本質的な、普遍的なものを表わしうる。たとえば、ルネ・クレマン*（René Clément, 1913-1996）の『禁じられた遊び』（*Les Jeux Interdits*, 1952）のなかのある映像は、父母の死も忘れて銃撃によって殺された愛犬を抱く少女の姿をしめすにとどまらず、もう言葉ではいい表わしえないような大きく深い何か（それは単に戦争の悲劇といってすませるものでもあるまい）を意味するものであった。あるいはロベール・ブレッソン*（Robert Bresson, 1901-1999）の『抵抗』（*Un condamné à mort s'est échappé*, 1956）や、ミケランジェロ・アントニオーニ*（Michelangelo Antonioni, 1912-2007）の『情事』（*L'Aventura*, 1960）のなかのいくつかの映像は、作中の人物たちがそこで行動するある場所をしめすとともに（ナチ収容所の独房、荒れたむき出しの岩肌の小島）、それを通してより根本的な何か、人間がそのなかで生きることを余儀なくされ、しかも真に（自由に）生きることを望むかぎりそこから脱けでる努力を試みざるをえないような状況、あるいは、現代人のおかれた人と人との直接的なふれ合いが（愛においてすら）まったく失われたような状況を、見事に描きだしていたといえよう。しかし、このような深い意味の表現は、単一の映像によっては行いうるものではなく、作品全体へ組みこまれることによってはじめて可能となると考えられる。

以上考えてきたことから、映像の意味といっても、いくつかの段階があることが明らかになったと思う。このように、いくつかの段階の意味が共存しているということが、映像の意味の問題を複雑にし、またその分析を難しいものにしているのである。それはともかく、映像は、最後に述べたような深い意味を表わしえたとき、単なる記号の段階から芸術の領域にたかまる可能性を獲得する。そしてこのような深い意味は、一般的な意味論その他では、もはや充分にとらえ解明することは不可能というべきである。それは、美学・芸術哲学の領域に属するべきものであろう。

映像の世界

映像の意味の問題を考えながら、私たちは個々の映像の結合、積重ねによって、あるまとまりをもったひとつの作品が作りあげられることを知った。それでは、映像の結合はどのようにして行われるのだろうか。そして、映像の結合によって作りあげられる作品、あるいはそれによって表わされる世界は、どのような性質を、構造をもっているのだろうか。

ところで、ある音楽の作品は個々の音の結合から作りあげられ、ある文学の作品は個々の単語の積重ねによってできあがっているのだから、映像の結合の問題を考えるために、音楽や文学を手がかりとすることには、相応の根拠があるものといえる。まず音楽から考えてみよう。

あるひとつの曲を、私たちは、ある時間をかけて聞かなければならない。一瞬の間に曲の全体を聞きとることは、とうていできるものではない。私たちが実際に耳で聞くことのできるのは、ある瞬間に鳴っているある音にすぎない。個々の音は、いってみれば、きわめて短い時間の間に生まれ、そして永遠に消え去っていく。しかもそうした個々の音の結びつきから曲ができあがっているのだから、曲をいちどに聞くことができないことは、いまさらしくいうまでもないことかもしれない。実際には個々の音だけを聞きながら、私たちはひとつの曲を、あるまとまり（統一）をもった全体として受取る。もし個々の音が、おたがいの間に何らの関係もなく、無秩序に鳴っているのだったら、ある時間それらの音を聞いた後で、まとまった曲の印象を得ることはできまい。個々の音の間には、どんな関係があるのだろうか。あるいは個々の音と、曲全体の間には、どんな関係があるのだろうか。

この問題を解決するのは、容易なことではない。第一に、音楽の種類によってこの関係はかなりちがったものになるだろう。たとえば、古典派の曲を聞いて美しいまとまった印象を受けることのできる人であっても、現代音楽からは、ただバラバラの音があるだけでまったくとりとめがないといった印象だけを受けるかもしれない。しかし現代音楽から非常に凝縮したまとまりを聞きとる人もいるのだから、そこにはまったくちがった関係があるのだと考えるべきである。そうした個々の場合について精密に分析するためには、高度な音楽の専門知識が必要とされるだろうし、私たちの問題からもはなれるので、ここではごく簡単に考えてみたい。

つぎのように考えることはできないだろうか。私たちが曲のまとまった印象を得るのは、曲の最初の音を聞いたときでもないし、曲の途中でもない。最後の音を聞いたとき、突然に曲のまとまった姿が出現するのでもない。曲の最初からひとつひとつの音に聞きいる過程のなかで、しだいしだいに曲はまとまりをみせ、最後の音が鳴りおえたとき、それは完成した姿を現わす。とすれば、曲の統一は、音の動きとともに、いわば発展的に形作られていくと考えるべきである。最初の音からいくつかの音が小さなまとまりを作り、そうして作りあげられていく小さないくつかのまとまりが、さらに大きなまとまりに発展していき……、そして最後に全体のまとまりが完成される。このような有機的な構造は、具体的にはいろいろな形をとるだろうが、大多数の楽曲に見いだされるものではあるまいか。たとえば私たちが古典派の音楽を聞く場合、誰でもが感じるいちばんとらえやすい音のまとまりは、ひとつの旋律（ある場合には主題といってもよいだろうが）だと思う。一般にあるまとまった旋律は、八小節の長さをもつといわれているが、もう少し細かにみると、それは前後四小節ずつに分れ、さらにそれは二小節を単位とする動機に分れるといわれる。これを逆にいえば、いくつかの近接して聞かれた音が動機という小さなまとまりを作り、さらにそれが集まって四小節の小楽節というまとまりとなり、さらに発展して八小節の大楽節——旋律というまとまりを作っていくのである。この旋律が基となって、二部形式、三部形式などといわれる楽曲が構成され、もっと複雑になるとソナタ形式、ロンド形式……といった長い楽曲に発展していく。

私たちが問題としなければならないのは、実際に聞かれる個々の音から、小さなまとまりができ、そこからさらに大きなまとまりが作られるという仕方で、発展しながら全体の統一を完成していく音楽の性格である。なぜなら、映画の作品もまた、その全体を一度に見ることのできないものであり、実際に見ることのできるのは、スクリーンの上のある瞬間的な動きだけなのだから。もちろん、音楽は聞くもので映画は見るものだというちがいはあるが、映画の場合にも、何らかの意味で、音楽に似通った性格があることは、充分考えられよう。

映画の場合、瞬間的に見られるものから作られる最初の、そして最小のまとまりは「ショット」(「カット」と呼ばれる場合も多い)であると考えられる。ショットは、一般に、映画を作りあげる最小の単位であると考えられているが、どのような性質をもつ単位かということについては、かならずしもはっきりとした規定があるわけではない。ここでは、ある一定のカメラ位置から撮影されたある長さのフィルム、あるいはそのフィルムをスクリーン上に映写することによって得られるもの、そう考えておこう。ここで一定のカメラ位置というと、移動撮影によって得られるフィルムは除外して考えられがちであるが、カメラ位置をカメラが具体的に置かれた場所と考えずに、撮影する対象とカメラとの一定の関係と考えれば、ある一定の移動撮影によって得られるものをも、ショットと考えることができよう。そういうことを考えれば、カメラ位置という言葉のかわりに、カメラの視点、という言葉を使ったほうがよいかもしれない。あるいはまったく別の観点から、ひとつの連続した撮影(具体的にいえばシャッターを押してからはなすまでの間……)によって得られるものがショットである、そういうこともできよう。じつは、今までの個所で、映像といいあるいは単一の映像といっていたのは、このショットのことを具体的には意味していたのである。もちろん、映像とショットを同一視することはできない。映像とは、映画の視覚的な構成要素をしめす一般的な言葉であるのに対し、ショットは、ある性質をもった映像に対していわれる特殊な言葉だからである。混同をさけるためには、ショショットとは単位映像であると考えればよい。

音楽の最小のまとまりは、たとえば二小節にわたる動機として、かなりはっきりとその性格を規定することができるが、映画のショットは、それに比べ性格がかなり曖昧である。長さの点からいっても、一秒に満たない短いショットから、数分に及ぶ長いものまで考えられるのであり、初期の、たとえばリュミエールなどの映画は、ひとつのショットからひとつの作品ができあがっているほどである。

しかしながら、映画の最小のまとまりとしてのショットの存在は、ともかくもはっきりと認めることができるが、動機から小楽節が、小楽節から大楽節が生ずるように、ショットから作りあげられるさらに大きなまとまりは、いったいどのようなものだろうか。いくつかのショットからできあがるまとまりは、一般には「シーン」(scene)といわれている。そしていくつかのシーンから成るさらに大きなまとまりは、「シークェンス」(sequence)と呼ばれている。それならば、シーンやシークェンスは、いったいどんな性質をもつまとまりなのだろうか。音楽の小楽節や大楽節のように、これらのものの性格をはっきりきめることは、およそ不可能なことである。音楽の場合には、明らかに音そのものの性質――音の高さ・長さ・強さ……からまとまりの性格が生まれてくるのだが、映画の場合には、シーン、シークェンスは、むしろ描かれる内容・物語に関係した、まとまりだといえる。だから、それらの性格を一般的にはっきり規定することは、ほとんど不可能といえるのだが、たとえばシーンは、場所ないしは背景が同一のものであるという点であるまとまりを作り、シークェンスはあるひとつの事件、ないしは出来事によるまとまりを作るものと考えることもできる。もちろんこれは、単なるひとつの例にすぎない。

このようなことを考えると、映画はむしろ文学、殊に小説などに比べられるかもしれない。ひとつの文（センテンス）は、句点やピリオドなどによって、はっきりとそれとわかるまとまりをもっているが、その長さとなると多種多様だろう。いくつかの文から段落（パラグラフ）が作りあげられ、さらに大きなまとまりが作りあげられるのだろうが、それはやはり意味上の、あるいは物語の上のまとまりであって、はっきりと規定することは不可能である。誤解をまねくおそれもあるが、映画をそれと比較していえば、ショットはセンテンスに、シーンはパラグラフに、シークェンスは章節にあたるものと考えることもできよう。

要するに、映画や小説などの場合には、いろいろなまとまりは意味や物語――内容のほうから決定される場合が多く、音楽のような感覚（耳）ではっきりととらえられる形の上での（形式上の）まとまりは、あまり見られないというべきではないか。ところで、文学の場合を考えてみると、いわゆる散文で書かれた小説などに対し、韻文で書かれた詩が考えられる。韻文とは、最も簡単に考えれば、形の上でのあるはっきりしたまとまりをもつ文章であるといえよう。文章である以上、意味の上でのまとまりをもつのは当然であるが、この場合には、ある形式上のまとまりのなかで、一定の意味上のまとまりが作りだされるのである。文章の形式上のまとまり、それはいうまでもなく感覚で直接とらえうるような言葉の性質――語音のある関係から作りだされるものである。つまり韻律の問題である。わが国の短歌は、音節（シラブル）を規準とする五・七・五・七・七という一定のリズムを有し、フランスの詩などに多く見られるアレクサンドラン（alexandrin）という形は、十二のシラブルをもっており、それがさらに前後六つずつの半句に区分されるのである。あるいは詩の行の最初や最後の音が、同じような響でくりかえされるとき、頭韻や脚韻が生まれ、リズムと韻のいろいろな関係から、多くの定型詩が作りだされるのである（わが国の詩には、はっきりした韻はほとんどみられないが、たとえば「小竹《ささ》の葉は　み山もさやに　さやげども　われは妹思ふ　別れ来ぬれば」などの歌には、一種の韻の効果があるとも考えられよう――『万葉集』・柿本人麻呂）。散文の場合にも、ある韻律的な効果を伴なう場合が考えられるが（たとえば『太平記』その他にみられるいわゆる「道行文」など）、韻文の場合のように明確な性格をもつものでないことは、いうまでもない。

　映画の場合にも、韻文に相当するようなものが考えられるだろうか。意味内容よりも、むしろ形の上でのまとまりを重視して作られる映画があるのだろうか。数多いとはいえないが、たしかにある。フランスの映画理論家、レオン・ムーシナック（Léon Moussinac, 1890-1964）は、映画は映像による物語を中心とする芸術ではなく、映像の結合から生まれる視覚的リズムに重点をおく芸術だと考えた。そして、音によって何かを物語ろうとする音楽（標題音楽）よりも、音そのものによる純粋な形式上の美しさを追求する音楽（絶対音楽）のほうが優れているように、物語的な映画よりも、映像による形式上の美しさを作りだすような映画（映画詩――光と影の交響曲）こそが真に芸術的な映画だと考えたのだった。たしかに、一定の長さをもつ映像を、一定の関係で結合することによって、映画はある形式上のまとまりを、視覚的リズムを作りだすことができるだろう。抽象映画、絶対映画、あるいは純粋映画と呼ばれる一群の映画（これらについては、後でもふれよう）は、明らかにこのような性質をもつものといえる。

しかしながら、ひとつの言葉はいくつかのシラブルからなっているのだから、すでにそれ自身の中に一定のリズム的性格をもち、また母音と子音の組合せからなる一定の音をもっているのであるから、それらの結合によってはっきりとした性格をもった形式上のまとまり——定形をもちうるのだろうが、単位映像そのものには言葉のような明確なリズム的性格もなく、母音や子音にあたるようなはっきりした形式上の特徴も欠けているのであって、定形詩にあたるようなものは存在しえない。

ところで、映像は言葉のように既にあるものではなく、ある作品のために特に作られるものだから、かえって音楽のように、自由に望むがままの形式上のまとまりを作りだせるのではないかと考えることもできよう。しかし音には長さ、強さ、高さ、音色といった明確な感覚的（形式的）な性格があり、それらよってリズム、メロディー、ハーモニー、ダイナミックス……の形式的要素が作りだされるのであるが、映像にはそのようにはっきりした性格はない（なかでは長さが最も明確な性質であり、他にも画面の明暗などから生まれる調子、あるいはその他のものも考えられるが、音の場合のようにははっきりと規定された性格はもっていない）。したがって、音楽に匹敵するような純粋に形式的なまとまりを映像によって作りあげることは、不可能といわなければならない。

先の点に関して、つぎのようなことが考えられる。音は言葉などのように、はっきりと規定された意味をもっていないのだから、音楽は他の何かを描写したり物語ったりすることが得手でないといえるだろう。したがって、音楽が自分自身の芸術性をたかめるためには、劣った部分——描写や表現を捨てさり、感覚的・形式的な側面を純粋化していくべきだったのである。あるいは、音の意味性が明確でなく曖昧さを含むものであるため、聞く人の注意は純粋に音の感覚的・形式的な面に集中されると思われる。ところが映像は再現的であり、意味をもつものだった。しかも先に述べたように、感覚的・形式的な側面がさして明確でないのだから、内容的なものが表面にでて形式的なものが後退するという結果を生むのである。観客の注意は映像の表わすものやその動きにだけ集中して、映像自身の感覚的性質は多くの場合気づかれずにおわるのである。

もちろん映像は、言葉とちがって、具体的な意味をほとんど捨てさることができる（具体的対象ではなく、純粋な形だけを再現する映像）。しかしその場合であっても、感覚的・形式的性格は、（意味的・内容的なものが弱められたことによって）相対的に強められるだけで、前に述べたようなこの面での弱さはほとんど変らないのである。抽象映画や絶対映画の作品が、例外なしに短いことも、当然のことといえる。形式的なまとまりの力が弱いのだから、長大できっちりとまとまった作品は成立しえない。しかもこの種の映画は、ほとんどの場合音楽を伴なっている。形式的まとまりの弱さを、音楽によって補っていると考えることができよう。

いずれにしても、単位映像の結合によって、映画はある形式上のまとまりを得ることができる。それは音楽に比べはるかに弱いものではあったが、それでもなおある共通性をもつものであった。それ故にこそ、ある音楽作品を映画化することが可能となるのだろうし——ドビュッシー（Claude

Debusy, 1862-1918）のピアノ曲を映画化したジャン・ミトリ*（Jean Mitry, 1907-1988）の『ドビュッシーのための映像』（*Images pour Debussy*, 1952）、映像の動きと完全に一致した音楽が書かれうるのだろう――、エイゼンシュテインの『アレクサンドル・ネフスキー』（*Александр Невский*, 1938）とそのために書かれたプロコフィエフ（С. Прокофьев, 1891-1953）の音楽のような関係が成立するのだろう。しかし一般的には、映画作品のまとまりを最終的に決定するものは、表現される内容である。これはすでに考えた通りである。もちろんこのことは、映画において形式的なまとまりが二の次のものであってよいというのではない。ある内容が充分に描きだされるためには、それにふさわしい形式上のまとまりが必要とされる。このことは、芸術における形式と内容の関係という一般的な問題から理解することができよう。ある内容が一定の形式的まとまり――映画の場合主に視覚的リズム――を伴なって表現される場合、観客はそのリズムによって自然に映画の世界へ連れこまれ、表現される内容を直接に感じとることができるだろう。形式的なまとまりのない映画は、映画の流れのなかに観客を引きこみえず、内容も結局は観客にとって異質なものという印象をあたえ、空々しいものとなってしまうにちがいない。

今までは形式上のまとまりという点を中心にして、映像の結合を考えてきたのだったが、つぎに観点をかえて考えてみよう。私たちは、先に映像の空間の性質について考えたときに、それが部分という性格をもっていることを知った。映像は、切りとられた部分なのだから、切りとられなかった部分――映像外の空間と同質のものと考えられる。そしてまた、ある全体的な空間から切りとってきたA・B・C……の映像は、いずれもある全体の部分であるという点で、おたがいに同質のものであると考えられるのである。前にもその論を参考にしたE・スリオは、以上のような点をとらえて、映画の空間は同質の空間であるといっている。いまこの点について、演劇の場合と比較してみたい。演劇という芸術は、これまで映画といちばん近いものと考えられてきたし、事実「フィルム・ダール」の例からもうかがえるように、映画は演劇の影響をうけながら発展してきたとも考えられるのだから、この後も映画を演劇と比較しながら考えることが多くなることが予想される。

まず演劇の空間の問題。演劇の空間といえば、誰でもまず舞台の空間を考えるにちがいない。具体的な舞台の形は、時代や地域によって非常にちがっており、いちがいに論じきることはできないが、ここでは主として近代劇のそれを念頭において考えていこう。舞台空間は、何らかの意味で、まず観客席から区別されている――観客席より高く作られたり、フット・ライトによってへだてられたり……。つまり現実空間とはまったく別の空間が舞台の上にあるということが、何らかの手段で強調されているのである。ギリシャ劇の円形劇場などには、近代劇場におけるような区分はないが、この事実は現実の空間と舞台上の空間が同一であることを意味するのではあるまい。ギリシャ劇が多人数の参加する祭式から発生したことを考えれば、舞台空間が観客席を包みこみ、あるいは観客席が舞台空間に吸収されて、全体として現実から区分された空間を形作っていると考えられる。

舞台空間は現実の空間からはっきりと区分されるとともに、それ以外の空間とも明らかに異質のものである。たとえば、舞台はあるひとつの部屋を表わしている。観客はそれを直接目で見ることができる。一方観客は、人物たちの会話などから、この部屋の外には、たくさんの桜の木が美しく咲き乱れている庭園がひろがっていることを知る。人物は、窓を開け、外を見、庭の美しさをたたえる。しかし観客はその庭を具体的に見ることはできない。舞台の上の空間以外の空間は、ただ観客の想像のなかだけにあるといえる。このように考えてみれば、演劇の空間は、直接感覚でとらえられる舞台上の空間と、想像することしかできないそれ以外の空間という、二つのまったく異質の空間から成立っていることがわかる。舞台上の空間とそれ以外の空間は、したがって、連続したものではない。舞台にしつらえられた扉を通って外へ出た人物は、舞台空間とは異なった空間へ入っていったのであり、その人物の動きを追って舞台上の空間を自由自在に変化させることは、ほとんど不可能なのである。舞台空間は、他の空間からはっきりと区別され異質なものとしてあるのだから、舞台空間を変化させるためには、それ相応の手つづき（幕を下す、照明を消す……）と時間が必要とされる。演劇においては、場面転換は、かなり制限されたものとなろう。

　映画の空間は、それに対して、同質という性格をもつものだった。今スクリーン上にある空間と、それ以外の空間の間には、演劇の場合のような異質な関係はないのだから、スクリーン上の空間は、望むがままに他の空間と交替しうるのである。人物が扉から出ていくことは、スクリーン上の空間とまったく別種の空間に入ったことを意味するのではなく、それと同質の他の空間へ移ったにすぎないのだから、人物を追ってスクリーン上の空間を変化させることは、まったく自由なのである（映像の連続性――移動撮影)。あるいはスクリーン上の空間を急速に他の空間にかえることも自由なのである。ある場所を表わす映像と他の場所を表わす映像とは、直接結びつけられるのである。映画において場面転換は、意図するまま自由になされうる。

演劇の場合には、いったん舞台の上にある空間が設定されれば、ある時間人物たちの行為や事件の運びは、その空間のなかで行われるほかないのであるが、映画の場合には、ある事件展開のなかで、そのとき最も重要だと考えられる場所(あるいは人物その他)が、自由自在にスクリーン上に現われるのである。それだけではなく、ある人物の手の動きがその時非常に大事な意味をもっているとすれば、その手だけをスクリーン上に表わすこともできるのである(クローズ・アップ)。場面転換を急速に行えば、映画はいろいろな場所でおきている出来事を、ほとんど同時にしめすことができる。このような演劇には見られぬ急速な空間の変化は、映画特有のさまざまな表現上の効果を生みだすのである(たとえば危機に瀕した主人公と救出に駈けつける人びととを、交互に急速にしめすことによって、強いサスペンスの効果がえられるだろう――これはグリフィスが好んで用いた技法で、「グリフィスの最後の瞬間の救出」Griffith's last minute rescue と呼ばれるほど有名であった)。

空間の問題と関連させて、大道具や小道具などの装置について考えることができる。演劇の場合には、事件を展開させるのはあくまでも人物であって、大道具や小道具が主要な役割を演じることは、まずないといってよい。装置は舞台の上にある性質の空間を作りだすために用いられるのであって、演劇にとって欠くことのできないものではあっても、やはり補助的な働きだけを果すものである。

したがって、装置は空間の性質を決定するに足ればよいので、かならずしも実物を用いたり実物に似せる必要もあるまい。事実、人物は具体的な肉体をもつ生きた存在であるのに、大道具は便宜的に作られた作りものであり、その点からは実物と作りものという異質のものであるということができよう。

映画の場合には、事情は明らかに異なる。映像はある全体の部分でありおたがいに同質のものなのだから、映像の表わすものは、すべて同じ全体（世界）のなかに存在し、同質のものでなければならない。何かが実物で、何かが作りものだとはっきり区別されるようであってはならない。もちろん、実際に撮影する場合にはセットが使われる場合が多いのだが、はっきりとセットとわかるようであってはならない。むしろ、セット撮影でえられた映像が、他の映像と結びつけられることにより、ひとつの全体のなかに組みこまれ、他のものと同じ性質をあたえられると考えるべきである。もちろんこのことは、映画のセットや小道具が、すべて実物らしくなければならないというのではない。映画の表わす世界全体が非現実的な性格を帯びるときには、セットその他も非現実的なものとなる——たとえば『カリガリ博士の部屋』（Robert Wiene : *Das Kabinett des Dr. Caligari*, 1919）など。

映画のなかでは、人物であろうが背景であろうが小道具であろうが、すべて同質かつ同等のものなのであるから、事件展開にとって重要なものであれば、何であろうとそれだけをとらえて描きだすことができる。映画の場合には、背景や小道具さえも、人物と同じように、重要な役割を演ずるのである。前の節であげた『情事』や『抵抗』の背景、『独裁者』の中の小道具の果す役割を考えてみればよい。このような例は、むしろ枚挙にいとまない。E・スリオはつぎのように説明している。テープルの上に満たされたコップがある。つぎに空になったコップがしめされる。これはある時間が過ぎさったことを表わす。さらに劇的には、毒薬があおられたことを物語っているのだ。一ぱいの、そして空のコップは、「俳優のように演技するのだ」。そして彼はこのようなことから、映画の世界を「アニミスム」(animisme)の世界だという。ひとびとが、すべてのものが生命をもちそれぞれの役割を演じていると信じていた世界、映画の世界はたしかにそのような性格を備えている。そして、これは明らかに演劇には見いだすことのできない、映画独自の性格である。

時間の問題。この場合にも、映像の時間の性質を基礎にして考えるのが当然である。私たちは、映像の時制が現在だけであることを知っている。物語の上で過去に属することであろうが、未来に起ることであろうが、それを表わす映像の時制はつねに現在である。前にも述べたように、映像は過去や未来を現在化してしまうのである。つまり、映画においては、過去であろうが未来であろうが、すべて現在と同質のものであると考えられる。空間の場合と同じように、私たちは映画の時間についても、同質性を考えることができるのである。

このような点だけを考えれば、映画では過去や未来を、現在の時間の流れのなかに自由自在に組みこむことができるといえよう。しかし、逆に考えれば、物語の上では過去や未来に属することを表わしてはいても、映像そのものとしてはあくまでも現在の時制しかもっていないのだから、過去や未来を表わす映像は、(1)何らかの意味で現在を表わす映像からはっきりと区別されうるものでなければならないか、あるいは、(2)何らかの手段でそれが過去ないし未来に属することをつたえる必要がある。

まず⑴の場合を、具体的な例によって考えてみよう。物語の構成の上から、過去を表わす映像が現在を表わす映像から、混同の余地なくはっきりと区別される場合がある。マルセル・カルネの『日は昇る』（*Le jour se lève*, 1939）では、殺人を犯した主人公は、自分の部屋に閉じこもりきりである。警官が部屋の前やアパートの周囲にひしめき、もはやどのようにしてもこの部屋から出ることはできない。現在の時間は、この閉された部屋の中でだけ流れる。主人公が他の場所にいられるのは、現在ではない時間、すなわち過去においてだけである――この男には未来は明らかにない。過去を表わす映像は、現在のそれからもはや何ら説明の必要なく区別されているのである。

この例のような内容の上からの区別と同時に、映像そのものの性質を異なったものとすることによって、現在と他の時間を区分する場合もあろう（いわば形式の上からの区別）。木下恵介の『野菊の如き君なりき』（一九五五）では、現在を表わす普通の映像に対して、過去を表わそうとする場合には、周囲を白くぼかした映像が用いられていた。それによって映像の現実性がうすれ、一種の定かならぬ気分が生まれ、単なる過去の表現ではない、感傷的な追憶という効果をも生みだしていたと思う。その他にも、たとえば映像の調子を変えたり、カラーとモノクロームを混用したり、多くの技法が考えられる。

⑵の場合についてはすでに前の節で簡単に触れた。写真や手紙を見つめる主人公の顔のクローズ・アップにオーヴァー・ラップして現われる映像が、主人公の過去を表わすものであること、これは現在ではあまりにも使い古された約束事である。あるいはナレーションによって現在と他の時間を

区分する場合もあろう。このような一種の約束によってだけではなく、優れた映画作家はより新鮮な、より個性的な仕方で時間の転位をつたえてくれる。アルフ・シェーベルイ*（Alf Sjöberg, 1903-1980）が『令嬢ユリー』（*Fröken Julie*, 1951）で、オーソン・ウェルズ*（Orson Wells, 1915-1985）が『市民ケーン』（*Citizen Kane*, 1941）で見せてくれた時間の表現など、すぐれたものとして記憶に残るものである。ここでは『市民ケーン』について考えてみたい。この映画はケーンという男（新聞王ハーストからヒントをえたといわれている）の生涯を描いたものだが、作品全体は、ケーンが臨終のときに洩らした「バラのつぼみ」（rosebud）という言葉の謎をとくために、一人のジャーナリストがケーンの過去を探るという形式をとっている。映画のなかの現在は、このジャーナリストの行動である。現在から過去への移行は、ジャーナリストがケーンと親しかった人に会って行うインタヴュー（引きだされた過去の話）がきっかけとなって行われる。この手法は、多分一部の人びとからは、あまりにも常套的で新味がないといわれるかもしれない。技法そのものだけ取りだしてみれば、そうもいえるだろう。しかし、この映画はケーンの意識の流れを描いたのでもなければ、教養小説風にケーンの成功を描いたものでもない。ケーンという男の生涯を、外から客観的に眺めることによって、この怪物を生みだした状況（社会的な状況から家族的・個人的な状況にいたるまで）の秘密をあばきだそうとするものであり、ケーンのいろいろな側面を描くことによって、当時のアメリカ社会のある断面を露わにしようとしたものであり、ジャーナリズム機構の非合理な性格を描きだそうとしたものである。そういう作品全体の構成、あるいは内容の性格を考えれば、多人数とのインタヴューによって過去を描くという方法が、非常に適切な、優れたものであることが理解されるだろう。表現上の技法というものは、時間表現の場合だけでなく、一般的に作品全体の内容や構成と、いかに有機的に結びついているかを考えた上で評価されるべきで、それだけをとりだして評価することは危険である。さらにまたある作品のある技法をとりだして、あたかもそれが一般的に通用しうるような説明をあたえることも、明らかに誤ったことだというべきである。

以上では、過去や未来をいかにして現在から区別し、あるいはその区別をつたえるかという点について考えてきたのだが、故意にそういう操作を行わずに、内容的には過去・現在・未来を表わす映像を結合することによって、非常に独特な効果をあげるような場合も考えられる。その場合には、たしかに時間の流れはあるにしろ、内容的には過去とも現在とも未来ともつかぬ時間が表わされることになり、映画全体がいちじるしく超現実の性格を帯びてくる。ジャン・コクトー*（Jean Cocteau, 1889-1966）の『詩人の血』（*Le sang d'un Poète*, 1930）、『オルフェの遺言』（*Le Testament d'Orphée*, 1960）などにその例を求めるとしても、かならずしも見当ちがいとはいえまい。

ともかく、映画では時間の流れはかならずしも過去→現在→未来という方向をとらず、必要の場合には過去へ遡ったり未来へ飛躍することが可能である。そして、映画の時間は同質のものなのだから、ある長さをもった時間の流れのなかから、いくつかの部分をとりだし、それを結合することもできる。単一映像の表わす時間の持続は、映像自身の持続時間およびカメラの前に流れる時間と、原則的には一致するものだったが、映像の結合から成立する作品全体の表わす時間は、かならずしも作品自身の長さと一致する必要はない。多くの場合、時間は圧縮して表現される。咲誇った桜の後に枯れはてた桜を映しだせば、それだけで春から冬への時間の移りがしめされる。ある場合には時間は拡大して表現される。『戦艦ポチョムキン』のオデッサの階段のシーンなど、そのよい例である。兵士の銃弾にたおれた若い母親の手から、乳母車が離れ、転がり落ちる。エイゼンシュテインは階段を転がり落ちる乳母車のショットを細分し、その間に、兵士、死体、逃げまどう人びとのショットをはさみ込んだ。作品の上では、乳母車の転がり落ちる時間は、実際の時間よりもはるかにひきのばされ、拡大されているのである。

ところで、空間について考えたとき明らかになったように、映画ではいくつかの場所で行われている出来事を、半ば同時的に描くことができた。つまり、いいかたをかえるなら、映画ではいくつかの場所で経過する時間を、ほとんど同時に表現することができるのである。映画のなかで表現される時間は、一本の流れである必要はなく、いくつかのほとんど同時に流れるものでありうる。

以上で映画で表現される時間の性質が幾分明らかにされたが、演劇の時間の性質を考えてみれば、さらにはっきりするのではないか。演劇では、舞台の上で行動する人物を、観客がその場で見ている。舞台劇は観客の目の前で生じているのだから、演劇の時間は現在としかいいようのない時間である。舞台上に流れる時間は生きた具体的存在たる人物たちによって作りだされるのだから、私たちの生きている時間がそうであるように、過去→現在→未来へと流れる時間(進行する時間)であり、ある時刻から他の時刻へ急激に飛躍することのできない時間である。ひとつの幕や場の間、時間は流れつづけ逆行も飛躍もせず、表現される時間は幕や場の経過した時間と、ほとんど一致する。しかも舞台上の空間は容易に交替できないのだから、舞台の上にはひとつの時間の流れがある。もちろん幕と幕の間には、長い時間のへだたりがおかれるし、またつぎの幕が過去へさかのぼることもできる。幕や場の変化によって、異なった場所に流れる時間を表現することも可能である。しかし、演劇の空間は、容易に変化することのできぬものであったことを考えるなら、演劇の時間を流れつづけるひとつの時間と考えることができる。そしてこれは、映画の時間に比べれば、はるかに不自由な、硬い時間である。もちろん、アーサー・ミラー（Arthur Miller, 1915-2005）の『セールスマンの死』（*Death of a Salesman*, 1949 初演）などのように、同一舞台空間内で時間の遡行が行われる場合もあるが、やはりそれは例外的なものというべきである。ともかく、ここでは映画と比べての演劇の時間の性格を、ごく一般的に考えたにすぎない。

　ところで、演劇の時間のこのような不自由さや硬さは、一部の映画理論家たちが得意顔で述べたてたように、演劇という芸術の貧しさの現われでもないし、ましてや演劇が映画より劣っているという証拠でもない。映画がその時間の特色を生かして豊かな表現を行っていると同様に、演劇もまたその時間の性格を充分活用しながら、他には見られぬ独自の表現を行っているのである。映画では多数の場所で経過する時間を表わすことができ、いわば細分化・複雑化の傾向をもつのに対して、演劇の場合には、前に述べたようなことから集中化・単純化の傾向をもっていると考えることができる。したがってこの傾向が充分生かされるときには、映画がとうていおよびもつかないような、凝縮し重さをもった時間が表現されうるのである。もちろん、映画でも集中化され単純化された時間を表わすことができる。しかしこの方向に進みすぎると、場面転換が少くなり、単位映像がいちじるしく長くなり、さらにはカメラ移動も限定されたものとなって、映画全体が固化し本来の生命を失ってしまいかねない。つまり、映画がふたたび演劇化する危険が生じるのである。

映画には真の意味での現在はなく、おきてしまったものがふたたびおきるという意味で、現在の装いをもっていることを、私たちは前の節で知った。それに対して演劇は、音楽と同様に純粋に現在の芸術である。たとえ同一の戯曲が同一の演劇芸術家たちによって演じられる場合であっても、完全に同一の舞台は絶対にありえない。それはもはやくりかえしのできないものであり、かつてあったもののくりかえしでもない。圧縮され重量感のある時間が、ただそのときかぎりのものとして、観客の目の前に流れる。観客は、あるひとつの生の重大な出来事に、いわば立ち会っているのである。同じように人間の生が作りだす出来事を描いてはいるが、映画には——そして小説にも、このような性格はない。

人物たちは、舞台上で行動しながら過去について語る。劇の進行を通してしだいしだいに明らかになる過去を通して、人物の現在の行動や状況の性格が明らかにされていく。人物の現在は過去との戦いであるか、それへの服従なのである。しかも時間は着実に未来へ流れる。劇はおわらなければならない。観客は未だだれも知らないが、人物たちはそこにたどりつかざるをえないある結末をもっている。あるひとつのさけることのできない結末へ向かって、確実に時間が流れていくという意味では、演劇は未来の性格をもつ芸術である。未来とはやがてそこにたどりつくべき時間なのだから。人間がそこにたどりつかざるをえないもの、それはひとつの運命なのだろう。人間がそれと戦い、敗れる過去、それは宿命なのだろう。演劇はこういう意味で、宿命や運命の芸術だとも考えることができる。宿命や運命が個人を超えでた力だとすれば、それへの戦いはつねに敗れるだろう。人間がそこにたどりつかざるをえないもの、それは死である。演劇の本質を最もよく具現したものとして、ギリシャ悲劇がいつでも考えられるのは、決して偶然ではない。自由に逆行し飛躍しうる時間をもつ映画や小説などは、演劇のような力をもって、これらのものを表現することは、ついに不可能といわざるをえない。

このように考えてくると、映画によって表現される時間は、演劇のそれよりも、むしろ小説の時間に近い性質をもっているということができる。もちろん、映像の時制が現在だけに限られているために、小説のような自由さ、豊さは、映画ではかなり限定されたものとなる。このことは、すでに明らかにされた。小説と比べた場合、映画の時間は不自由な硬いものだといわなければなるまい。そしてこのような点をとらえて、映画はついに小説にはおよびえないと結論する考えかたは、かなり一般的なものである。優れた小説を映画化したものは、何と俗っぽく浅薄になってしまうのだろう、それは原作を傷つけるものでしかない……。

映画はたしかに過去を描くことができる。しかしそれは過去そのものではなく、現在化された過去にすぎなかった。一人の人物の心の中にふと浮かんだ過去ではなく、その人物が過去に行った行為か、

郵　便　は　が

料金受取人払郵便

綱島郵便局
承　認
2960

223-8790

神奈川県横浜市港北区新吉田東
1-77-1

差出有効期間
平成32年3月
31日まで
(切手不要)

水　声　社　行

御氏名(ふりがな)	性別 男・女	年齢
御住所(郵便番号)		
御職業	(御専攻)	
御購読の新聞・雑誌等		
御買上書店名	書店	県 市 区

読　者　カ　ー　ド

度は小社刊行書籍をお買い求めいただきありがとうございました。この読者カードは、小社
の関係書籍のご案内等の資料として活用させていただきますので、よろしくお願い致します。

お求めの本のタイトル

お求めの動機

新聞・雑誌等の広告をみて（掲載紙誌名　　　　　　　　　）
書評を読んで（掲載紙誌名　　　　　　　　　）
書店で実物をみて　　　　4. 人にすすめられて
イレクトメールを読んで　　　　6. その他（　　　　　　）

本書についてのご感想（内容、造本等）、今後の小社刊行物についての
ご希望、編集部へのご意見、その他

社の本はお近くの書店でご注文下さい。お近くに書店がない場合は、以
の要領で直接小社にお申し込み下さい。

◎

接購入は前金制です。電話かFaxで在庫の有無と荷造送料をご確認
上、本の定価と送料の合計額を郵便振替で小社にお送り下さい。また、
金引換郵便でのご注文も、承っております（代引き手数料は小社負担）。

TEL：03（3818）6040　FAX：03（3818）2437

その人物の関係した過去の事件がしめされるだけである。映画は過去の出来事を再現して見せるだけであって、心のなかにある過去——記憶や追想をそのままの姿で描くことはできない。このようなことから、映画は人の心の動きを——心理を描くことが、あまり得意ではないという結論が下されるのだろう。なるほど、具体的な形をもった対象がカメラの前になければ、映像を作りだすことは不可能なのだから、人間の心などという形のないものを直接描きだすことは、映画では所詮不可能である。では、言葉によって心の動きを直接にそして完全に描きだすことができるのだろうか。

だいたい、人間の心とはこのようなものだなどと一般的に定義することは、およそ不可能なことだが、それが微妙に変化しながら不断に流動しているものであるとはいえる。そしてその流れは、けっして単純な一本のものではなく、いろいろな要素が分ちがたく入り混り複雑に動いているのだろう。しかもその流れの底流として、もはやはっきりと意識することの不可能な、いわゆる無意識の暗い流れがあるのかもしれない。流れ動く心の姿を、言葉はどのようにしても直接に描きだすことはできまい。言葉に移しかえられたものは、もはや心の動きそのものではない。にもかかわらず、言葉を用いて何とかして心の動きをとらえようとする努力が、たとえば心理主義小説などを生みだしたのであろう。心理主義小説は、あるいは小説の心理描写は、心をとらえるひとつの仕方なのだし、それではとらえることのできぬ面が残ることも否定できない。映画が、小説と同じ仕方で、小説のとらえたのと同じ側面をとらえようとするなら、映画はついに小説にはおよぶまい。しかし、異なった仕方で異なった部分をとらえるのなら、それはそれとして独自の意義と価値を有するはずである。「耐えがたい悲しみのために、彼の顔はゆがんだ」、小説家はたとえばこう書くことができる。映画作家は悲しい顔をスクリーンの上に見せるだけだ。いや、悲しいかどうかもわからない、ひとつの表情をもった顔を見せるだけだ。小説家は、耐えがたい悲しみを無数の言葉を用いて描きだすだろう。だが千言万語を費そうが、言葉にとらえられぬものは小説家の手から逃れ去っていく。むしろ、サルトルのいうように、小説家の書いた文章は、人物の心理についての小説家の註釈であり説明であって、人物の心の動きはそこにはないと考えるべきか……。スクリーン上の顔には、人物の心についての註釈は何もない。しかしある心をもった人物の顔は、たしかにそこにある。表情の動きなどを通して、言葉による場合とはまったくちがった仕方で、ある心の動きをたしかに感じとることができる。

　人の心の動きを完全にとらえることはおそらくできまいが、ある心をもった人の表情や行動、彼が見聞きする外部の世界は、充分に描ききることができる。現代のある小説家たちは、このように考えて伝統的な心理描写の手法を捨てさった。すべての小説がかくあるべきだなどというつもりは毛頭ない。彼らが伝統的という心理描写によって、たしかに心の動きのある側面がとらえられているからだ。しかし、そこに映画による独自の心理表現の可能性を見てとることは正当なことではないか。映像はある対象の外面を忠実に、かつ詳細に再現するものであり、またそれ以外のものではないからである。

　たとえばミケランジェロ・アントニオーニの諸作品には、これまでの映画が行ってきたような心理描写すらない。人物たちの行動を外面からとらえ、彼らの行動する周囲が客観的に描かれているだけである。だからといって、彼の映画が人物たちの内面をまったく描いていないと考える人はいないだろう。そしてアラン・レネ*（Alain Resnais, 1922-2014）の『二十四時間の情事』（*Hiroshima mon Amour*, 1959）などが、映画独特の仕方で、人の心に組みこまれた過去を描いていたことを否定できるだろうか。あるいはイングマール・ベルイマン*（Ingmar Bergman, 1918-2007）の『野いちご』（*Smulstronstället*, 1957）などにいたっては、ある意味では主人公の内面の表現が中心になっているとも考えられ、しかもそれが映画でなければできないような仕方で行われ、高い完成度をしめしているのである。

映画は、たしかに、小説のように人の心の動きを描くことはできない。逆にいえば、小説は映画のようには人の心の動きを描くことはできない。言葉と映像とははっきりちがった性質をもっているのだから、それぞれのとらえかた、とらえうる側面が異なってくるのは、むしろ当然のことである。それぞれが、どれだけ自分の独自性を生かし、どれだけの完成をしめすか、それだけが問題なのだ。

映画によって表現される空間と時間の性質を考えると、映画は演劇よりもむしろ小説に近い性質をもっていると考えられる。場面転換の自由なこと、複雑で逆行や飛躍の可能な時間の性質、これらは演劇には見いだすことのできない、そして映画と小説に共通のものであった。しかしこの点で一応の納得はしても、何となく割りきれないものが残るにちがいない。第一、映画も演劇も、俳優が演ずる人物の行動によって物語が運ばれるのだし、たしかに性質はちがったものではあったが両方とも大道具、小道具などを使用するものだし、その他にも照明や衣裳など共通のものが少くない。そして演劇には戯曲、映画にはシナリオというものがあり、演出者（監督）によって作品が作りあげられる点も、同じ性格として考えられるのである。たしかに、この二つの芸術の間には先に見たような相違があるにしても、全体としてみれば共通の性格のほうが強いのではないだろうか。常識的に考えれば、映画が演劇よりも小説に似通っているということは、おかしな、むしろこじつけめいたものに感じられるのではないだろうか。そこで、これまでとはちがったやりかたで、映画と演劇を比較してみよう。そのことによって、映画の性格がさらに明確なものとなるのではないかと思う。

　演劇という芸術の特色を一言でいい現わすことは非常にむずかしいことだが、古くから多くの人によっていわれたことを参考にしながら、登場人物によってすべてのものが描きだされる芸術である、という定義をあたえることができる。ところで、戯曲という文学のひとつの種類は、上演するために（演劇のために）書かれ、しかも登場人物の対話によって物語全体が描かれているのだから、演劇と戯曲をいっしょにして、劇芸術と考えることができる。映画という芸術もシナリオをそのなかに含んでいるのだから、広く劇芸術と比較を行ったほうがよいかもしれない。

　それはそれとして、登場人物によってすべてを描く、ということはどういうことなのだろうか。抒情詩というジャンルは、作者自身の心の動きを作者自身の言葉によって直接いい表わすものだといわれる。

「二人行けど　行き過ぎ難き　秋山を　いかにか君が　独り越ゆらん」などという万葉の歌（大伯皇女）をよめば、抒情詩の性格はおのずから明らかなものとなるだろう。同じ万葉の歌でも、「ひむがしの　野にかぎろいの　立つ見えて　かえり見すれば　月かたぶきぬ」（柿本人麻呂）などになると、作者自身の心の動きではなく、外の風景が描かれているだけだともいえるが、この場合にも単純な風景の描写ではなく、風景を見ている作者の心が風景に託されて表わされていると考えるべきだろう。風景は、いわば作者の心の象徴になるのである。それにたいして叙事詩といわれるものは、ある事件なり出来事を、作者が冷静に（いわば第三者として）観察し、それを自分の言葉で描写し、つたえてくれる性格をもつといわれる。『古事記』などがその代表的なものに考えられるのだが、近代以降では「小説」がその代表的なものと考えられる。以上の二つに対して劇芸術としての戯曲は、叙事詩のようにある事件・出来事を描くのではあるが、作者の言葉によってそれを描きつたえるのではなく、作中人物の対話だけによって描きだすのである。戯曲には、小説にみられるような地の文章（作者による人物や事件の描写、あるいはそれらに対する作者の判断や感想など）にあたるものは、完全に欠けているのである。

劇芸術としての、そして戯曲の舞台化によって成立する演劇は、この点で明らかに戯曲と同一の性格を有するものと考えられる。人物の対話、身振によって、すべての内容が表現される。もちろん、小道具や大道具あるいは照明などが、ある役割を演ずることは否定できないが、それらは、前に見たように、あくまでも補足的な役割を演ずるにすぎないのである。俳優はある人物について語り、それを観客につたえるのではない。彼は人物そのものになるのだ。だから、演技はものまねとは完全にちがった性質をもつ。ものまねは、自分の体を使って（ある人のしぐさや言いまわしをまね）相手に何かをつたえるものだろうが、演技とはある人物のなかに自分を溶けこますことなのである。観客は、ある何かによって人物や事件などをつたえられるのではなく、自分の目で直接に見、耳で直接に聞きとるのである。演劇の演出者の役割は、俳優が人物と一体化するのを助け、個々の人物の動きからまとまったひとつの動きを作りだすことにあるのであって、自分自身で何かについて語ったり描写したりするものではない。

映画の俳優もまた人物そのものになる。そして演出者（監督）は俳優に演技をつける。観客は人物の動きを、対話を、直接見聞きする……、いや、そうではなかった。映像の性格について考えた時、私たちは「あたかも直接見るかのように……」といういいまわしをよく用いた。スクリーンの上に人物が実際にいるのではない。観客は人物を直接見てはいない。それなら、人物を直接見ているのは何なのだろう。カメラである。観客がスクリーンの上に見ているものは、カメラによってとらえられたものであり、いってみればカメラによってすでに見られてしまったものなのである。つまりそれは、カメラによってとらえられカメラによってつたえられたものである。

ところで、あるひとつのものを撮影する場合でも、いろいろな距離・角度があることを、私たちは知っている。そして、映像のもつ意味は、距離や角度によってかなりちがってくるものでもあった。そのようなカメラの位置を決定するものは誰だろうか。いうまでもなくそれは監督である。監督は俳優に演技をつけるだけでなく、どこからそれを撮影するかを決定しなくてはならない。むしろカメラ位置を決定することが、彼の第一の仕事ともいえるのである。というのは、カメラの位置によって演技の質も変るだろうから。悲しんでいる女性を、正面からとらえるか背面からとらえるかで、あるいはその顔をとらえるか手をとらえるかで、演技は明らかにちがったものとなるだろう。監督は物語や事件のある発展過程を最もよく描きだし観客につたえるために、何をどのような位置からとらえればよいかを決定するのである。彼は女性の涙に満ちた目をクローズ・アップするだろう。そしてハンカチーフを握りしめる手の細かな震えをとらえるだろう。それはちょうど小説家が、「彼女の目には涙が溢れ、ハンカチーフを握りしめた手は細かくうち震えていた——」と書くのと同じことなのだ。映画は、監督の意のままに動くカメラによって、ある事件・物語を描写するという性質をもつ。小説家が言葉を使って描写するように、映画作家はカメラによって、映像によって描写するのである。ただ、前に明らかにされたように、映像を作るためにはカメラの前に具体的な対象がなければならなかったため、俳優その他が必要となるのであり、映像の再現的性質のために、直接人物を見ているかのような効果が生まれるのである。

映画は、明らかに、ある作者——監督が、自分の言葉——映像を用いて、ある物語・事件を描写する芸術である。この点で、映画を劇芸術のなかに含めて考えることは誤りである。俳優や装置などを使用し、ある一定の時間的長さをもつ点で、演劇に似通った外観を有してはいるが……。このようなことを考えあわせると、ドイツの文芸学者ケーテ・ハンブルガー（Käte Hamburger, 1896-1992）が、映画を「劇化された叙事的芸術」と呼んでいるのは興味深い。そして先の結論を一歩おし進めてみると、映画を「集団芸術」ないしは「集団創作の芸術」と考えることにも、あらためて検討を加えなおさなければなるまい。

映画を作るのは誰かという、いわゆる創作主体の問題は、わかったようなわからないような、曖昧なままに片づけられている感がなくもないが、これまでに明らかにされた映画の性質を考えるなら、小説の創作主体が小説家であるように、映画の創作主体は監督であることに疑問の余地はない。もちろん俳優、装置、照明などの重要性を無視するつもりはないが、それらは監督による描写――表現のために働くものであって、それら自身表現を行うものではないのである。このことはカメラについてもいわれる。カメラの位置や動きは、対象に対する監督の位置や視線の動きであって、カメラ自身が表現を行うのではない。ところで、ある一定のカメラ位置からとらえられるものが単位映像なのだから、映像の交替は結局監督の視点の変化を意味するものといえる。というよりは、監督が描写のためにある視点を設定することにより、ひとつの映像の性質が決定され、視点を変化させることによって、映像の交替が行われると考えるべきだろう。

このように考えてくると、映像と映像を結合させる原因ないしは根拠として、作者の視点を考えるべきと思われる。たとえば、人物がAの地点からBに移ったために画面が変るのではなく、人物を描写する視点をAからBに移したために画面が変るのである。映画では、このような表現のための視点は、ほとんど小説に匹敵するほど自由に変化させることができる。ある場合には完全に第三者としての立場から人物たちの動きを描写し、ある場合にはある一人の人物の立場に視点を一致させ……、その変化は無限ともいえるほどである。視点の多様な変化は、映画の画面交替を急速なものとし、映画全体に多様性と豊さをあたえる。そしてあらゆる視点の変化を通して現われる作者の明確な態度（それは作者の個性であり世界観であろう）によって、多様なものにひとつの統一があたえられると考えることができる。

映像の形成も、映像の結合も、結局はある作者による表現の問題なのである。どのような内容をどのように表現するかは、最終的には一人の作家によって決定されるものだし、そのことによって映像をどのように形成し、結合するかが決定されるのだから、映像の作りかた・結びつけかたについての一般的法則などはありえないというべきである。ある作品に用いられた表現上の技法は、ただその作品に対してだけ通用する。ただし、ある内容をある観点から表現するという決定に作者がまったく関与しない場合、つまりある要請や注文にもとづいて映画を作る場合には、事情は異なってくる。その場合には、作者はどのような注文にも応じうるだけの、一般的に通用しうるような技法を身につけていなければなるまい。こんな内容をこんな効果をねらって映画化するには、こんな技法を用いればよりよい効果をあげうる……、このような意味での技法は、教えかつ学びとることができよう。いわゆる「メティエ」（métier）と呼ばれるものである。優れたメティエをもった作家は、どんな場合にも一定の水準に達した、あるまとまりをもった作品を作りだすことができるだろう。映画製作がある目的（利益や国家的目的）をもった組織のなかで行われるかぎり、こうした作家は必要だろうし貴重なものだろう。しかし、個性をもった作家が、自分の内心の要請によって映画を作ろうとする場合には、このようなメティエのみではもはや充分でないことはいうまでもない。組織の要求と個人の内心の要請が一致する場合はいざしらず、個性ある作家は、一作ごとに自分の技法を生みだす苦闘を重ねなければなるまい。映画全体を支えそれに安定をあたえるもの、それはメティエをもつ作家により作られる水準的な作品だろう。しかし映画の歴史の原動力となりそれに不断の新しい生命をあたえ、さらにはメティエそのものを豊にしていくもの、それは個性ある作家の苦闘であろう。

あるひとつの技法、ある作家の技法は、たとえそれがいかに優れた表現効果をあげたものであっても、いわゆる金科玉条視されることがあってはなるまい。たとえば、エイゼンシュテインのモンタージュは、映像の結合に関するひとつの技法にすぎないのである。たしかにそれは非常に優れたものであったし、映画に新しい可能性を開いたものではあったが、すべての種類の、すべての時代の映画に普遍的に適用しうるものではない。エイゼンシュテインが自分の用いた技法を説明するために、弁証法その他の理論を引用し、いわゆるモンタージュ論なるものを公けにしたため、この技法が映像結合の唯一の、かつ普遍的な技法であるかのように思われ、一種の「文法」のような地位がそれにあたえられた。彼のモンタージュ論は、たしかに映画の大きな可能性について教え、映画の性格を理解するための示唆に富んではいるが、あくまでも彼の技法の説明であり、それに対する信念の表明である。発表された論文によってモンタージュに対する説明が異なるのも、このように考えればむしろ当然のことだろう。それは、一作ごとに自分の技法を作りだしていくエイゼンシュテインという作家の苦闘の現われなのだから。彼の論文から首尾一貫した映画理論を作りあげようとするのは、空しい試みであり、こじつけ以外の結果は生まれないだろう。

とにかくエイゼンシュテイン（プドフキンその他も含めて）の用いた技法は、力と創意に満ちたものであったため、多くの追随者を生んだ。多くの作家がエイゼンシュテイン流に映像を結合し、ともかくある力のある作品ができた。彼の（本来新鮮な生命をもっていた）モンタージュは一種の約束となり、それとともに映画はある型にはまり生気を失っていったのである。個性ある作家たちがモンタージュ論の影響に抵抗し、型にはまり手垢にまみれた映画を、ふたたび新鮮な生気に溢れたものにしようとしたのも当然だろう。一九四〇年以降にきわだって見られる映画の新しい動きの源流のひとつに、このような努力を考えることは誤っていないだろう。ロッセリーニ*（Roberto Rossellini, 1906-1977）などに始りフェリーニ*（Federico Fellini, 1920-1993）やアントニオーニにいたるイタリー映画、ブレッソンからレネその他のいわゆるヌーヴェル・ヴァーグにいたるフランス映画、そしてベルイマンの、あるいは戦後ポーランドの映画など、単に時代的に見て新しいだけではなく、埃をかぶり古びてしまった映画に新鮮な息吹をあたえたからこそ、本当に新しい映画といえるのである。それとはちがうが、溝口健二*（一八九八―一九五六）の映画も、古い映画の枠をいわば自然に脱けでているという意味で、新しさをもっていると考えることができよう。

このように考えてくると、いろいろな種類のモンタージュを分類し説明することは、私たちの立場からはあまり益のないことだろう。モンタージュという言葉は、元来組立て、はめ込みなどの意味をもったごく一般的なものだったが、現在ではエイゼンシュテイン流の映像結合を意味するものにとられやすい。ともかく、映像結合に一定の型、文法のありえぬことは、すでに明らかになった。映像はある作品のために特に作られ、言葉のような一定の意味も品詞もないのだから、そして意味の上から考えても映像は単語よりもむしろ文に相当するものだったから、はっきりとした映画の文法など不可能なのである。

私たちは、ただつぎのような観点からだけ映像の結合を分類することができる。それは、結合の原理による分類であり、つぎのような種類が考えられるだろう。

(1) 形式的原理による結合。視覚的リズムを作りだす（抽象映画などにおける結合）。

(2) 内容的原理による結合。物語・事件の展開を現わす（ポーターの場合など）。

(3) 意味的原理による結合。映像による譬喩その他（純粋な意味的原理による結合は、非常に稀である）。

(4) 表現的原理による結合。作家の表現の視点の変化による結合。

以上四つの種類については、今までそれぞれ考えてきた……というよりは、今まで考えてきたものが、以上四つに整理されるといったほうがよいかもしれない。もちろんこの四つの原理の間には、ある関係があるのだが、その説明はかならずしも容易ではないし、私たちにとって不可欠なものでもないので省略しよう。実際の作品では、この四つの結合が分ちがたく密接に関係し合い、重なり合っていることはもちろんである。

これまでは、映像の性格やその結合についていろいろな面から考えてきたのであるが、そのまとめの意味もかねて、映画によって表現される物語の性質について考えてみよう（物語という言葉は、かなり曖昧だし誤解もまねきやすいと思うが、一応このまま使っておく）。映画がともかくもまとまった物語を表現するようになったのは、演劇を模倣することによってだったし（「フィルム・ダール」など）、俳優を使ってある一定の時間のなかでひとつのまとまった物語を描かなければならないことから、映画の物語が演劇の物語と同じような性質をもつと考えるのは、むしろごく当然のことかもしれない。映画の劇的構成などということが論じられたり、「劇映画」という言葉がごく普通に使われていることなども、そのひとつの現われだろう。しかし、私たちは映画と演劇の間にいろいろな点で大きな相違があることを知っているのだから、この問題をごく当然のこととしてすますことはできない。

演劇の物語が非常に厳密な構成と強いまとまりをもっていることは、古くからよく知られまた論じられている。いろいろな説のなかでいちばん有名で一般的になっているのは、フライターク（Gustav Freytag, 1816-1895）の説だろうが、それを基礎にしてごく簡単に考えてみよう。劇にはまず「発端」がある。いろいろな性質や過去をもった人物が登場し、人物たちの関係が明らかになっていくとともに、ある問題（敵対の関係など……）がしだいに現われ、緊張が増していく。「上昇部」である。問題は今や完全にその姿を現わし、緊張は「頂点」に達する。問題はやがて何らかの形で解決に向かい——「転換部」、最後に「終結」がやってくる。もちろんすべての劇作品がこの五つの部分をもっているとはいえないだろうが、何らかの意味でこれと似通った構成をもっていることは明らかである。

つまり、発端から頂点を通り終結へ向かって、ある事件が発展し展開していくという構成である（こういうことを考えれば、演劇の場合には物語というよりも事件展開といったほうがよいかもしれない）。このような構成は、私たちが前に考えた演劇の性質を考えれば、よく理解できるだろう。特に逆行も飛躍もできない時間の性質を考えれば……。

　映画の場合には、時間は望むがままに逆行し飛躍し、そのうえ作者の表現の視点も自由に変化しうるのだから、その物語はひとつの事件の発展・展開という構成をとる必要のないことは、もうあらためて論じるまでもないだろう。映画のはじまりが物語のうえでの終結であることもできるし――オータン＝ララの『肉体の悪魔』など――、『日は昇る』などのように頂点が映画の最初になる場合もあろう。あるいは黒澤明の『羅生門』（一九五〇）などでは、ひとつの事件が、異なった視点から、くりかえして描かれている。映画の物語の構成は演劇に比べかなり自由だし、またそのために演劇のような強いまとまりをもたないのだろう。この点でも、映画はむしろ小説に近い性質をもっているといえる。といっても、前に述べたように、映画は俳優や装置その他を使って物語を描かなければならず、その上長さの上での制限があるのだから、物語の構成の自由は小説に比べて少く、それだけにまたあるまとまりが生じてくる。

　演劇の場合には、その物語の性質は、構成に厳密さと強いまとまりが要求されることから、ある限定を受けることになる。人物の関係もあまり複雑になることは避けたほうがよいと考えられるし、性格も強いはっきりしたものであるほうが望ましい。といって、ただ一人の人物を登場させるだけでは、はっきりとした事件を作りだすことは不可能だし、あまりにも平凡な人物を主人公にしたのでは、劇全体が日常生活の断片といった性格を帯びるにすぎない。映画では、物語の性質についての限定は、演劇に比べて少いといえる。小説ほどではないにしても、映画の物語は、多種多様のものでありうる。

このようなことを考えると、ある映画の物語が、演劇の物語のような構成やまとまりに欠けているからといって、その映画を非難するのは当をえていないことだというべきである。しかしこのような見かたは、現在でもかなり根強く人びとの間に行われているし、第一映画が演劇の影響から完全に脱けでたのは、ごく最近のことにすぎない。たとえば、映画の構成についても、つぎのようなことが本気で信じられていた。映画は、これから起る事件の背景や雰囲気を描くために遠景（ロング・ショット）ではじまるべきであり、事件の解決を告げ、作品におわりをあたえるためにロング・ショットでおわるべきである。そのような構成の映画ももちろんあっていいだろう。だが、すべての映画がそうあるべきだ、というのはどうだろうか。片々たる日常生活の断片を描きながらも、映画は立派にまとまりをもった作品を作りあげることができるのである。さまざまに変化する表現の視点を通して現われる作者の態度が、映画に最終的な統一をあたえるということを、私たちはもう一度思いだすべきだろう。

ベルイマンやアントニオーニ、あるいはレネの作品を見て、わからないという人が意外に多い。たしかに彼らの作品には、定石的な人物紹介もないし、第一事件らしい事件もなく、決着もなしにポツリとおわるようなものが多い。しかし、わからないという人びとのなかには、発端から頂点に向かって発展し、事件が解決されておわるという物語に執着しすぎている人が多いのではないだろうか。別の言いかたをすれば、その人びとは、知らず知らずのうちに、映画を演劇的に見ようとしているのではあるまいか。

たしかに映画（あるいは小説）の物語は、演劇の物語とはちがった性質をもっている。しかし、そういっただけでは、前の問題を充分に解決することはできない。現代の演劇には、日常生活の断片をそのまま舞台にのせたような、あるいは事件らしい事件ひとつおこらずに途切れるようなものがあり（たとえばサミュエル・ベケット（Samuel Beckett, 1906-1989）の『ゴドーを待ちながら』（*En attendant Godot*, 1952）など）、一方では、発端→頂点→結末というキチンとした構成をもった映画や小説も数多くあるのだから……。

映画でも演劇でも、そして小説でも、物語を物語ることが最終の目的なのではない（もっとも、いわゆる通俗的な作品には、そのようなものも多いが……）。人間の生、存在……といった根本的な問題を、哲学などのように概念によって理論化してとらえるのではなく、感覚によって直接にとらえるため、作家は生きた人間の具体的な行動を描くのではないだろうか。思いきって簡単にいうならば、そのような目的で作者によって形作られた人物の行動、あるいは人物同志の関係から生まれる何らかの出来事、それが物語なのではないだろうか。したがって物語の性質は、芸術の種類によって異なってくると同時に、人間をいかなるものとして、またいかにとらえるかによっても明らかに異なったものとなる。私たちが親しんできた作品のそれとはまったくちがった人間が、ちがった仕方でとらえられており、日常の惰性的な生活のなかで、私たちが気づかずに過している人間の隠された姿がむきだしにされているために、人びとはそうした作品にとまどいを覚え、理解しえないと感ずるのだろうか。現代の映画の、もはや物語とはいえぬような物語の秘密は、このように考えることから解明されるのではあるまいか。

伝統的な演劇や小説、そして最近までの映画では、人物の行動や事件は、たしかに何らかの意味で発端と頂点と結末をもち、ひとつのまとまった物語という性格を備えていた。作家によって作りだされ性格をあたえられた人物たちは、作家の意のままに動かされ、関係づけられ、事件もまた作家の欲するままに生じ、激化し、解決する。作家がある作品を作りだすために人物を創造し、その意図に従って人物を動かすのだから、人物の行動や事件が明確な構成とまとまりをもつのも、むしろ当然のことなのだ。作品の世界は、作家によってあらかじめたてられた意図のままに作りあげられ、作家はその世界の中心につねにいる。人と人との間に、ともかくもある共通の場が存在し、「私」と他者、個人と社会の間にひとつのまとまりがあった時代には、たしかにこのような仕方で人間をとらえ描きえたろう。あるいは、失われた人間相互の結びつきや全体的な人間像を追い求め、恢復しようとする人びとは、理想の世界をこのような仕方で作品の中に実現しようとするかもしれない。人間は最終的に完全に理解しあえるのだという確信、あるいは理解しあうべきだという信念が作品の根底にあり、それを中心にひとつの世界が形成されると考えることができる。

しかし、一方では、人と人とを結びつけていたものが、現在一切失われてしまったと見る作家もある。最も強い絆であった愛ですらが人びとの間を結びつける力を失ってしまった……。他者は「私」にとって理解しうる存在ではなく、「私」と同じような姿をもちながらも、もはやとらえがたい不可思議な存在に変質してしまった。人はまとまりのある世界を作りあげることなく、人間の行為は推量することを許さない不可解さに満ちている。統一と秩序のある世界のなかで、あらかじめ定められた（予定調和的な）道を歩いていた人間は、今や砂漠にも似た世界の中で、そのときそのときの状況に対しながら、みずから歩むべき道を探し求めなければならない。現代のある思想家は、暗い夜の欠乏の中で失われたものの足跡を探し求める……、といっている。失われたもの、それをどう考えるかは私たち一人一人に委ねられている。しかし、かつて世界に光と統一をあたえ、人と人とを豊かに結びつけていたものを意味すると考えることもできよう。

もしも人間と世界がこのようなものとしてとらえられるのなら、一人の作者が人物を作りだし、あらかじめ作られた意図に従ってそれを自由自在に動かすことによって、人間や世界の根本的問題が明らかにされることはもはや期待しえない。ひとつの信念にもとづいて、統一と調和をもつ人間や世界を描きだすことは、あまりにも現実を、現代の状況を無視するものといわれるだろう。プルーストやジョイスに端を発するといわれる現代の新しい小説などは、ある意味ではこのような反省の結果ではないだろうか。前もって敷かれた軌道にのせて人物を動かすことができないのなら、作家は人物とともに考え行動する以外ない。作者はひとつの世界の創造者でもなく、また世界の中心にもいない。作者は世界の何たるかももはや知らないのであるから、人物といっしょに自分がそこに住むべき世界を探し求めなければなるまい。自分の生を探し求める人物を描きながら、作者自身がみずからを探しつづけなければならないのだ。

作者は人物の行動を、言葉を、あるいは彼の周囲を描写する。しかし作者は、人物自身と同様に、人物のいきつくだろう所を知らない。一定の意図の下に作品を作りあげるのではなく、人物の生を追い、作者みずからを求める動きそのものから作品が生じてくるのではないか。現代の小説についての著書の中で、ピエール・ド・ボアデフル（Pierre de Boisdeffre, 1926-2002）というフランスの批評家は「小説家はもはや既定の意図にしたがって小説を書かない。小説が小説家を導き、彼自身について教え、彼の主題や物語を指示するのだ……」といっているが、映画や演劇についてもあてはめうる言葉である。

ここまで考えてくれば、このような立場で作られた作品が、それ以前の作品のように、首尾一貫し完結した物語をもちえないことは、むしろ当然のことといえるのではあるまいか。たとえていうなら、作品は作者によって創造されたものではなく、作者が人物とともに生きた結果であり、人物の生が描きだす軌跡なのだ。作中人物は作者の分身であるなどという考えは、もはやこれらの作品には通用しない。人物は作者にとって他者でしかない。私たちが他人の心の世界にたち入ることができないように、作者もまた人物の内部の世界に入りこむことはできない。人物の行動を細部にわたってとらえても、その行動の原因を説明することはできない。伝統的な心理描写は、これらの作品からは消え失せることを余儀なくされる。

人物を作り、動かし、説明するのではなく、他者としての人物を外部から克明に眺めつづけ、その行動が意外さに満ち、醜悪な、悲惨な、索漠たるものであろうと、目をそらすことなく眺めつづける――、おそらくこれが現代の、これまでのべてきたような作家たちの根本的な態度なのだ。今まで映画のいろいろな性質について考えてきた私たちには、このような態度と映画との間に、非常に強い親近性があることに気づくのは容易なことだろう。映画が演劇の影響から完全に脱けきり、そして自分自身の古い枠から解放され、みずからの表現を探し求めながら現代の問題に肉薄していった時、現在の新しい小説と非常に共通した性格をもった作品を生みだしたことは、決して偶然ではない。そしてロブ＝グリエ（Alain Robbe-Grillet, 1922-2008）などの新しい作家がシナリオを書き、映画を作る場合に、小説家が自分の小説をシナリオ化し、映画化するという意識をもたず、一人の作家の創作活動が、あるときは小説として、またあるときは映画として結実するという考えをもっていることも、むしろ当然のこととして理解できる。

現在の新しい小説をどう評価するか、それは私たちの問題ではない。しかし、アントニオーニやレネ、そしてベルイマンの映画は、積極的に評価することができる。それらの映画が、新しい人間を新しい仕方で描きだしているからではない。既成の映画や演劇から映画自身を純粋なものとしてとりもどすことによって、映画独自の表現を開拓しているからである。

私たちは映画の物語の性質を考えながら、現在の映画のひとつの問題点にもふれた。しかしこれ以上は「映画史」のなかで論じられるべきことだろう。しかし、第一章で述べたような経過をたどって芸術として成立した映画が、その後どのような動きをしめしたかについて、ごく大ざっぱな展望はできたと思う。グリフィスの後エイゼンシュテインによってさらに可能性を拡大した映画は、彼の大きな影響を受けつつ展開し、その後内的・外的な理由から音を獲得するのであるが、言葉が入ってくると同時に演劇の影響が知らず知らずの間に映画をひとつの枠にはめこんでいく。一九二五年頃から四〇年頃までは、演劇とエイゼンシュテインという目に見えない枠のなかで映画があがきつづけた時代といえる。四五年頃から鮮かな動きを見せたイタリー映画、あるいはブレッソンなどの試みを通して、この枠がうち破られていく。その意味では、映画が真に芸術としての性格を備えるのは一九四五年以降だともいえるのだ。だが、これはまったく別に考えるべき大きな問題である。

音

私たちはこれまで映像の性質、映像の結合の性質、映像の結合から成立する映画作品全体の特色を、ごく大ざっぱに見てきた。それによって映画という芸術の本質は、ともかく幾分でも明らかになった。しかし、まだ充分ではない。現在の映画の大部分は、何らかの形で音をもっているからである。まったく音のない映画、それは多分八ミリ映画によって代表されるホーム・ムーヴィー、あるいはアマチュア映画にかぎられるだろう。いや、八ミリ映画自身、最近では音をもつ傾向にあるのだから、音のない映画は現在ほとんど考えられないといってよいだろう。音を無視して映画を考えることはできない。音は映像とともに、映画を作りあげている最も基本的なものである。

ところで、音は映画のなかでどのような役割や機能を果しているのだろうか。音と映像はどのような関係にあるのだろうか。映像のない映画は考えられないが、音のない映画は実際にあるのだから、音は映画につけ加わったものであり、なくてもすむものなのだろうか。

映画は、誕生してからおよそ三十年の間、音をもっていなかった。いわゆる無声映画の時代である。現在のような形の音をだす映画――トーキー映画が現われたのは、一九二七年のことだといわれている。アメリカのワーナー・ブラザーズ社（Warner Brothers）の『ジャズ・シンガー』（*Jazz Singer*, 1927）が、一般にトーキー第一作として認められている。ところで、どうしてこの時期にトーキーが生まれたのだろう。音のでる映画は、（今日のトーキーとちがった機構ではあるが）すでにそれ以前に何種類も発明されていたし、他方初期のトーキーの音は、非常に貧弱で耳ざわりなものだった。何でもよい、音さえ出れば……というのであったら、映画はかなり前から音をだせたのであり、一方完全な美しい音をだそうとするのだったら、もっと後まで待たなければならなかったのである。にもかかわらず一九二七年という時期にトーキーが生まれるのには、それ相応の理由があったからなのだろう。

第一に考えられるのは（そしてこれは現在一般的に通用している考えかたでもあるのだが……）、経済的ないし企業上の理由である。一九二〇年代の後半から三〇年代の初期にかけて、全世界に不景気の嵐が吹きまくった。いわゆる大恐慌の時代である。映画界も御多分にもれず不景気に襲われた。どんな映画を作ってもお客がこない。倒産寸前の会社が続出した。映画に背を向けた観客をよび戻すために、思いきった手をうたなければならなかった。それはこれまでの映画とまったくちがったものでなければならなかった――。こうして音を出す映画が生まれた。破産寸前でワーナー・ブラザーズ社はたちなおった。全世界の映画は、あっという間にほとんどが音を出すようになった。

トーキーが本当に不景気への対策としてだけ生まれたものであるなら、映画の芸術にとって音は無縁のものであると考えることもできよう。たしかに、トーキーが出現したことによって、映画は非常な混乱をしめした。言葉や音が映画に氾濫し、無声映画時代に営々と開拓してきた映画独特の表現を忘れさり、舞台劇やオペレッタなどの安易な複製がつぎからつぎへ作りだされていった。トーキー初期の映画からは、無声映画末期の洗練された表現はすっかり姿を消してしまった。映画は純粋に視覚の芸術であり、音は映画の純粋さを損いその芸術性を傷つけるものだとして、チャプリン、エイゼンシュテイン、ルネ・クレールなどがトーキー反対を唱え、アルンハイムなど一部の理論家も、トーキーに対する疑念を表明したのだった。

しかし、かりに大恐慌がこの時期に起らなかったとしたら、映画は無声のままでいただろうか。このような仮定がまったく無意味だとしても、短い期間で無声映画が完全にといっていいほど消え失せてしまったことは、どう説明されるのだろうか。もし音が映画の芸術性を傷つけるものでしかないのなら、少くとも芸術的な立場からは、無声映画の製作がつづけられてよいのではないだろうか。企業がそれを許さなかったといっても、独立プロダクションやシネ・クラブ（ciné-club）運動もあったことだし、企業自身、芸術と無関係な製作をつづけることは、映画の先細りを意味するものでしかないことを、百も承知だったにちがいない。

映画史をひもとけば、そして当時の作品を鑑賞すれば、誰でも気がつくことだろうが、映画は無声時代のおわりごろには、高度の完成と洗練をしめす一方、ひとつの行詰りに達していた。あるいはデカダンスに陥っていたといってもよい。グリフィスやエイゼンシュテインらの努力によって、無声映画の表現力は、たしかに非常に大きなものになっていた。作家たちは、映像だけですべてのものを描きうるという自信を抱いていた。エイゼンシュテインにいたっては、『資本論』を映画化することさえできると信じていた。映像は音をも暗示的に描きうると考えられていた。音を表わすために、概念的な内容を描くために、無声映画の作家はいろいろな技巧をこらした。こうした傾向が強まると、作品全体にとってそれほど重要でもない音の表現に大きな（そして多分無駄な）努力がはらわれるようになっていく。そして、たとえば木枯の音ひとつを表わすために、かなりの時間がさかれるのである。こうして、すべてのものを映像のみで表現しようとする努力は、さして必要とも思われない細部の描写に力を注ぐ結果を生み、末梢的な部分にこだわるバランスを失った作品が増えていった。他方では、単純な喜劇やありきたりのメロドラマにあきたらなくなった作家は、複雑で深遠な内容の映画化を試みた。しかし内容が複雑になるにつれて、映像のみによる表現も煩瑣なものになり、作品もいたずらに長大なものになっていった。作家が深遠な内容を目指すにつれ、映像だけではどうしても表現しきれぬものが多くなり、ついに字幕の力を借りてそれを解決するようになる。無声映画の末期には字幕の氾濫する映画が増大し、映画が芸術になるには、字幕以外の部分を捨てるしかないなどという皮肉がいわれるのである。といって、映画はもはや初期の単純・素朴な内容に立ち帰ることもできなかった。映画は、急激な発展の結果、ひとつの袋小路に入ってしまったのである。そこから脱けでるためには、映像以外のもの、音が必要だった。一九二〇年代の後半には、映画はみずから音を欲していた。映画芸術が音を望んでいたのである。

愛着の念も、懐旧の情もなしに、無声映画末期の名作といわれていた作品に接するとき、いくつかの例外を除いて、退屈と苛立たしさを感じる場合が多い。音があったら……、こんな無駄な努力は……、そう感じてしまうのである。無声映画で完全に表現しうる内容は、かなり限られたもののように思う。その限界をはっきり意識し、そのなかで無声映画的な表現を追い求めるとき、『裁かれるジャンヌ』のような傑作が生まれるのだろう。限界を超えた内容に挑んだ作品からは、作家のあがきが、音という禁じられたものを望むうめき声が感じられてならない。

映画ははじめから音を必要としていたのではないだろうか。そして、トーキーが現われるまで、映画には本当に音がなかったのだろうか——。エディスンの研究室で実験的に作られた最初の映画が、声をだす映画であったことはよく知られている。一八八九年のある日、ヨーロッパ旅行から帰って研究所の一室に入ったエディスンは、スクリーンの上に助手のディクスン（William Kenedy Laurie Dickson, 1860-1935）の顔が映写されるのを見、ディクスンの声が「今日は、エディスンさん。お帰りになられて嬉しく思います。キネフォノグラフ（kinephonographe）に御満足頂けるでしょうか」というのを聞いたのであった。エディスンは最初から映画と音を結びつけて考え、オペラや演劇の記録・複製を作るのが映画の役目であると考えていた。しかし、技術的な問題もあり、声は映画からすぐ消えた。映画は沈黙をつづけた……いや、映画史のごく初期の頃から、映画はある音をもっていた。音楽がそれである。いろいろな記録によると、ごく初期のころから、どんな小さな映画館にもピアノやオルガンがおかれ、やや大きな映画館になるとピアノ、ヴァイオリン、チェロなどのトリオが、そしてさらに大きなものになると小オーケストラが専属としてやとわれ、上映する映画に合わせて音楽を鳴らしていたようである。

なぜ音楽が鳴っていたか。第一に考えられるのは、つぎのような理由である。初期のころには、映写機はかなり不完全なもので、映写中に不快な騒音を発し、観客の注意がスクリーンに集中するのを妨げていた。そこで不快な音を消し、スクリーンに注意を集中させるために、スクリーンの近くで音楽を演奏したのである。だから、曲は何でもよかったのだろう。楽音が騒音を圧倒すればよかったのである。これは現在ではやや信じがたいようにも思えるが、事実であるにちがいはない。しかし映写機の改良が進むにつれて騒音は少くなり、さらに映写機は観客席の中央から密閉された映写室のなかに移し入れられ、映写中の騒音は完全に消え失せた。音楽の役割はおわった。しかし、映画館のなかの音楽は依然として鳴りつづけていた。

なぜ音楽が鳴っていたか。私たちはまったく別の理由を見いださなければならない。今までくりかえし考えたように、映像はある対象を忠実に再現するものであった。しかも静止した姿ではなく、動いている対象を再現するものだった。初期の映画には抽象映画などはほとんどなかったのだから、ここでは映像は具体的な外界を再現するといってよいだろう。ところで私たちにとっての外界とは、私たちの感覚によってとらえられた——、体験されたものに他ならない。つまり、それは視覚的、聴覚的、嗅覚的、味覚的、触覚的な要素から成立っていると考えられる。私たちの五つの感覚は、どれといって欠かすことのできない、それぞれに重要なものであるが、外界をとらえるという点では、視覚と聴覚が他の感覚に比べはるかに大きな役割を果しているということができるだろう。この点だけをとらえていうなら、私たちの外界は、見える世界と聞える世界から成立っていると考えられる。

映像は見える世界を、ほぼ完全に再現する。しかし聞える世界は完全に失われる。見える世界の再現が完全であるだけに、私たちは突然音の消えた世界に対しているように感じる。現実の世界では、ものが動けばかならず何らかの音を出し、人が行動すれば言葉が発せられる。映像はものの動き、人の行動を忠実に再現しながら、音も話声も伴なわない。映像はあるひとつの世界を表わすというよりは、音の欠けた世界を表わしているという感じが強い。音のない映像は、観客に何かが欠けているという感じ、欠如感をあたえる。突然音が消えてしまった映画の、あの一種の白々しさ——。

欠如感を、白々しさを消すためにも、映画は音を必要とした。しかし、もの音や人の声を、映像が視覚的世界を再現するように、忠実に再現することは、技術的に不可能なことだった。そこで音楽が欠けた音を補うために用いられたのである。音楽というよりは、ある音をつねに観客の耳にあたえるものとして、ピアノが、小オーケストラが用いられたのである。音楽はここでは、映画に欠けた音を補いその代用をするものであった。だから、どんな種類の音楽でも、とにかく鳴っていればよかったのである。事実映画館で演奏されていた曲はごく限られた、ごく単純なものであったらしい。

映画と音楽の結びつきは、このような理由だけでは、充分に説明することはできないだろう。しかし、それについてはもう少し先で考えることにしよう。ともかく、ごく初期の映画にも音楽がついていたという事実から、映画には音が必要なのだということを、私たちは知ることができる。ひとつのまとまった世界を表わすためには、映画はもの音や話声をもたざるをえない。音楽は、かりに、それらのものの代用をしていたのである。

音が映画にとって、無用なものでも有害なものでもなく、必要なものであることが明らかになった。そして今まで考えてきたことをまとめてみれば、音は映画に現実感をあたえる役目を果すものだといえよう。現実感という言葉は誤解を招くおそれもあるから、何かが欠けた半端な世界を補い、ある完成をそれにあたえる役目を果しているといったほうがよいかもしれない。しかし、これは映画のなかで音が果す最も根本的な役目であって、その他にも音はいろいろな働きをしているのである。つぎには、それについて考えてみよう。ところで、映画のなかの音といっても、そこには、人間の声――言葉、いろいろなもの音、そして音楽という三つのものが含まれていることは、今まで考えたことからも明らかなことなのだから、この三種類の音について、その働き――機能を考えてみよう。

1 言葉

映画に言葉が必要だということは、前に考えたことからも明らかである。映画が描きだす人間は、具体的な肉体をもち具体的に行動する人間である。具体的に行動する場合、私たちは体を活動させると同時に、（ロビンソン・クルーソーのように孤島に独りぼっちで暮す場合はいざ知らず）言葉を発する。言葉を欠いた行動というものは、具体性のない、その意味で抽象的な性格をもつだろう。ところで、言葉をもたず体の活動からだけでできあがっている芸術がある。パントマイムである。無声映画は、だから、パントマイムに似通った性格をもっていると考えることもできるし、実際上でも彼自身すぐれたパントマイム役者であったチャプリンの映画には、パントマイムの色彩が濃くでているといわれている。しかし、パントマイムの場合には、俳優の演技だけでなく、装置や衣裳などもいちじるしく様式化され、言葉を欠いた身体行動のもつ抽象的な性格に全体が適合され、欠如の印象をあたえることはない。もちろん映画でも演技や装置その他を様式化することはできよう。しかし、私たちがこれまで考えてきたことからもうかがえるように、演劇に見られるような様式化は映画では行いにくく、具体的に再現された身体の活動の現実感と、言葉がないことから生まれる非現実感とが、異質のままに共存し、どうしても不安定な印象をあたえがちなのである。人間の具体的な生を描く映画では、特殊な場合を除いて、言葉を欠くことはできないだろう。

もちろん、このように考えるからといって、無声映画のすべてを否定しようというのではない。視覚的映像だけですべてを表現しようという努力は、表現上の新しい発見をつぎつぎに生みだしていったし、無声映画にふさわしい（言葉なしでも充分描ききれるような）内容はどのようなものかということも、しだいに明らかになり、高い完成度をもった作品も生みだされていく。しかしその反面、末梢的な表現を追い求めた結果、映画がひとつの袋小路に入りこんだことは前にも述べたし、無声映画にふさわしい内容の限界がはっきりしてくるとともに、映画は題材の固定化に悩みはじめるのである。ある人びとはその解決を抽象映画やシュールリアリズム映画などのいわゆる前衛映画に求め、他の人びとは言葉に希望を託したのである。

このようなことから、映画の言葉は、人間の行動に具体性や現実感をあたえるといった根本的ではあるが消極的な役割の他に、もっと積極的な働きをもつことが推測できるだろう。ところでこの問題を考える前に、私たちは映画の言葉の性質——とりわけ映像との関係について考えなければなるまい。映画の言葉は、人物によって具体的に話されるという点で、演劇の言葉と同じ性質をもっていると考えられるが、はたしてそうだろうか。舞台の上の人物は、ある戯曲作家によって創造されたものである。そして、戯曲作家は「対話」によってすべてを描かなければならなかった。劇芸術においては、言葉が人物を作りだしている。人間が言葉を発する時には、多かれ少かれ体の動作を伴なうものであり、具体的な場を必要とする。演劇の身振や装置は、戯曲に書かれた言葉を、話す言葉として具体化するためにある。ここでは言葉がすべての決定権をもつ——「はじめに言葉ありき」である。

映画の場合にはどうだろうか。私たちは、前節で、映画は一人の作家が映像を用いて描写するという性質をもつことを知った。映画作家は映像を用いて人物を作りだす。たしかに、演劇と同じように映画の人物も言葉を話す。しかし、映像によって作られた人物が言葉を発するのであり、言葉が人物を作るのではない。映像は言葉によって作られた人物を視覚化するものではない。映像は挿絵ではない。といっても、言葉が人物の表現にまったく無関係だというのではない。映像だけでは表現できないもの（あるいはあまりにも表現の手間がかかりすぎるもの）を言葉によって補い、映像が漠然としか表現しえないものを言葉によって明確化するのである。現在でもなお一部の人びとがいうように、言葉は映画にとって有害無益のものでは決してない。しかし映画の言葉は映像によって決定され、映像のために働く。Ｅ・スリオが、映画の言葉は映像に「雰囲気をあたえる」性質をもつといっているのも、たしかにうなずけることである。

ところで、映画の言葉は少ければ少いほどよいなどということが、よくいわれまた信じられているようである。たしかに、初期のトーキーのように言葉を安易に使い、映像による表現をおこたって言葉の力を借りるのでは、映画が独自性を失うのも当然のことである。しかし、いくら「沈黙は金なり」とはいっても、たとえば日常の生活で、いうべきときに必要な言葉をいわなければ、意志や感情の交流は行いえない。といって、口にするまでもなくわかるような事がらを言葉にしていったり、その場に必要のない言葉を発するなら、くどい厭味な印象をあたえたり、おしゃべりで軽薄だという感じをあたえるにちがいない。映画の場合でも、これとまったく同様である。大量の言葉を必要とする内容もあるだろうし、ほとんど言葉を必要としない内容もあるだろう。

このような問題を考える場合、チャプリンの映画は非常に豊富な示唆をあたえてくれる。チャプリンは、トーキー時代になっても頑強に言葉をこばみつづけていた。理由は何だったろうか。彼が初期のころからずっと描きつづけてきたもの、それは生きることに執着し、喜びを感じ、望みのすべてを託している庶民の姿ではなかったろうか。どのような逆境にあっても、生きることへの信頼と愛とを保ちつづけ、生きるための努力をつづけることによって人間としての誇りを失わず、同じように生きようとしている人びととつねに結ばれていると感ずる男——、それが古ぼけた山高帽と破れ靴とステッキをもったチャプリンではないだろうか。彼の描く生は、高尚なものでも深遠なものでもない。私たちの誰でもがやっているような、働き、喰べ、愛し……そんなものである。主人公を苦しめるのは失業、餓え、横どりされた恋であり、彼の仲間は浮浪者であり、捨子であり、盲目の花売娘であり、野良犬である。

このような人間たち、このような生は、人間であるかぎり何の説明もなしに理解でき、また共感できるものではないだろうか。そして、チャプリン自身の言葉からもうかがえるように、彼の映画は、映画のなかの人物たちと同じような人びとのために作られているのである。私たち自身の姿がそこにあり、私たちの生活がそこにくりひろげられているのだから、言葉を使って補い説明する必要はもはやない。チャプリンは言葉を拒否したのではない、必要としなかったのである。

ところが一九四〇年に作られた『独裁者』にいたって、チャプリンは突然言葉を発した。この映画には言葉が満ちているといったほうがよいかもしれない。何故か。生きることに対する人びとの善意に満ちた努力だけでは、もはや望ましい結果はえられない。個人の努力は、つねにひとつの壁につきあたり、うちくだかれる。生きることへの希望を描いたチャプリンは、その希望を挫折させるものの正体をあばこうとした。それは、個人を超えでた政治であり、経済であり、社会である。人間の集団は、ふとしたきっかけで、常人には想像もできない怪物を作りあげる。人間でありながら人間を亡すことに喜びを感ずる男を……。生きることをなしとげるためには、人びとは人間の生みだしたこの怪物に立向かわなければならない。私たちの常識を超えでた、個人的なものではもはや理解しえない制度の秘密をあばくのに、直接の諒解の上にのみ成立するパントマイムは無力でしかない。ヒトラーを思わせる独裁者を主人公にしたチャプリンは、溢れるばかりの言葉を用いたのである。

　日常の生活では、言葉は話される場によって支えられ、決定される。演劇では言葉が場を決定する。映画にあっては、言葉は場によって決定される——この点で、映画の言葉は日常生活の言葉に近いと考えることもできる。ところで、映画における場とは、何であるか。それは映像であり、映像の結合によって作られる世界である。生活の場によって支えられているのが日常の言葉であり、映像の場によって支えられているのが映画の言葉なのである。したがって、映画の言葉は日常的な言葉そのままのものではなく、映像の形成とともに作りあげられる言葉である。

　映像によって表現された人物が話す言葉であるという点で、そして映像によって作られる場に支えられた言葉であるという点で、映画のなかの言葉は、小説のなかの言葉に似た性質をもっていると考えることもできる。小説では、いわゆる地《ぢ》の文章によって人物の性格や行動、あるいは周囲のありさまが描写され、人物の言葉は括弧のなかに入れられ、いわば引用されたという形をとっている。作家が人物について観察した結果が地の文章でのべられ、作家が聞きとった人物の言葉が括弧のなかに引用されているのだろう。映画の場合、作家はカメラを通して人物を観察し、映像でそれをのべ、マイクロフォンを通して人物の言葉をとらえ、スピーカーを通してそれを再現する。私たちがスクリーンの上に見ているものが、じつは作者によってすでに見られてしまったものであることは、前の節で明らかになったが、私たちが映画で聞く言葉も、直接に聞きとられた人物の言葉はなく、作者によってすでに聞かれてしまったものがつたえられているに他ならないのである。マイクロフォンやスピーカーのもつ機械的な再現という性格のために、あたかも直接聞いているかのような印象をもつにすぎない。

あるひとつの対象をとらえるカメラの位置が無数にあるように、ある言葉をとらえるマイクロフォンの位置も無数にある。作家が表現の視点を決定することによってカメラの位置がきまると同じように、マイクロフォンの位置も結局は作者の表現の視点によって決定される。したがって、カメラの場合と同様に、マイクロフォンにもクローズ・アップ、移動その他の技法が考えられるのであり、さらにはテープ操作その他による特殊な表現が可能となる。

映画作家は、カメラとマイクロフォンを用いて表現する、そういいなおさなければならない。ところで、カメラとマイクロフォンの関係から、二種類の表現が生まれる。カメラとマイクロフォンが同じ対象に向けられる場合。たとえば人物の顔が見え、彼の言葉が聞える——いわゆる「同時的表現」である。この場合には、同じ対象が二つのものを通して同時に表現されるのだから、表現は集中化すると考えられるが、一方では重複化する危険をも含んでいる。カメラとマイクロフォンが、それぞれちがった対象に向けられる場合も考えられる。たとえば、マイクロフォンは話をする人物に、カメラは聞き手に向けられるような場合である。一人の人物の言葉が聞え、それを聞く人物の表情が見えるのであるから、この場合の表現は関係的になるということができよう——いわゆる「非同時的表現」である。なおこの「非同時的表現」は、エイゼンシュテインやプドフキンらが、トーキー初期の混乱のなかで発表した論文において、音と映像のモンタージュとして論じており、またそれによって一般に知られている。

今までは映画の言葉の性質について、ごく大ざっぱに考えてきたのだが、つぎには言葉の働き——機能について考えなければならない。映画のなかの言葉もやはり言葉の一種であることにかわりないのだから、言葉一般について考えられる働きが、映画のなかでどのような特殊な性格をもつかが問題となる。言葉はまず何かについて語る——表現する。いわゆる「表現の機能」である。私たちは映画が映像による表現を主体にすることを知っているのだから、言葉の表現機能が映画のなかで主要な役割を果すものでないことは、容易に理解することができる。演劇の場合には、言葉による表現は、映画よりももっと重要なものとなる。このことは前にのべた演劇の空間・時間の性質にもとづくものと思われる。舞台上の空間とそれ以外の空間は完全に異質なものだったから、今舞台の上にない対象（人物）を急に舞台の上に現わすことはできない。そして演劇の時間は逆行も飛躍も行わないものだったから、過去や未来の事件を急に舞台の上に現わすことも不可能である。つまり演劇では、今舞台上にない（時間的にも空間的にも）対象を、俳優や装置を用いて表現することはできない——それは言葉によって表現される以外ない。人間は誰でも過去をもち、広い社会のなかで複雑な人間関係を結びながら生きているのだから、演劇によって人間の生を具体的かつ豊かに描きだすためには、表現を舞台上の空間と時間に限定することはできない。舞台上にないものを言葉によって表現することは、演劇にとっては欠かすことのできないものなのである。

映画の場合については、もう説明を要しないかもしれない。空間・時間の同質性から、今スクリーン上にない対象でも、自由自在に映像によって表現しうる。画面は急激に他の場所に変り、過去に遡る。言葉の表現を借りる必要はほとんどない。いや、ほとんどないというのはいいすぎである。映画の内容にもよるだろうが、たとえば現代の人間のように、複雑かつ広範囲にわたる関係のなかで生きている人間を描く場合などには、言葉による表現によって補われる必要があるのではないだろうか。現代の人間は、かつてのように直接的な関係（たとえば家族、部族、主従関係、あるいは閉鎖的な小社会……）のなかだけに生きているのではなく、より大きな国家とか、政治・社会機構などと間接的な（しかし非常に強い）関係を結んで生きている。私たちの生活は、世界の政治的・経済的な動きに簡単に左右されるのであるが、それらとの関係を直接感じることはほとんどない。それはまことに奇妙な、一種の抽象的な関係である。よい例が戦争である。かつて人はある個人の刀や槍で殺された。誰が自分を、何故殺すか、人びとはそれを直接知って死んだ。現在では、多分、誰が、何故、何を使って殺すのかも知らず死ぬだろう。死ぬことさえ知らずに死ぬのかもしれない。完全に抽象化されてしまった死だといってよい。このような抽象的な関係は、具体的な性格をもつ映像によっては、簡単に表現されえないにちがいない。このように極端なものではなくても、ある複雑な人間関係を映像だけで表現するには、多くの努力と複雑な手続を必要とするだろう。このことは、無声映画末期の作品によって実証しうる。現在映画に描かれるような内容は、多かれ少かれ言葉による表現の助けを必要とするといっても、たいしていいすぎになるまい。新藤兼人*（一九一二―二〇一二）の『裸の島』（一九六二）などは、むしろ例外的なものといえる。瀬戸内海の小島に住む一家族の生活（住民は彼ら以外いない）、しかもその生活の大部分は自然との戦に費されるのである。こうした閉された、密接な関係のなかにのみ生きる人間を描くのに、言葉はほとんど必要あるまい……。

この問題と関連して、言葉による人物の心理の表現――心理描写について考えてみよう。映像によっては心理描写が充分行いえないと考える場合には、言葉の働きを重要視することは当然である。しかし、私たちはすでに言葉によるとはまったくちがった仕方で、映像による心理描写が可能なことを知っているのだから、この面での言葉の働きを過大視することはできない。人間の体の活動（表情なども含めて）は、何らかの意味で心の状態を反映しているのだから、体の活動を外からとらえることによって心理描写を行うことは充分可能である。とはいっても、心の状態と表情その他との関係は、かならずしも直接的なものではなく、あるときには心の状態と反対の表情をすることも考えられるのだから、言葉による表現の助けを求めることは考えられることである。

演劇でも人物の心理は、身振や表情と言葉によって表現される。しかし、この場合、人物と観客の間にはある一定の距離が存在し、細かな表情などを充分に見てとることはかなりむずかしくなる。観客の全部に表情の動きを見せようと思えば、表情を誇張する必要があるだろうし、そうされることによって微妙なニュアンスは消えうせてしまうだろう。もちろん歌舞伎その他のように、表情や身振を誇張し様式化することによって、特殊な効果をあげるものもあるが、それは別に考えるべき問題である。演劇では言葉による心理描写の必要の度合は、かなり大きなものとなる。

映画では、人物の表情はカメラによってクローズ・アップされ、日常気づかないような細かな動きまでがつたえられる。そのうえ、カメラはそのときの人物の心の動きが最もよく反映しているような部分を選びだし、観客の注意をそこに集中させる。つまり、映画のなかの表情や身振は、演劇や日常生活のそれよりも、はるかに多く、詳細に人物の心理について語りかけるのである。言葉による心理描写は、映画の場合、やはり映像による表現を補い、明確化するにとどまる。

ところで、言葉は（その意味を通して）人間の心理について語るとともに、言葉自身が直接に心の動きを反映することができる。いわゆる「表出の機能」である。この場合には言葉の意味よりも、むしろ音が問題となる。言葉の意味は、一般的で普遍的な性格をもっていると考えられるが、言葉の音、つまり語音は話す個人によって作りだされるのだから——言葉の話された音もある意味では体の活動の結果であるのだから、それが話す人の心理状態を反映するのは当然のことといえよう。同じ言葉であっても、話す人の声の調子によってまったくちがった印象をあたえることは、日常の生活でもよく経験することである。ある場合には、声の調子から言葉の表わす内容と反対の印象をうけることさえある。おせじやへつらいの言葉などがそれである。大きな悲しみにおそわれたときなど、悲しみをおさえていう言葉は、その陽気な内容にもかかわらず、重く沈んだ調子によってかえって悲しみの心を表わすのだろう。心の状態と語音の調子の結びつきが直接的であるだけに、言葉の意味によっては明らかにされないかくされた心の動きが、言葉の調子によってあらわになるといえる。

演劇の場合、人物の言葉は、文字に移しかえられるのではなく、直接話されるのであるから、言葉によって心理を描写するとともに、語音によって直接心の動きを明らかにすることが重要なものとなろう。いわゆる「せりふまわし」が重要視されるのも、このようなことにもとづいていると思われる。映画の場合、人物の言葉は直接にではなく、作者によって引用されるという性質をもっていたが、その場合にも人物の話した言葉そのものとして引用されているわけだから、語音のもつ役割もやはり演劇と同じように大きなものだといえる。

むしろ、語音の重要度は演劇の場合よりも大きなものになるといえるのではあるまいか。演劇では、前にも考えたように、人物と観客の間には一定の距離が存在しているのだから、人物の言葉が観客全部にはっきりと聞きとられるためには、ある一定以上の強さをもっていわれなければならないだろう。そのために声のだしかたには、ある制限が課せられることになる。つぶやき・ささやきなどのような話しかたは不可能になるともいえるし、それでなくても、言葉の調子の微妙なニュアンスは消えうせてしまうだろう。もちろん、表情や身振の場合と同様に、はっきりした意図のもとに、誇張され、様式化されたせりふまわしを用いる歌舞伎や能などについては、別に考えるべきことはいうまでもない。映画では、言葉はすべてマイクロフォンによってとらえられる。どのように小さな声でも、どのように微妙な声の変化でもマイクロフォンはあますことなくとらえ、アンプリファイアーはそれを拡大して観客につたえてくれる。あるつぶやきを観客全体が聞きとりえたにしても、それは大きな声でいわれたつぶやきなどという性質をもつのではない。私たちは、先に、作家はカメラとともにマイクロフォンを用いて表現を行うということを知った。カメラが人物の顔に近づいて表情の細かな動きをとらえるように（顔のクローズ・アップは表情の描写であり、大きくなった顔を意味するものではない）、マイクロフォンは言葉の微妙な調子をクローズ・アップする。つぶやきがつぶやきのままマイクロフォンによってとらえられ、観客につたえられたのである。「彼女は小さく口を動かした……《さようなら》誰もその言葉を聞きとることはできなかった。」小説家はこんなふうに誰にも聞えない声を描きだすだろう。映画の作家もまた、マイクロフォンによって、聞きとれないような言葉の調子を描写するのである。

言葉の「表出の機能」は、演劇の場合よりもむしろ映画において大きな働きをみせるといえる。言葉の意味を通しての心理描写は、映画では中心的なものとなりえなかったのであるが、マイクロフォンを通しての語音による心理表現は、演劇その他にはみられないものであり、むしろ映画独自のものだといえよう（放送のドラマとは共通のものだろうが——）。

言葉というものは、多くの場合、ある相手にむけて話される。自分の感じや考えを、相手につたえるという働きを言葉はもっている。「コミュニケーションの機能」である。日常の生活では、相手につたえる内容はごく軽い、それほどの意味をもたないものも多く含まれていよう。日常会話の大部分は、そのような内容から成立っているとさえ考えられる。しかしその場合であっても、話し手は相手にあることをつたえることによって、相手に何らかの反応をひきおこそうとしているのだろう。劇や小説、あるいは映画は、かぎられた時間やページ数のなかで、人間にとって重要な意味ある問題を描きだそうとするのだから、つたえられる話の内容もより重要な、相手やあるいは人間全体にとって意義のあるものとならなければならない。したがって相手におよぼす影響もより強く大きいものとなり、相手の反応もよりはっきりした形で現われるにちがいない。言葉のもつ「影響の機能」である。とくに演劇の場合には、ある人物が他の人物に向ける言葉は、その人物に対する自分自身の評価・判断あるいは決意を含んでおり、それに応ずる他の人物の決意をうながすものだといえる。ある人物と人物の決意のぶつかり合いは、人物同志の激しい対立をひきおこすにちがいない。そして激化した対立はかならずやある事件を発生させ、それを展開させていくだろう。このように、いわゆる劇的葛藤をひきおこし、事件を展開させていく言葉こそ、まさに劇的言葉だといえる。演劇においては、すべては言葉によって生じ、言葉によって発展・展開する。

映画では事情はかなりちがったものとなる。第一に映画の物語は演劇のようにはっきりした事件展開という形をとる必要がないからであり、第二に映画の主要な表現は言葉によってではなく、映像によって行われるからである。このことについては、あらためて説明する必要はないだろう。「影響の機能」は、演劇のなかでこそその真価を発揮する。

ところで、言葉によって相手に何かをつたえ、それに応じた反応をひきおこす、それは具体的には対話という形をとる。先のことから考えれば、対話は映画のなかであまり意味をもたないというべきだろうか。もちろんそうではない。私たちが前にみた言葉による表現、語音による心理表現などは、具体的にはある場（映像によって作りだされる場）におかれた人物たちの行う対話の言葉を通して行われるからである。ただ、演劇のように対話がすべてを決定し、表現するのではないと考えているにすぎない。

　対話そのものは、映画のなかでもっとちがった役割を果す。それは人物間の関係の表現である。人物関係の表現は、無声映画が最も苦手としたもののひとつである。恋人同志とか親子とかいうごく密接ではっきりした関係ならいざしらず、人間関係を外見だけで判断することは、きわめてむずかしいことだろう。一組の男女を見ただけで、学校の友人か、職場の同僚か、近所の知りあいか、偶然いっしょになったのか……を判断することはほとんど不可能だろう。しかしもし二人の間に交される対話を聞いたとしたら、その関係はおそらくたちどころに理解されるにちがいない。その場合、言葉によって直接に関係をいい現わすよりも、むしろ話題や言葉づかいその他を通して間接的に関係が明らかにされるほうが効果的だといえる。そしてたとえば恋人同志の場合でも、その対話を聞くことによって、二人の愛の発展段階や状況について知ることができるだろう。対話はある関係にある人間同志が、あるときある場所で、ある事件のある発展過程で交すものなのだから、対話をたくみに用いることによって人物の関係、時と場所、そして事件の発展過程を具体的に、その上簡潔に表現することが可能となる。関係が複雑に、そして一般的になるほど、対話なしにそれを表現することはむずかしくなる。対話を用いることによって、映画は人物関係の描写に必要以上の努力をはらうことから解放され、その内容は飛躍的に複雑さと深さを加えたということができる。

映画の言葉は、それがどのような働きをしめす場合であれ、ほとんどの場合対話という形をとるのであるが、他のだれにも向けられない言葉ももちろん考えることができる。いわゆる独白（モノローグ）である。もっとも同じ独白といっても、演劇と映画ではかなり性質がちがってくる。演劇の独白は、ある人物が自分の感情や思想などを具体的な言葉として外にだすという性格をもつ。独白の性質や機能について詳しく考えることはここではできないが、いずれにしてもそれは人物が具体的に話した言葉という形をとらざるをえない。映画で演劇に似た独白が用いられることも当然あるが、多くの場合には、人物の姿がしめされ、唇は閉じられたまま、人物の言葉が聞えてくるという形をとっている。その場合、独白はその時人物の話した言葉という形をとらない。ローレンス・オリヴィエ*（Laurence Olivier, 1907-1989）は、ハムレットの有名な《To be, or not to be, that is the question》の独白を映画化したさい、このような表現を行っていた（*Hamlet*, 1948）。私たちは、カメラやマイクロフォンの働きは、結局は作者の表現の視点によって決定されることを知っているが、この場合には表現の視点は人物の心の内部におかれ、人物の心のなかの言葉——内的言葉あるいは意識の声などといわれる——を聞きとり、描写していると考えることができるのではないだろうか。カメラは人物を外からとらえ、マイクロフォンは人物の内部に入りこんで意識の声を聞きとる。そのような性質を考えれば、映画の独白は前に考えた非同時的表現のごく特殊な形だと考えることもでき、またそれは近代の小説に多く見いだされる内的独白と共通した性質をもつとも考えられる。しかしこうした表現は、人物の心理を言葉によって説明するという安易さにおちいりやすいし、これまで考えてきたような映画の性質にかならずしもふさわしいものではないので、みだりに行うことはさけるべきである。

ところで、このような内的独白が拡大されて、作品全体にわたって使用される特殊な場合も考えられる。ある人物の行動が描写されながら、人物の声が同時に彼の心の動きを語っていく。このような作品は、作者が第三者として人物や事件を描写するという性格よりも、ある人物が自分自身の体験について語るという性格——つまり一人称形式をとったものと考えることができる。しかし人物の行動や対話などは客観的に——三人称形式で描かれ、それに一人称形式で語る人物の言葉がかみ合わされるのだから、作者の表現の視点の変化は非常に複雑なものとなり、まとまりのある作品を作りあげることは、かなりむずかしいものとなる。ロベール・ブレッソンの『田舎司祭の日記』（*Le Journal d'un Curé de Campagne*, 1950）などは、このような手法を用いて成功したごくまれな例である。

これまで考えてきたものは、映画の世界のなかで人物によって話される言葉であったが、映画の世界の外へ向かって（つまり観客に対して直接に）語りかける、人物のものではない言葉がある。それはニュース映画やドキュメンタリー映画で用いられる解説の言葉——コメントあるいはナレーションといわれているものである。ドキュメンタリー映画については、第四章で考えようと思うので、ここではごく簡単にふれるにとどめるが、ドキュメンタリー映画の中心点は、作者が現実におきた出来事をどのようなものとしてとらえ、その出来事を通して何を訴えるかにあると思われる。したがって作者自身が、独自の態度にもとづいて、一定の視点からとらえた出来事を再現しながら、その出来事に対する作者自身の解説や判断をのべるのは、ごく当然のことといわなければならない。ドキュメンタリー映画のコメントは、あくまでも一定の立場に立つ作者自身の言葉でなければならない（具体的にはアナウンサーを使って語らせるにしても——）。

今まで主として考えてきたような、いわゆる劇映画では、コメントはほとんど使用しえないと思われる。作者は映像と音を用いてひとつの世界を完成するのであり、みずから作りあげた作品を解説する必要はないからである。コメントによって作者が解説しなければならないような映画は、作品として不完全なものだと考えるべきだろう。もっとも、ジャン・コクトーの原作を映画化した、ジャン＝ピエール・メルヴィル*（Jean-Pierre Melville, 1917-1973）の『恐るべき子供たち』（*Les Enfants Terribles*, 1950）では、コクトー自身の語る言葉が、作品のいたるところに現われ、ひとつのコメントのような役割を果していた。このような手法は、おそらく、ヌーヴェル・ヴァーグの父と呼ばれるメルヴィルの、原作の映画化ということに対する考えかたから分析すべきものであろう。『海の沈黙』（*Le Silence de la Mer*, 1947）などの彼の映画を見ることができない以上、このような分析はできないのであるが、『恐るべき子供たち』にかぎっていえば、ある作りあげられた物語に解説を加えることにより、作品全体にひとつの批評ないしエッセイといった特殊な性格があたえられていた。一般の劇映画には、やはりコメントはふさわしくないと考えるべきである。

これまで映画の言葉の性質、機能について、ごく一般的に考えてきた。もっと詳しく考えるためには、映画の種類、内容その他のことを考えるあわせながら、具体的な作品を分析していかなければなるまい。しかし、言葉は映画にとって必要なものであること、言葉は映像による表現を補い、明確なものにするものであるという基本的な性格ははっきりしたと思う。

2　もの音

人間の声と、いわゆる楽音をのぞいたもの、それをもの音という言葉でまとめて考えることにしよう。映画のなかでもの音がどんな役割を演じ、どんな働きをするかは、この節でこれまで考えてきたことから、かなりはっきりしているのではないだろうか。

もの音は、外界における生物やものの運動に伴なって発生するものだろうから、外界の事物の運動を忠実に再現する映画が、いわゆる欠如の印象をあたえないようにするためには、もの音が不可欠だと考えられる。言葉は人間の行動する場によって規定されるものだったから、言葉を必要としないような場、言葉が禁じられているような場があることはたしかである。さらにまた、言葉は人間の意志にもとづいて話されるものだから、ある決意をもった人間は、言葉をださずにいるかもしれない。しかしもの音は、場の性質や人間の意志に関係なく、生物やものがある運動をすればかならず出るものなのだから、映画は内容その他から言葉なしですますことはできても、もの音を完全に欠くということはありえないのではないか（もちろん特殊な場合は考えに入れない）。言葉よりももの音のほうが、映画と密接な関係をもっていると考えることもできる。

もっとも、もしもの音が単に欠如感を消しさるためにだけ働くものならば、それは映画にとって積極的意義はもちえないだろう。もちろん、無声映画の作家が、音を表現するためにはらったほとんど空しい努力が解消され、重要なものの表現に力を集中することが可能になったことは、もの音の大きな功績と考えることもできる。しかし、それでももの音が積極的な役割を映画で果すことにはならないだろう。映像や言葉では不可能な、あるいは充分に行いえないような表現を行うとき、もの音は積極的な意義をもつものとなるだろう。

映画以外の芸術でもの音がある役割を果しているもの、それは演劇である。演劇が具体的な人間の行動を描いている以上、言葉とともにもの音が聞えてくるのは、当然のことともいえる。ところで、ひとつの例として、チェーホフ（A. Чехов, 1860-1904）の『桜の園』（*Вишнёвый сад*, 1903）の最終場面を考えてみよう。閉ざされてうす暗くなった部屋で、病気の従僕の独白が聞える――その間、桜の木を斧で切りたおす音が聞え――独白がおわり、斧の音だけが聞え……、幕がおりる。舞台上にはひとつの部屋がある。もちろん、部屋のなかで木を切っているのではない。部屋の外、建物の外にひろがっている庭で木を切っているのだろう。観客は庭を、木を切っているところを見ることができない（想い描くことはできるが……）、しかし斧の音は実際に聞えてくる。

見る場合には、視野（視界）というものがある。私たちは、周囲から目に入った部分だけを見ている。音は私たちの周囲全体から聞えてくる。前からも、後からも……。見える距離、聞える距離というものを考えに入れなければ、聴覚的空間の範囲は、視覚的空間の範囲よりはるかに広い。見ることのできない空間を、私たちは聞くことができる。ということは、音を効果的に用いることによって、視覚的には表現できない空間の表現が可能となることを意味する。それまで想像するだけだった桜の園が、斧の音によってある具体性をあたえられる。前にのべた演劇の空間の異質性は、音によって幾分やわらげられるといってよいのかもしれない。別のいいかたをすれば、音は演劇の空間にある程度連続する性格をあたえるのである。

映画の場合、空間はもともと連続的な性格をもつものだったが、音はさらにそれを強めるものといえよう。しかし、逆に考えれば、映画では今スクリーン上にない空間でも、まったく自由に、そして急速にスクリーン上にもたらすことができるのだから、もの音によってそれを表わす必要はないともいえる。映画では木を切る斧の音だけではなく、斧を入れられて痛々しく震える木を描きだすことができるのである。もし、もの音が単にある空間を表現する働きだけをもつものであれば、映画ではさして重要な表現上の役割をもちえないことになるだろう。

『桜の園』について、もう一度考えてみよう。この劇が進む間、観客は人物の言葉を通して美しい桜の園について知らされる。桜の園は、かなりはっきりしたイメージとなって、観客の心のなかにある位置を占めていくだろう。しかし、それはあくまでも想像上のものでしかない。劇の終末になり、桜の園は斧の音によって突然具体的なものとなる。しかしそれは、もはや美しい園としてではなく、美しさを破壊されている園として具体化されるのである。斧の音は、見ることのできない桜の園を、聴覚的に具体化するだけのものではない。イメージとしてあった美しい園、突然具体化された破壊されゆく園、この二つの飛躍的な関係は、ある寓意的な（あるいは象徴的な）効果をあげていると思われる。現実から生命を吸いとることのできない古きものの崩壊が意味されている——そう解釈することもできるだろう。もの音は、演劇である積極的な役割を演ずることができる。

映画では、もの音が『桜の園』の場合のような表現効果をあげるのは、かえってむずかしいかもしれない。というのは、『桜の園』の場合は、舞台以外の空間は言葉によって間接的にしか描くことができないという、演劇空間の性質を巧みに生かすことによって生まれた効果だからである。映画のもの音は、いったいどんな性質と役割をもっているのだろうか。少し見方を変えて考えてみよう。開放的な空間のなかにいる場合には、音はあらゆる方向から聞えてくる。そして、空間が開けていればいるほど、聞えてくる音も多種多様のものになる。それに対して、密閉された空間にいる場合、聞えてくる音の量は、当然はるかに少くなる。密閉された空間は、ある意味では性格をはっきりと規定された空間なのだから、聞えてくる音の種類もかなり限定されるにちがいない。演劇空間は閉ざされた、性格のはっきりした空間である。そこに入りこんでくる音は、質、量ともかなり制限されたものにならざるをえない。それに対して、映画空間は、無限定の開かれた空間であったから、入りこむ音はほとんど無制限だということもできる。スクリーン上の映像に対して、どのようなもの音でもつけ加えることができるのである。

どのようなもの音でもつけ加えられるということは、実際的な関連を無視して、自由に音がつけられることを意味する。画面のなかの何かが動いたから、そして画面外の空間で当然何かが動いているはずだから、もの音が生ずるのではなく、ある表現上の効果を得るためにもの音がつけ加えられるのである。それはいわば作られたもの音という性質をもつ。映画のなかで、もの音はたしかに欠如感をなくすために必要なものである——それはいってみれば現実的なもの音である。しかしそれだけではなく、もの音はある表現上の効果を得るために、自由に作りだされることもできる——その意味では美的（芸術的）なもの音である。もの音は、人間以外のもの、あるいは生物の作りだす音である。映画の世界のなかでいえば、人物以外の大道具、小道具……などの発する音である。ところで、私たちは映画では大道具や小道具……などが、俳優のように生命をもち、演技することを知っている。とすれば、もの音もまた、人物の発する言葉と同様に、種々の表現上の機能を果しうると考えることはできないだろうか。もの音とは、ものの声であり言葉だとも考えられるのだから……。

映画の言葉がそうであったように、もの音も、観客によって直接聞きとられるものではなく、作者によって聞きとられ、つたえられるという性質をもっている。作家の表現の視点に従いながら、マイクロフォンはどのようなもの音でもとらえ、そしてテープ操作その他によって自由に変形する。映画では、もの音はある表現上の目的に従って自由に形成される——映画はもの音に芸術的な可能性を発見したのである。

映画のもの音は、音自身としてではなく、映像と結びつけられることによって、はじめてある意味をもつ——、このことはあらためていうまでもあるまい。そして、もの音と映像の関係から、言葉の場合と同様に、同時的表現と非同時的表現の区別が生まれる。映像が視覚的に表わすものが発する音、それは映像の意味を強め集中化させる。映像によって視覚的にしめされていないものの音、それは映像の意味を豊かにし、きわ立たせ、映像にあるふくみをあたえる。

非同時的表現にも、二つの場合が考えられる。ひとつは映像ともの音の間に、ある空間的な関係がある場合であり、他はそうした関係がない場合である。前の場合、もの音は単に映像外の空間を表わすだけでなく、映像空間ともの音による空間とが、ある独特の関係におかれ、この二つのものの関連から、何らかの意味が表現される——エイゼンシュテインのいう音の対位法的用法である。オータン＝ララの『肉体の悪魔』に例をとろう。今は亡き恋人とかつて過した部屋。戦勝をつげる鐘の音と群衆のどよめき。戦争が二人を結びつけ、戦争が日常的でない二人の愛を支えていたのだった。この場面の戦勝をつげるもの音は、青年の悲しみを強調しているだけではないだろう。もっと深いあるものを、鋭くえぐりだしているように思われるのだが……。この例の場合、部屋と部屋の外の街という空間的な関係が映像と音の間にはあった。ところが、非同時的表現のもうひとつの場合、そのような関係はほとんど認められない。マルセル・マルタンもあげている例であるが、ルーキエの『ファルビク』では、年老いた農夫の臨終の場面に、大木の切り倒される音が聞えていた。別段室外で木を切っているのではない、一家の中心であった老人の死を、大木の倒れる音で暗示しているのである。また、イヴ・シァンピ*（Yves Ciampi, 1921-1982）の『悪の決算』（*Les Héros sont fatigués*, 1955）の酒場のシーンでは、扇風機のクローズ・アップとともに、突然飛行機の爆音と銃声が聞えてきた。戦争によって神経を傷つけられた操縦士の心理状態が、一種の強迫観念にとらえられている心が表現されていたといえる。

もの音は言葉のような固有の意味をもっていないのだから、映像との結びつきを無視しては、その表現上の機能を考えることはできない。同じ軍隊の行進する音にしても、風にひるがえる軍旗と結ばれたときと、戦火に荒れはてた市街と結ばれたときとでは、まったくちがった意味を帯びてくるにちがいない。したがって、もの音の機能を分類したりすることは、さして意義のあることではあるまい。ただ、もの音は、何といってもある具体的なものから生じるのだから（具体的なものと密接に結ばれているのだから）、映像と直接・間接の関係をもたない音を濫用することは、まとまりを失わせ作者の独りよがりにおわる危険を含んでおり、さけるべきだといえる。

もの音は、具体的なものと結ばれているとともに、やはりひとつの音なのだから、言葉の意味による表現とは別に語音による表現が考えられるように、音自身の性質にもとづいた表現も考えられよう。鋭い音、鈍い音、苛立たしい音……。いろいろな種類の音によって、人物の心理を表現することは、充分可能であると考えられる。さらにはもの音を純粋な音としてとらえ、音の効果をねらって構成を行う場合も考えられるが、それはもの音というよりは、もの音による音楽――いわゆるミュジーク・コンクレート（具体音楽）の性質を帯びてくるだろう。

言葉やもの音が映画につけ加わる以前に、映画館のなかで音楽が演奏されていたことは前に述べた。そして、映写機の雑音を消すために、あるいは欠けている音の世界を補うために、音楽が必要だったと考えた。とすれば、映写機の雑音が消え、言葉やもの音がつけ加えられれば、映画と音楽の結びつきは当然消え失せなければなるまい。しかし、トーキーの時代になっても、音楽は映画のなかで重要な役割を演じている。むしろトーキーになってから、音楽の重要性は大きくなったというべきだろう。音楽は、先に考えたような理由だけで映画と結びついていたのではない。

すでに一九〇八年、「フィルム・ダール」社の第一回作品『ギーズ公の暗殺』(*L'Assasinat du Duc de Guise*, 1908)には、サン・サーンス(Camille Saint-Saëns, 1835-1921)が特に作曲した音楽がつけられていたといわれている。この事実は、すでにかなり以前から、音楽が単なる雑音防止や聴覚刺戟のために用いられるのではなく、ある一定の表現効果をあげるために用いられていたことをしめすものだろう。

ところで、音楽の問題を考えるときに、注意しなければならないことがある。それは、同じ音とはいっても、音楽は言葉やもの音と非常にちがった性質をもっているということである。言葉やもの音は、人間の行動やものの運動に伴なって生ずる。映画が行動や運動を視覚的に非常に具体的に再現するから、言葉やもの音が必要とされたのだった。映像によって描きだされた人間やものが、言葉を、音をだすのである。そのような言葉や音が、ただそれだけではなくて、もっと積極的な役割を果しうるのではないか、そう考えられたときはじめてある表現上の役割を演じるようになったのである。音楽はそれとまったくちがう。映像によって描きだされたものから、音楽は直接生ずるものではない（音楽会や音楽家を描いたような映像はのぞいて――）。映像と音楽は、直接的な関係をもっていない。言葉やもの音は、映像の形成に従って必然的に作りだされると考えられるが、音楽は映像の形成だけからは生じてこないのである。にもかかわらず音楽が映画につけ加えられるのには、それ相応の理由がなければなるまい。

私たちは前の節で、絶対映画や抽象映画と呼ばれているものが、かならずといってよいほど音楽を伴なっていることを知った。それは、形式的なまとまりの弱さを、音楽によって補うためだろうと考えたのだった。そのとき、私たちは、音楽にも映画にも、ある単位から大きなまとまりがしだいに発展しながら形作られていく性質があることをも知った。つまり、映画と音楽の間には、ある形式上の共通な性格がある。音楽が、言葉やもの音とちがって、それ自身独立した芸術でありながら、映画という別の芸術と結びつきうるのは、このような共通の性格にもとづくものと考えられる。

ところで、もっと別の面から音楽と映画の結びつきについて考えることができる。それはこの二つのものの意味の問題である。映像の意味については、前に詳しく考えたが、音楽の意味とはどのようなものだろうか。音楽は音の美しさやまとまりの美しさ――形式美のみを実現する芸術であって、意味とか内容を音楽に考えることは邪道である……、そう考える学者がいる。たしかに、他の芸術に比べた場合、音楽では形式の美しさがきわだっていて、その意味や内容はかなり漠然としている。しかし、たしかに漠然とはしているが、音楽がある感情や気分を伝えてくれることも否定できないように思う。もっとも、音楽の意味の問題は、非常に重要な問題であって、軽々しく考えることは許されないだろうが、ともかく音楽が、言語や映像とまったくちがった仕方で、何らかの意味内容を伝達しうることはたしかである。

音楽の意味の特色は何なのだろうか。前にその意見を参考にしたS・K・ランガーは、音楽が言語とちがう点は、語彙を、辞書的な意味を欠いていることだと考えている。あるひとつの文字や言葉には、ある定まった（いくつかの）意味があるし、あるひとつの意味を表わすためにも、いくつかの定まった文字や言葉がある。この関係は長い時間かかって習慣的に形作られたものであり、個人の意志で勝手気ままに変えることはできない。ところで、個々の音は特に定まった意味をもっていない。単一の音は、意味の上からいえば中性的である。そのような個々の音が、作曲家によって独特の仕方で結びつけられることによって意味が形作られていくが、その意味は他の仕方で音を結びつけたのでは表わすことのできない、ただその作品だけがつたえうる意味なのである。この点で音楽は映画と共通した性格をもっている。ある作品のためにある映像が作られ、独特の仕方で映像が結びつけられてまとまった意味を作りあげていく映画も、やはり語彙や辞書的な意味を欠いていると考えられるから――。

しかしながら、映像は具体的な対象を表わすものであり、その意味は誰によっても一様にはっきりと理解される性質――客観的な明瞭さをもつものだったが、音楽は、どのような場合でも具体的な対象を表わすものではなく、その意味は漠然とし、かつ曖昧であって、客観的な明瞭さを欠いている。この点では音楽は映画からはなれ、映画は言語に接近していく。

意味の問題についてだけいうなら、映画は客観的な明瞭さをもつ点で言語と、辞書的意味を欠くという点で音楽と共通の性格をもつといえる。これも前にあげたモランは、映画は言語と音楽のちょうど中間に位置するものだと考え、この二つのものを自由に自分のなかにとり入れることができるといっている。意味の問題からみても、映画と音楽の結びつきが可能なことは明らかである。

音楽と映画の結びつきが可能であることを、形式と意味の面から明らかにしたのであるが、それでは映画のなかで音楽が果す積極的な役割はどのようなものだろうか。たとえば、ひとつの花を表わした映像がある。いま、その映像に、任意の音楽をつけてみよう。映像だけを見るときとはまったくちがった印象が生まれるだろう。音楽が加わることによって、どのような変化が生じたのだろうか。

私たちは、前に、映像の意味の固さについて考えた。映像はひとつの具体的な対象を表わしているのであり、それ以外の何かを意味することは、ほとんど不可能なことであった。もちろん、映像と映像を結びつけることによって、具体的対象以外のある何かを表わすことはできるが、その場合であっても、結びつきはかなりかぎられた、不自由なものである。映像がただひとつの、しかも完全に規定された意味しかもちえないこと、それがいわゆる固さなのである。別の言いかたをすれば、意味のふくらみをもたない、平板な性格なのである。言語の場合には、ひとつの単語は基本的な意味を中心にしていくつかの意味を派生させ、極端な場合にはひとつの単語が、相反する意味をもつことさえある。言語の場合、意味は柔かさ、ふくらみをもち、奥行をもっているということができる。ということは、別の面から考えれば、言語の意味は明確に（一義的に）規定されたものでなく、ある曖昧な（多義的な）性格をもつということでもある。ところで、音楽の意味は、前にみたように、言語に比べてもはるかに曖昧であり多義的である。それは客観的にはっきり認めることのできる意味内容を、ほとんどもっていない――、そういったほうがよいかもしれない。

固く平板な、そして客観的な明瞭さをもった映像と、柔かく奥行があり、明瞭さを欠いた音楽とが結びつけられるとき、どのような現象が生ずるのだろうか。映像には柔らかさと奥行があたえられるだろう。音楽には明瞭さがあたえられるにちがいない。ということは、映像が単にあるひとつの対象を表わすだけでなく、もっと別の何かを表わすようになることを意味する。音楽は映像を説明し、明確なものにする――、よくこういわれる。しかし本来明瞭な性質をもった映像を、本来不明瞭な音楽によって明確化すると考えるのは、明らかに矛盾だろう。音楽は映像を、むしろ曖昧なものとする。

もう少し具体的にこの問題を考えてみよう。音楽が映画のなかでいちばん大きな力を発揮するのは、心理描写においてだといわれている。もう幾度となくくりかえしたように、たしかに映像は人間の外側をしめすだけだし、また時制の点でも過去も未来ももっていないのだから、微妙な心の動きそのものをとらえることのできないのは当然である。ところが、音楽は人間の心の動きそのものを、直接とらえ、表わすことができると、古くから考えられてきた。絶間ない音の微妙な流れ、重なり合い、強弱と高低の無限の変化、それは心の動きそのものだといわれている。リズム、メロディー、ハーモニーという音楽の要素は、そのまま心の要素であると考えられてきたのである。音楽が、言語すらなしえないような仕方で、人間の心の動きをとらえ、表わすことは、否定しえないことだろう。したがって、映画においても、音楽を用いて人物の心理を描きだそうとすることは、むしろ当然のことだといえる。

ある人物の表情がクローズ・アップされる。悲しげな顔である。だが、映像だけではこの人物の悲しみを充分に表わすことができない。そこで、人物の悲しみにふさわしいような音楽、悲しみを表わす音楽をそれにつけて、人物の感情を明確なものにする……、このような説明が、いかに多く行われていることだろう。そして、このような説明を裏書するような実例も、いかに多いことだろう。しかしながら、このような音楽の用いかたは、あまりにも安易なものではないだろうか。音楽や映像の性質を、そしてこの二者の関係を誤解した結果であり、それほどの効果をあげえないものではないだろうか。

前に考えたように、音楽には明瞭に規定された意味がない。音楽は一定の質の感情を表わし、つたえるものではない。悲しい音楽、苦しい音楽などは、実際にはありえない。ましてや恋人を失った悲しみを表わしたり、努力の報いられない苦しさを表わしたりする音楽などはない。もちろんそのような感情にもとづいて作られた音楽はあるだろう。またある音楽を聞いてそのような感情に浸ることはあるだろう。しかし、ある音楽がつねにある一定の質をもった感情を表わすなどと考えるのは、大きな誤りである。もちろん歌曲などは、言葉によって客観的な明瞭性をあたえられているのだから、一定の質をもつ感情を表わすと考えることができる。しかし、いわゆる替え歌などというものを考えてみれば、音楽そのものは決して明確な感情を表わすものでないことがよくわかると思う。同じメロディー、リズム、ハーモニーをもった音楽が、つけられる言葉によって女の不実を歌った歌にも、革命の歌にもなるのである（ドイツ民謡『樅の木』→革命歌）。

それならば音楽の表わすものは何なのだろう。ランガーは、感情の型が音楽によって表わされるという。つまり、心の動きの型である。人間の感情には、悲しみ、喜びといった質とともに、激しい感情、静かな感情、ゆれ動くような感情……といった、いろいろな型がある。場合によっては完全に反対の質をもった感情が、同じような型の動きをしめすことも考えられる。静かな悲しみ、静かな喜び……。感情の質は言葉によってとらえられる。しかしその動きの型は、言葉ではごく不充分にしかとらえることはできない。音楽は心そのものではなく、心の動きそのものなのである。だから、同じ曲を聞いて、ある人は悲しみの音楽だといい、またある人は喜びの音楽だということも当然考えられるのである。しかし同じ曲から一人が激しい心の動きを、他方が静かな心の動きを感じとるということは、ほとんど考えられないのではないだろうか。

映像の表わす表情は、たしかにある質をもった心の動きを反映している。しかし心の動きそのものは、そこには現われていない。たとえていえば、心の具体的な動きは、平板な映像の背後に凍りついてしまっている。音楽は、それを解かし出し、感情に自由な、生命をもった動きをあたえるのである。感情の質を決定するものは、あくまでも映像であり、映像の結合なのである。悲しい心を音楽が表わすのではなく、悲しい心に音楽が生きた型をあたえるのである。

　もちろん、映像自身も、直接にではないにしろ、心の動きを描きだすことができる。したがって、音楽をつけ加えることは、心の動きを強調し、観客の注意をそれにひきつけるだろう。いってみれば音楽は感情をクローズ・アップするのである。したがって、音楽によって人物の感情を表わすのは、そうした感情の強調が必要なときにかぎられるべきであって、安易に行うべきではない。

　音楽は映像をむしろ曖昧なものとする――、その意味は、どう変えようもないほど明瞭に規定された映像の意味に対して、ある他のものを意味しうるような性格をあたえることである。音楽は映像の意味に柔かさとふくらみをあたえる。音楽と結びついた花の映像は、もはや単純なひとつの花を表わすだけでなく、ちょうど「花」という言葉が植物のある花を意味すると同時に、いくつかの意味をあわせもっているように、ある別の意味を帯びてくるのである。もちろんそれは、言葉の場合のようにはっきりしたものではなく、ごく漠然としたものにすぎないのであるが……。

　音楽が映像にあたえる別の意味（あるいは映像から引きだすといったほうがよいかもしれない）、それがどのようなものであるかは、映像とそれに加えられる音楽の性質によって決定される。場合によってはかなりはっきりしたものであることもできるが、一般にはその意味はかなり漠然としたものである。映像に音楽をつけるということは、たとえていってみれば、インクや絵具で書いたはっきりした図形を、水や何かでにじませたりぼかしたりするようなものなのである。インクや絵具の性質、あるいは水のつけかたなどで、にじみがほとんどなかったり、あるいは元の形がなくなるほどにじむ場合もあろう。音楽のあたえる意味は、このにじみのようなものである。映像の表わす人物や事物からにじみでるようなもの——、それは一口でいってしまえば、雰囲気であり気分だろう。映画の音楽は、雰囲気を作りだすために主として働く。

ここで雰囲気という言葉は、できるだけ広い意味で使いたい。たとえば、明るい野原で遊びたわむれる子供たちを表わした映像、その雰囲気は普通明るいとだけいわれるだろう。しかし現在はつねにこのままの姿で永続きするものではなく、つぎの瞬間には急激に変化するかもしれない。現在の明るい雰囲気は、かならずしも未来に連続するものでない。むしろあまりにも明るい子供たちの姿は、未来における急激な変化に対する不安といった雰囲気を内在させているといえる。もしも重く沈んだリズムの音楽がそれに加えられれば、内在していた不安の雰囲気が表面に出てこようし、はずむリズムの音楽が加えられれば、現在の明るい雰囲気が強調されるのである。

映画の音楽が雰囲気を作りだすといっても、一定の雰囲気をもった音楽を映像に加え、映像に雰囲気をつけ加えるのではなく、映像に何らかの意味で内在している雰囲気を音楽によって引きだすのであるから、映画の音楽はかならずしもムード・ミュージックのようなものである必要はない。そして音楽によって人物の感情を表わすといっても、ある一定の感情を表わす音楽を映像につけ加えるのではなく、音楽によって人物の感情に生きた動きをあたえるのだから、映画の音楽はいわゆる映画音楽らしいものである必要はない。というよりは、音楽は結局映像に含まれ内在している雰囲気や感情を引きだすものなのだから、特定の雰囲気や感情をもたない音楽のほうが、映画にふさわしい音楽だともいえるのである。描写的な音楽、あるいは標題音楽的なものは、映画の音楽としてかならずしも適しているとはいえない。

もちろん、映画の音楽にはこのようなものこそ望ましいなどと、一般的に断定することはできない。それは映画の内容、音楽がつけ加えられる映像の性質によって決定される。ルイ・マル*（Louis Malle, 1932-1995）が『死刑台のエレヴェーター』（*Ascenseur pour l'Echafaud*, 1957）ではマイルス・デイヴィス（Miles Davis, 1926-1991）のモダン・ジャズを、『恋人たち』（*Les Amants*, 1958）ではブラームス（Johannes Brahms, 1833-1897）の弦楽六重奏曲を使っていたことは、二つの映画の性質を考えれば、非常に興味深い問題を提供してくれる。

映画における音楽の基本的な性質から考えると、すべての映画が音楽を必要とするとは、かならずしもいえないことが理解される。映像のもつ客観的な明瞭性を最大限に生かすような映画、たとえば何かを冷静に、客観的に見つめようとする映画、事実の厳密な積み重ねによって成立するような映画などでは、音楽は最小限におさえられるか、まったく用いられないだろう。ベルイマンの『女はそれを待っている』（*Näralivet*, 1958）のように、産院に入院している若い女性たちの姿を、冷静に惨酷なまでに見つめることによって生命の秘密を描きだそうとした映画に、音楽がまったく用いられていないのも当然のことだといえる。収容所の独房に入れられた男の行動を、微細な点にいたるまであますところなくとらえようとしたブレッソンの『抵抗』にも、ほとんど音楽は用いられていなかった。だがこの映画では、ごく小部分だったが音楽が用いられ、大きな効果をあげていた。音楽は、囚人たちが、毎朝洗面のため列を作って独房から外へ出るシーンに用いられていた。何度かくりかえされるこの朝のシーンには、いつもモーツァルト（Wolfgang Amadeus Mozart, 1756-1791）の『ハ短調ミサ曲』（*Masse in c-moll*, KV427）の同じ部分がくりかえしつけられていた。単調にくりかえされる朝の行事、孤独な独房の中での脱出のための息苦しいまでの努力から、外気にふれ仲間の囚人たちとふれ合う数分間、いつ死刑によって中断されるかもしれない日常の生活――、このような内容をもつシーンにつけられたモーツァルトの透明な、死の予感にうち震える音楽は、比類のない効果をあげていた。

これまで考えてきたのとはちがった、もっとはっきりした意味をもつ音楽が考えられる。各民族、各時代は、それぞれ固有の音楽をもっている。そのような音楽を用いることによって、時代や場所を効果的に表わすこともできるし、あるいは地方色や時代色を強めることもできる。その他、映像の表わすものの動きを音楽によって強調したり、具体的な音楽の機能は非常に多種多様なものであるが、それらはすべて割愛せざるをえない。

ところで、これまでは映画の音楽を一般的にまとめて考えてきたのだが、映画の音楽といわれるものには、大きく分けて二つの種類が考えられる。ひとつは映像と直接の関係をもった音楽。つまり、音楽の聞える原因が映像によってしめされる場合である。もうひとつは、これまで考えてきたような、ある表現上の意図にもとづいて自由に映像につけられた音楽である。いわゆる映画音楽といわれるものは、もちろん後者である。前者にはいろいろな種類の音楽が、さらに考えられる。作曲家や演奏家の物語を描いた映画の音楽は、ほとんどがこの前者に属する。幾分性質は異なるが、バレエ、オペラ、ミュージカルを映画化した場合の音楽も、前者に含めて考えることもできる。

もっとも、実際の作品では、この二種の音楽をはっきり区別することがむずかしい場合が多い。先にあげた『恋人たち』の場合も、最初はレコードをかけるところがしめされるのだから、前者に属するだろうが、その音楽は主人公が外に出、庭を散歩するシーンでも同じ大きさで鳴っているのだから、そのときには後者に属すると考えるべきである。しかしながら、理論的には、この二者ははっきりとちがった性質をもつ。

音楽は一般にはいわゆる楽音から作られるものと考えられるが、もの音にも音楽的な性格を認め、もの音を自由に構成することによって音楽の作品を作りうるという考えが生まれた。いわゆるミュジーク・コンクレート（具体音楽）である。映画では、前の個所で考えたように、もの音は映像との直結的な関係をはなれて、自由に構成されることができるのであって、一種のミュジーク・コンクレートのような性質をもっていると考えることができる。もしこのようなものまでを音楽のなかに入れて考えるなら、いわゆる音楽もなく、もの音の構成も欠く映画（つまり言葉だけの映画）は現在ではほとんど考えられないのであるから、すべての映画は何らかの形の音楽をもつと考えられる。

Ⅲ　映画鑑賞の態度

映画の芸術性を否定しようとする考えは、これまでにもいろいろとあったが、それらが共通して非難しているのは、映画を見る人に積極性がまったくないということだった。芸術の鑑賞には、積極的・自発的な態度が必要であるのに、映画の観客は完全に受身に、あたえられるものを受けとっているだけだ……、こういう考えは、あるいは現在でも一部の人には残っているかもしれない。

一方、映画が他の芸術とまったくちがうものだということを立証するために、映画の鑑賞が日常の現実的な体験と同じような性質をもち、そのために大きな影響力をもちうるのだと主張する人がいる。しかしもしそうであるなら、わざわざ映画を見にいく必要もなさそうだし、映画を見ることが、私たちにとって格別の意義をもたなくなってしまうのではあるまいか。芸術の鑑賞は、やはり日常の体験とはちがったものだし、たとえそれが非常に特殊なものであるにしても、映画が芸術であるかぎりは、その鑑賞は日常の体験とはちがった性質をもつはずである。

コンラート・ランゲは、芸術の鑑賞とは「幻想」（イリュージョン）を作りだすものであり、「意識して自分を欺くという性質」をもつものだと考えた。そしてこういう考えをもとにして映画を論じたのであるが、参考のために彼の説をごく簡単に述べてみよう。たとえば有名な『円盤投げ』の彫刻を見るときのことを考えるとしよう。見る人は、その彫刻が決して動きはしないということを意識している。にもかかわらず、見る人は自分の想像力を働かせながら、廻転しながら力強く円盤を投げる体の運動を想い描くのである。彫刻が実際に動いたと感ずるのではなく、あくまでも動かないことを意識しながら運動の幻想をみずから作りだす、それが芸術鑑賞の特色なのである。映画ではどうだろうか。映画は運動しているものを表わしている。見る人が運動を作りだすのではなく、動いているものがあたえられるのである。あるいは、スクリーンの上にものが運動していると思いこんでしまうのである。映画では、見る人は運動の幻想を作りだすことなく、運動を感じているのだ……。映画の観客は受身であり、自発性を欠いているといわざるをえない。結局ランゲはこのように考えて、映画の芸術性を否定したのであるが、現在の私たちからすれば、ランゲの説が間違っていることは明らかである。馬鹿気てさえいる——そういう人もいるだろう。しかし、私たちが先に見た映画鑑賞の態度についての二つの考えかたのなかには、ランゲと同じような誤解が含まれているとも考えられるのだ……。

このような誤解をとくためには、芸術鑑賞全般に対する正しい理解と、映画鑑賞の対象——映画作品についての知識が必要だと考えられる。芸術鑑賞についてはともかく、映画作品については、これまでの分析を通してある知識がえられたわけだから、さしあたりそれをもとにこの問題に照明をあててみよう。

映画を見る行為と、現実の生活でものを見る行為とがまったく同じだと考える人びとは、一応それなりの理由をあげている。それは映像が現実の事物を、あるがままに再現しているということである。私たちが日常生活で見ているものと映像とは、ほとんど同じだと考えているのである。たしかに、映像の最も基本的な性格は再現性ということだったから、現実の対象とそれを撮影した映像とは、ほとんど等しいといってよい。しかし撮影の対象は、かならずしも現実的なものである必要はなかったし、かりにそのことを考えにいれなくても、映像と現実の対象とはほとんど等しいのであって、完全に同じではない。

現在どんな人でも、スクリーンに本物の汽車が走っていると思うことはあるまい。スクリーン上に汽車は存在しない。観客は存在しないものを、あたかもそこにあるかのように見ているのである。「ほとんど等しい」のだし「あたかもそこにあるかのように」見ているのだから、現実に見ているのとたいした差はないだろう、そう考えられるかもしれない。だが、「ほとんど」ないし「あたかも」という言葉で表わされるちがいが問題なのだ。映像と現実の決定的な相違から、こうした微妙なちがいが生まれてくるとも考えられるのである。

現実の世界で見たり聞いたりすること、つまり知覚の場合、知覚されるもの（知覚の対象）は、つねにその場に具体的に存在する――実在するものである。ある実在する対象が、私たちの感覚器官によってとらえられたときに、知覚が成立する。といっても、知覚はただ単に、ある対象を（受身に）感じるだけではない。知覚はさらにその対象の意味をとらえるといわれている。もちろん、意味といっても言語や映像などの意味とはちがう。あるものが私たちに対して、どんな役割と働きをもつか――それがこの場合の意味である。たとえば同じリンゴでも、空腹の人が見るのと満腹の人が見るのとでは、意味はまったくちがってくるだろう。知覚の対象の意味は、知覚する人の経験その他によって、それぞれちがったものとなる。

空腹の場合にはリンゴを食べるだろう。満腹のときには手でふれるだけかもしれない。知覚によってある対象の私たちに対する意味を知ると、私たちはそれに応じて何らかの働きを対象に対して加える――つまり行動する。知覚はそれだけで完結するのではなく、それに応ずるある行動をひき起す。こういう点で、知覚は行動のための機関であるなどといわれるのである。

スクリーンの上にリンゴを見ても、たとえどんなに空腹のときであっても、それを取って食べることはできない。だいたい、取ろうとする人などいるはずがない。映画を見る行為は、それに応ずる具体的な行為をひき起さない。それはそれだけで完結している。映画の鑑賞が現実の知覚と完全に異なったものであることは、これだけでも充分に理解できるだろう。説明するまでもなくわかりきったことだ――、なるほどたしかにそうだ。しかしこれまで多くの理論家が、このわかりきったことを理解していなかったのだ。

今まで述べてきたような素朴な考えかたではなく、もっとちがった面から映画鑑賞の現実的性格を論ずる人びとがいる。その人びとの考えによれば、映画におけるカメラの運動や映像の交替は、現実的な体験における人間の視線の運動、視野の交替と完全に同じやりかたで行われる。ひとつのものに強い関心をもつと、私たちはそれに近づいていって見る。カメラもまたある対象に近づき、それをクローズ・アップする。ある場所から他の場所へ移ることによって、私たちの視野が変化するように、ある映像から他の映像への交替が行われる。カメラの移動や映像の結合は、現実の知覚と同じ原理にもとづいて行われる。映画全体は、現実の世界で私たちが見るのとまったく同じ方法で作られているのだ。だから、たとえ実際に存在しないものであっても、実際に見るのと同じやりかたで観客の目にあたえられるのだから、観客は自分の目で実際にそれを見ていると感ずるのである……。

このような立場に立つ人びとによれば、映画は人間の現実体験の過程を客観化したものであり、あるいは一人の人の見たものをそのまま客観化し普遍化したものなのである。いってみれば、カメラのレンズがある人物の目と同化し、彼の見たままがフィルムに記録され、上映されたものを自分自身が実際に見ていると感ずる観客の目も、カメラを通して人物の目と同化することになる。このような考えかたはカメラの運動や映像の結合の原理までも説明しており、かなり一般的に通用もしているのだが、はたして正しいといえるだろうか。

私たちは映画の空間や時間が同質のものであり、映像の交替がごく急速に行われることを知っている。カメラは広い空間のなかを自由自在に飛びまわり、映像は非常に広範囲にわたる空間を急激にしめしだす。私たちは現実の体験において、映画がしめすような速度と範囲をもって、私たちの視野を変化させることができるだろうか。もちろんできない。現実の世界での私たちの行動範囲は、ごくかぎられたものであり、視線の運動や視野の変化も、かなりゆっくりしたものでしかない。もちろん、映画が、現実の体験のように、ゆっくりした狭い範囲にしかわたらない映像交替を行うことはできる。しかしそれでは、映画によって描かれる内容がごく断片的・日常的なものとなり、何の意義ももちえない。かぎられた時間のなかでまとまった内容を描くためには、映像交替は広範囲にわたり、かつ急速に行われざるをえない。

カメラの運動や映像の交替は、日常の知覚と決して同じではない。これに対して、ある論者はつぎのようにいう。たしかにそうだ、しかし、日常の体験においては、あるひとつのものを知覚すると、それに応じていろいろな連想や思い出が生まれるものだ。ある花を見れば、かつて恋人からもらった花を思い出し、そして自然に恋人の顔が浮かんでくるだろう。映画の映像交替は、ただ実際の視野の変化に対応するだけではなく、連想や記憶から生まれるイメージの交替にも対応するのである……。なるほど、これで当面の問題は解決されるかもしれない。しかし、それとともに新しい、重大な問題が生まれる。

連想や記憶を、現実の体験のなかに含めてよいものだろうか。私たちは視線をでたらめに動かしはしない。意識するとしないとにかかわらず、私たちは記憶や連想など、要するにそれまでの経験にもとづいて視線を動かし、体を動かしている。たしかに現実の体験においては、記憶や連想などが重要な役割を果している。しかし、それらは知覚の方向（視線など）を導くものではあっても、知覚そのものでは決してない。記憶や連想などは、結局過去の体験であって、現にそのときあるものに対する体験とは明らかに異なる。映像の交替が連想や記憶に対応するものだとすれば、映画と現実体験の過程を同一視することは、不可能だというべきである。

かりに連想その他を現実体験に含めて考えるにしても、なお別の問題が残る。知覚は現にそのときあるものを対象として行われるのに対し、連想や記憶は現にそこにないものについての意識である。知覚の対象は外界にあるのに対し、イメージは心のなかにある。いってみればこの二つのものは、存在の仕方がちがう。異質のものなのである。映像はどのような場合でも同質のものであり、実在の対象の印象とイメージの交替から成立つと考えられた現実体験とは、明らかに異なる。

結局どのように考えてみたところで、映画鑑賞と現実体験とを同じ性質をもつものと考えるのは不可能である。そしてこれは私たちにとっては、今さら論ずるまでもないほど、明々白々たる事実なのである。私たちは映画作品が芸術作品としての性格をもつことを明らかにしたし、さらに芸術鑑賞と日常の体験がちがったものであることも、簡単にではあるが知っているからである。

実例によって、もう一度このことを明らかにしてみよう。先に述べたような考えかたをするなら、ある一人の人物が実際に見たものを、見た通りに映画化する場合、現実感は最も強いということになるだろう。そのような作りかたをした作品があった。ロバート・モンゴメリ*（Robert Montgomery, 1904-1981）の『湖中の女』（*Lady in the Lake*, 1946）である。この映画では、カメラのレンズはある人物の目と完全に一致し、したがって当の人物の姿を、鏡に映ったものとしてみることができるだけだった。この映画は、鑑賞する人に現実感をあたえただろうか。白々しい印象があっただけである。前にもいったように、一人の人間の経験範囲はごく限られたものであるし、さらに私たちの見るものは、それに思い出やら連想やらが作用して、はじめて意味のあるものとなるのだから、人物の見た外界だけが断片的にしめされたところで、何の意味ももたない。外界は自分が見ることにより自分にとって意義あるものとなるので、他人の見たものなど、それだけでは何らの価値も意義ももちえないのである。さらに、この人物がいったいどんな性質の持主であるのか、人物の描写がぜんぜんないのだから知ることができず、したがって彼の見たものの意義もほとんど理解できない。貴重な例ではあるが、完全な失敗作であった。

映画鑑賞と現実的な知覚の間には、根本的な相違があることが明らかになったが、それでは映画鑑賞の受身な性格については、どのように考えればよいだろうか。この問題を考えるためには、芸術鑑賞の自発的な性格なるものについての知識を、幾分なりとももたなければなるまい。そしてそのためには、さらに、美しいものを感じとる態度、つまり美的享受一般についても考える必要が出てくる。ところが美的享受の問題は、美学が、ことに十九世紀までの美学が中心問題として扱ってきたものであって、簡単に論じつくせるものでもないし、またかなり難解なものでもある。ここでは問題のごく一部を、かなり大ざっぱに見るにとどめる。

たとえば早春の野を歩く場合を考えてみよう。私は風景の美しさを味わいながら、世間とのかかずらいを一切忘れ、心に満足を覚えて野を歩く……。この野を買いとり、分譲地にして利益をえようとする業者が歩く。彼の心は土地の値段や分譲の仕方などでいっぱいになり、野の美しさなど感じる余裕はあるまい。一人の地質学者が歩く。彼の関心はこの野原の地層、土壌を構成する鉱物などに集中し、この野は彼の目に研究材料としてだけ映っているだろう。商売上の、あるいは学問上の関心にとらえられているかぎり、野の美しさを味わうことはできない。研究に疲れた学者が、背のびをし、ふと学問のことを忘れたとき、この野は新鮮な美しい風景となって彼の目にとびこんでくるにちがいない。実際的な、あるいは学問的な関心から自由になったとき、はじめてあるものの美しさを感じとることができる。ところで、直接的な関心から自由になってある対象を眺めるということは、その対象を具体的なものとして意識することを止めたということを意味するのではあるまいか。日常の知覚では、ある実在するものが私たちに対して直接もっている意味を読みとり、それに応じて何らかの行動をそのものに対して加える。美しさを味わう場合には、それだけで満足し、何ら実際的な行動を起さない。あるものを美しいと感じている間、私たちはそのものがそれに対して具体的な行為をとりうる（とるべき）ものだということを、意識しないのである。

まとめていうならば、ある野を美しい風景として眺める態度の特徴は、直接的な関心から自由であり、対象を具体的なものとして意識しないことだといえる。カント（Immanuel Kant, 1724-1804）の有名な「美の無関心性」という定義を、ここで思い出すことができる。このようなことを基礎としながら、もう少し問題をほりさげてみよう。

ここに一枚の写真があるとする。この写真もまたひとつのものである。やや硬めの、光沢をもち、表面に一定の仕方で明るい部分と暗い部分が配分されている矩形の紙。しかし、私たちが写真を見るという場合には、単に一枚の特殊な紙を見ることをさすのではない。たとえば、ある友人の写真を見るのである。私が一枚の写真に友人を認める場合、私はもはや写真の紙の質だとか厚さだとかを意識しない。私の意識は、写真を通して友人に向けられている。私は現にここにある具体的なものとしての写真に意識を集中しているのではなく、ここにはいない友人に意識を向けている。私の意識は、ものとしての写真にとどまることをみずから中止し、自発的にここにいない友人に向かうのである。

「……この写真が《ピエール》の写真として現われる場合や、写真の背後に何らかの仕方でピエールを見る場合には、私自身の協力がこの紙きれに生命を与え、前には持っていなかった意味を与えることが必要である。もし私が写真の上にピエールを認めたとすれば、それは私がそこにピエールを置いたからである……」とサルトルは説明する。

あたえられたものを受身に知覚するだけであれば、写真は一枚の紙きれにすぎない。意識をものとしての写真からそらし（いいかえるならば、写真のものとしての性格を否定し）、写真を通してそれを友人にむけるとき、はじめて友人の写真を見るのである。

ひとつの絵がある。それもまた一個のものである。粗い布地、塗りつけられた顔料のもり上り……。しかし私たちがものとして絵を意識するのを止めるとき、私たちは一人の微笑む女性の顔をそこに見る。しかしその女性はそこにいない。多分どこにもいないだろう。私たちは、いない女性をいないままに意識しているのだ。ふとはげ落ちかかった絵具の一片が気になる——意識がふたたびものとしての絵に引戻される。女性の顔は、消え失せてしまう。女性の顔は、ものとしての絵を通して、私たちみずからが作りだしたものなのである。

ここにないものをここにないままに意識すること、それをサルトルなどにならって想像と呼ぶことにしよう。ひとつの芸術作品としての絵の価値や意義は、ものとしての絵にあるのではなく、それを通して私たちが自発的に作りだす（あるいは入りこむ）想像の世界にある。もちろん、芸術作品にとって、ものとしての性質は欠かすことのできないものである。私たちはものを通してはじめて想像の世界に入るのだし、作家は自分の作りだした想像の世界をもののなかに移しいれることにより、はじめてそれを他人につたえることができるのであり、もののなかに閉じこめられているからこそ、想像の世界は作家の死後にもながらえつづけるのである。こういう点から考えると、作家の具体的な創作活動というものは、想像の世界をもののなかに移しいれることだともいいうる。ものを用いて具体的な形を作りだす過程で、想像の世界はもののなかに移しいれられていく。したがって芸術作品のものとしての性質とは、芸術作品を作りあげるための物質的な材料だともいえる。

作家が作りだした想像の世界は、このようにしていわば厚いものの殻に閉じこめられている。ただ単に受身に作品を見る人には、殻だけしか見えないだろう。積極的に殻をつきぬけようとする態度をとる人に対してだけ、想像の世界（作品の世界）は姿を現わすのである。殻が堅ければ堅いほど（作品のものとしての性格が強ければ強いほど）、それをつきぬけて作品の世界に入りこむためには、努力が（自発性が）必要となるだろう。現実の世界から作品の世界に入りこむのに自発性が要求されればされるほど、作品の世界と現実の世界の相違が意識されるだろう。芸術鑑賞における自発性は、現実と作品の世界の混同を防ぐ働きをもっとも考えられる。

こうして入りこんだ作品の世界は、決して単純なものではない。先ほどの絵を例にするなら、微笑む女性の顔だけが作品の世界なのではない。顔の表情を通じて女性の心の世界まで入りこんでいけるだろうし、もっと深くは、人間の心の謎といったものにまでつき進んでいけるだろう。作品の世界はいくつかの段階を形作りながら、しだいに深まっていくのである。優れた作品ほどはてしない深さをもっているといえる。そうした段階がどのように形作られているか、それはあまりにも専門的な問題であり、ここではふれない。譬喩を使って簡単につぎのようなことだけを述べておこう。入ったきりですぐおわりになる世界もある。入りこんだ人を、目的地まで運んでくれるような路のつけられた世界もある。たどるべき路の見いだしがたいような、しかしはてしなくひろがっているような世界もある。親しみを感じさせる世界、とまどいを感じさせる世界……。多種多様で限りがない。ただそういう世界の性質から、浅薄な作品、深い作品、わかりやすい作品、わかりにくい作品……といった区別が生まれてくるということはいえそうである。

どのような芸術の作品でも、その世界を包む殻をもっている。ただその殻の性質はまちまちである。厚く不透明なもの、薄いもの、ほとんどなきに等しいようなもの……。映画の殻は何なのだろうか。映画作品のものとしての性格とは、いったい何だろうか。絵のカンヴァスから連想すればスクリーンといえるだろうか。スクリーンは映画を見せる場所であって、それを使って映画を作るものではない。フィルムだろうか。私たちはフィルムから直接映画を見ることはできない。ものは、実在するという性質をもっており、私たちはスクリーンの上に映画を見ている。それならば、スクリーンの上に実在するものは何だろうか。いろいろな調子と形をした影である。影が映画のもの——材料である。しかし影はもの、物質なのだろうか。芸術の材料は変化せずに永続きする性質をもたなければならないが、影にはそういう性質があるのだろうか。影そのものは常識的な意味ではものではないし、永続きもしない。しかし影はつねに何かあるものの影であり、一定の形をしたものと光線があれば、いつでも同じ性質の影が作りだせるのだから、その意味では影も材料となる資格をもっている。カメラの前の対象は、光線をあてられてある光と影のコントラストとして形成され、フィルムがそれを固定するのである。フィルムは形作られた影を記録し、スクリーンの上に影を作りだすものである。

　映画の材料として考えられる影は、物質的な性格をほとんど欠いている。映画の世界を包んでいる殻は、非常に薄く透明である。いや、殻はほとんどないといったほうが、もっと適切かもしれない。映画の世界は、ほとんどむきだしのまま観客にあたえられている。殻がほとんどないのだから、現実の世界から作品の世界へ入っていくために、ほとんど努力を必要としないだろう。さしたる自発性なしに、観客は映画の世界に入る。映画の世界のほうが観客を包みこんでくれるとさえいえるのである。映画鑑賞が自発性を欠いている、受身であるといわれるのも当然かもしれない。

　しかしこうした性格は、かならずしも映画だけに特有のものではない。たとえば音楽がそうである。

音楽の材料は、いうまでもなく楽音である。楽音は、影よりもずっと物質的な性格がない。もの音であれば、それを聞いてあるものの存在を感ずるが、楽音ではそれがない。ピアノはピアノの音をだすためにだけ存在するものであって、ものとしての独自性は音のかげに消えてしまうからである。音楽の世界は、まったくむきだしで聴衆にあたえられている。音楽の世界と現実の世界の境界はさだかでなく、ほとんど自発性なしに私たちは音楽の世界のなかに入る。ある種の音楽になると、境界はほとんど失われ、音楽の世界が無意識のうちに私たちを包んでしまう――いわゆるムード・ミュージックやバックグラウンド・ミュージックがそれである。

たしかに映画や音楽の鑑賞の態度は、他の芸術の場合に比べて特殊な性格をもっている。だからといって、それらに自発性が完全に欠けていると考えるのは正しくない。映画や音楽の世界は、ほとんどむきだしであたえられる。しかし、それはいつでもどこにでもあって、受身でいる私たちを包みこんでしまうのではない。映画や音楽の世界は、ある時、ある場所に（上映や演奏によって）その姿を現わすのであり、その世界に入るためには、そのときその場所に身を置かなければならない。何らの自発性なしに、私たちの体がその時と場所にいることは不可能な話である。映画や音楽の鑑賞にも、当然ある自発性は要求される。ただその自発性が、他芸術の場合のように、いわゆる作品の殻によって強められることはあまりない。

私たちはある明確な意識をもって、映画の上映される場に赴く。しかしその場に到着し座席に腰を下すと、映画を鑑賞しようという意識は潜在的なものとなり、作品の世界があたえられるのを待つという形をとる。映写がはじまり、私たちはそのまま作品の世界へ入る――。しかも現実の世界と映画の世界の間には、映画館へいくという意識によってすでに幾分性質を変えた途中の路という現実空間、映画館のかなり特殊な現実空間（うすぐらい、音楽の流れる空間は、すでに非日常化されているだろう）などが段階をなして入っているのだから、映画の世界へは、半ば無意識に入りこんでしまう。映画鑑賞が自発性を欠くということは、事実にそぐわない。しかし現実の世界から作品の世界へ入りこむときの半ば無意識な性格、これはたしかに映画鑑賞の特質のひとつである。

　映画鑑賞は、この点で、夢に似た性格をもつということができる。現実の世界から夢の世界への移り変りを、私たちはまったく意識しない。今眠るのではないかという意識は、眠気を遠ざけるものでしかない。めざめている（現実の）世界と夢の世界は、もちろん完全に異なったものである。しかし私たちは、ちがった世界に入った（今眠った）ということを、まったく意識しないのである。

　ところで、このようにして入りこんだ映画の世界は、現実の世界とは完全に異なっているにしろ、現実とよく似た外観をしているものだった。ふと入りこんだ別世界は、私たち自身の世界と似通った、非常に親しいものである。別世界に入ったという意識は、ほとんど生まれてこないだろう。私たちは、容易にこの世界に住みついてしまうのである。この点で音楽は映画とちがってくる。音楽の世界は、現実とは似ても似つかぬものである。無意識に入りこんだとたん、私たちは別の世界に入ったことに気づく。前に聞いたことのある音楽であれば、その世界も親しいものになっているだろうし、やがて音楽の世界に住みつくだろう。しかし、はじめて聞く音楽の場合には、その世界はまったく親しみがたく、人びとは自分の世界に帰ることを望むにちがいない。現代音楽の聴衆の少さ、音楽会のレパートリーの固定化は、そのよい証拠である。新しい未知の世界に住みつくためには、強い自発性が要求されるのである。

夢の世界もまた非現実の世界でありながら、現実に似通った性格をもつ。この点で、映画鑑賞の態度は、さらに夢に似た性格をもつと考えることができる。

映画は動きをもっている。あらためてこんなわかりきったことをいうのは、運動ということが映画の鑑賞態度について考える場合に、非常に重要なものだからである。動くということ、写真が動くということは、ランゲなどの意見をまつまでもなく、映画に現実性をあたえるものだと一般に信じられている。たしかに動かない汽車よりは、動く汽車のほうが本物らしい。しかし、もう何度もくりかえしたように、映像は現実そのものではないし、映画の世界も非現実の、想像の世界だった。したがって映像の、あるいは映画の運動というものも、単純に現実性をあたえるものと考えてすますことはできないようにも思われる。

「運動というものは、もともと注意をひきつけ、心をうばうものだ……」と、心理学者のアンリ・ワロンはいっている。ネオン・サイン広告などの場合でも、光が明滅したり一定の動きをもつもののほうが、人の目をひきやすく広告効果もあがるということは、よく知られている。都会の街を歩いていて、ふと明滅する電光ニュースを認めると、私たちは思わず周囲の雑沓を忘れさって、それを見つめていることがよくある。ワロンはこんな例をあげている。ある映画の撮影中、不意に一匹の野兎がカメラの前をよこぎった。後にそのときのフィルムを映写してみると、人びとの注意は画面を走る兎の小さな姿に集中して、そのとき撮影しようと思っていたものには、ほとんど関心をしめさなかった……。

運動するものに私たちの注意が向けられると、一瞬ごとに変化していくそのものをとらえるために、私たちの目はそのものだけに吸いつけられてしまう。ちょっとでもそれから目をはなして、周囲を見たりしようものなら、二度と見つけることはできない。日常の世界では、あるものをそれだけ孤立させて知覚することは、ほとんどないといってよい。そのものと自分、そのものと周囲のものというように、いろいろな関係づけをしながら知覚する。これは前に説明した知覚の性質から考えても、当然のことといえる。ところが運動するものに注意を向けた場合には、そのような関係づけをすることができなくなってしまう。私たちは動いているものだけを孤立させて見る。ということは、動いているものの周囲の世界が、私たちの意識から逃れさってしまうことを意味する。動きが烈しいほど、そして（電光ニュースなどの場合のように）動きながらものがその姿を変化させていく場合、このことはいっそういちじるしくなる。

周囲の世界が意識から逃れさる、それは周囲の世界を忘れさることであり、周囲の世界からどこかへ連れだされることでもある。「鹿を追う猟師山を見ず」ということわざは、このことをよくいい表わしている。逃れさる鹿を見失うまいとそれだけを見つづける猟師は、自分のいる場所もいつもの道も忘れさってしまう。ふと我にかえったとき、彼は自分のたどってきた道も、何もかも思い出すことができない。周囲の世界、それはいってみれば日常の、現実の世界である。運動には、このように、現実を忘れさせる力、現実から人を連れだす力がある。

　映画の世界のなかで、あらゆるものは動きをもっている。それだけではない、単位映像はつぎからつぎへ、急速に交替していく。観客は映画にひきつけられるだけでなく、もはやそれから目をそらすことができない。目をそらせば、映画の発展を追うことができなくなり、つぎに現われる映像の意味を充分に理解することが不可能になるからである。映画館の内部は暗く、スクリーンだけが明るい。他に注意をひくものは何もないのだから、それだけで観客の注意はスクリーンに集中するはずである。いやおうなしに観客は周囲の世界を忘れ、周囲の世界から映画の世界のなかにひきこまれるのである。そして、もはやそこから逃れることができない。

　映画は無意味に、でたらめに動いているのではない。カメラの運動や映像の結合は、作者の表現の視点の変化にもとづくものであった。作者はある対象や事件の発展段階を、最もよく表わしつたえうるような視点をえらぶのだから、カメラの運動や映像の結合は、観客が最もよく見うるように彼の視線を導くものだといえる。

　映画の動き、ことに映像の結合は、あるリズムを生みだしうるものだった。雑然としたもの、まとまりのないものよりも、秩序のあるまとまりをもったもののほうが、理解しやすくとらえやすいことはいうまでもない。難解なもの、とらえがたいものよりも、理解しやすくとらえやすいもののほうが、私たちに親しみあるものとなることも当然である。リズムが一種の秩序とまとまりであることは、前に考えた。映画の運動があるリズムをもつことによって、映画は観客にとって親しいものとなる。

リズムはまた、私たちの心の動きにある秩序と統一をあたえ、一種の快さを感じさせてくれる。ジャズの強烈なリズムがあたえるあの昂奮を考えてみればよい。リズムづけられた運動は、私たちに快感をあたえ、私たちはその運動に身をゆだね、運びさられるのである。このようなことを考えると、「リズムにのる」という表現は、非常に適切なものだと思う。

映画の運動は、それだけで観客を現実から連れだし、映画の世界のなかにひきこむ。しかも作品が優れたものになるほど、その運動はリズムづけられたものとなり、本来は観客の住む世界とはちがったものである映画の世界を、親しみのあるものとし（観客と映画の世界の距離を埋め）、しかも観客にある快ささえあたえるのである。観客は、幸福感を抱きながら映画の世界に溶けこむ。といって、私たちは映画のなかで自分を失ってしまい、映画のなかに解消してしまうのではない。むしろ逆に、映画のなかに溶けこみ、快さを感じながら、映画を自分のものとするのである。映画の内容が暗い、悲惨なものである場合でも、それが優れた作品である場合にはかならず感ずることのできる一種の満足感・幸福感は、自分とは異なったものを、親しみを感じながら（自分をあたえながら）、自分のものにすることができたという感情にちがいない。そして、これは芸術鑑賞全体にわたって見いだすことのできる、最も大きな特色なのである。このことについては、前に絵画や音楽を鑑賞する態度を考えたときにも、簡単にふれておいた。

映画鑑賞の特徴であると考えられてきた現実体験との類似、あるいは受身の性格に反省を加えた結果、私たちはごく自然に、映画鑑賞もまた他の芸術鑑賞と共通の性格をもっているという結論に達した。そしてそれと同時に、映画鑑賞の態度が、夢と非常によく似た性質をもつものであることも知った。おそらくこの点に、映画鑑賞の他の芸術鑑賞には見られない独特な性格があると考えられる。

　映画を夢になぞらえて考えることは、ずいぶん古くから行われていたし、現在でも多いと思う。「ハリウッドは夢の工場である」といった言葉、映画に夢を求める、夢のように楽しい映画、こんないいまわしは、いたる所で使われている。しかし、私たちが映画鑑賞と夢を比較するのは、もちろんこんな安易な隠喩にもとづいているのではない。私たちは人間の意識の、ごく特殊なありかたとしての夢を問題にしているのである。夢について考えることによって、映画鑑賞の特殊な性格を明らかにしようとしているのだ。

　めざめているときの、つまり現実の知覚には、はっきりとそれを証《あか》すことのできる性質――いわゆる「明証性」があるといわれている。ということは、私たちが知覚をしていることは疑いの余地のないことだと、意識しうることを意味する。知覚している意識の流れのなかに、反省する意識が入りこみ、知覚する意識を意識するのである。例をひいてもっと具体的にこのことを考えてみよう。外科手術などをするとき、患部に激しい痛みを感じながら（知覚しながら）、私は今痛みをこらえている、もっとこらえよう、この痛みはいつまでつづくのだろうかなどという考え（反省する意識）を抱くことがある。しかもそのような考えを抱いているときにも、痛みの感じはつづくのである。知覚する意識のなかに入りこんだ反省する意識は、知覚する意識を中断させることはない。

眠っているときの意識、つまり夢には、このような明証性はない。夢を見ている時に、反省する意識が入りこむことは、つまり私は今夢を見ているのだと意識することだろう。ところが、私は夢を見ている、今私の見ているのは夢であるなどという意識は、夢が消えさったことを、めざめたことを意味するものでしかない。反省する意識が入りこむことは、夢をうち破ることになるのである。

映画を鑑賞する場合にも、まったく同じようなことがいいうる。映画を見ているときに、今見ているのは映画なんだ、現実の、実際に起きているものではないんだ、そんなことを考えながら映画を見つづけることができるだろうか。私は今映画を見ている、今見ているものは映画なんだ、こういう反省する意識は、映画鑑賞を中止させてしまう。出来のよくない映画を見ているとき、途中でふと、これは面白くない映画だなという、反省する意識が生まれることがある。そのとき、私たちはスクリーンから目をそらし、周囲の観客の表情を観察したり、腕時計を覗きこんだりする——つまり映画から現実の世界へたち戻るのである。

私たちはここでもまた、映画鑑賞と夢の共通性を見いだした。しかし、つぎのような興味深い事実もある。私たちは、夢から自発的に脱けでることはできない。夢からさめるのは、私たちの自発的な意志によるのではなく、体の状態ないしは外部からの刺戟によってはじめてめざめるのである。恐しい夢だからといって、自分の意志で夢を中断することはできない。このことは、夢を見るということが、私たちの自発的な意志とまったく無関係なことを物語っている。初夢などでよい夢を見たいと思っても、そううまくいくものではないし、見まいと思っても悪夢にうなされるのである。

それでは、夢に似ている映画鑑賞にも、自発性はまったくないのだろうか。映画を見ている最中に、これはつまらない映画だという、反省する意識を働かせることができる。あまりにも惨酷なシーンを、目をつぶって見ないですますことができる。私たちは、ここに夢とちがう点を見出すことはできないだろうか。映画の鑑賞は、たしかに夢と同じように、反省する意識を含んでいない。しかし、映画を鑑賞する態度をとるということは、私たちの自発的な意識なしにはありえないものである。前に述べたことを、ここで考えなおしてみよう。映画を見にいくという自発的な意識は、いろいろな段階を通ってしだいに表面から姿を消し、私たちの意識は映画のなかに吸いとられていく。しかし映画を見るという意識は、完全に消えさったのではなく、潜在的に私たちのなかで流れつづけていると考えられる。そして意識を吸いとる映画の力が弱まったとき、潜在的な意識が急に表面に浮かびでるのである。自発的な意識の底流をもっているという点で、映画鑑賞の態度ははっきり夢から区別される。

現代の映画作家のなかには、映画の途中で突然観客の潜在的な意識をよびさまし、ある反省を強要するような例もある。前に例としてあげたメルヴィルの『恐るべき子供たち』の中で、原作者コクトーが観客に呼びかけたような場合である。もちろんこの場合でも、めざめた反省する意識が、映画鑑賞を完全に中断させるようなものであってはならない。それまでしめされた映画の内容が当然要求するような反省をうながし、その反省が以後にしめされる内容に有機的につながっていくようなものでなければならない。

ここでまったく新しく問題をたてて、それを解明しながら映画の鑑賞態度の秘密を探っていこう。私たちは映画のしめす対象が、想像上のものであって実際に存在するものではないということを、幾度となくくりかえし考えてきた。ところで、実際に存在するものでない対象は、私たちの存在とどのような関係を結びうるのだろうか。存在しないものが、はたして私たちにとって意義あるものとなりうるだろうか。

知覚するとき、私たちは知覚の対象がはたして存在するかどうかなどと疑ったりはしない。ある何かが存在すると思うから、そのものを知覚するのではない。知覚は存在するものと私たちとの関係において成立するものなのだから、あるものを知覚するということ自体が、あるものの存在を明らかに証《あか》したてているのである。知覚における存在の明証性だといってよい。知覚の対象は、明らかに私たちに対して存在するものとして、積極的な意義をもつのである。

存在の明らかでないもの、あるいは明らかに存在しないものが、ある積極的な意義をもつことがある。たとえば妖怪変化のたぐいである。そんなものをまったく信じない私たちにとって、お化けなどというものは何らの意義ももたない。しかしそれを信じきっている子供などにとっては、お化けはある意義をもつものとなる。その子供は暗い道を一人で歩けない。暗い部屋に一人ぼっちでおけば、泣きだしてしまうだろう。お化けは、この子供の実生活にさえ、ある影響をあたえているのである。存在の不確かなものでも、それを完全に信じきってしまうとき、それはある意義をもちうるのである。

もっとも、この例は私たちにとっては、幾分適切でない。というのは、子供はお化けを積極的に信じこもうとしたのではない。むしろ信じこまされたのであり、存在しないお化けを存在するものと思い誤っているからである。

　宗教に関することを例としてひくのは、当をえていないことかもしれないが、ある宗教の信者と神の関係から、先の問題を考えることができる（これはあくまでも当面の問題に還元して考えるのであって、宗教上の問題はいっさい含まない）。神が人間やものと同一の存在をもたないことは明らかである。人は神を自分や周囲のものと同等の存在物として考えない。しかも彼は神を全面的に信じ、神は彼に対して強大な意義をもつのである。人は神を、自己と同一の存在をもたないものとして信じているのである。

　日常の世界におけるもの（生物も含めて）は、知覚の対象となることにおいて、私たちに対する意義を獲得する。実際に存在しないものは、「信じこむ行為」の対象となることによって、ある意義を獲得するのである。

「信じこむ行為」が完全なものになるのは、あるものがそう信じこむよりほかにありえない場合、つまりいささかの疑いの念もさしはさむ余地のない場合だろう。サルトルのあげている例を借りていえば、「ある人の友情を信じている」という場合には、友情に対する疑いが入りこむ可能性をもっており、やがて「友情をもっているはずだ」、「もっているだろうか」という疑いが増大し、ついには、「友情をもたないだろう」という工合に、「信じこむ行為」が消えうせるにいたる。「信じこむ行為」

が完全なものとなるためには、「彼は私に友情をもっている」という断定が下されなければならず、臆測をいっさい許さないようなものでなければならない。

私たちは映画を見ながら、臆測することができない。それは、映画の鑑賞態度が反省する意識の入りこむのを許さないという事実から、容易に結論することができる。これは本当はこうではないのかとか、これからこんなふうになるのではないかなどと考えるためには、映画の鑑賞を中止しなければならない。映画の場合には、あたえられたものをそれ以外にはありえないものとして受けとるしかないのである。映像はすべてのものを現に行われている事実としてしめすしかないのであり、「……ではないだろうか」とか「……のようである」などといった、反省する意識に呼びかけるような表現をしえないのである（直説法・現在という映像の時間的性格……）。

もちろん、このことは映画にだけ考えられる特色ではない。小説を読む態度などにも、はっきりと見いだすことができる。しかし小説の場合、読むことを一度中止して、反省したり、疑問を抱いたり、それから先を臆測したりしても、何らの支障なしにまた読む行為をつづけることができる。ところが映画の場合には、前に見たように、映像は急速に交替していくのだから（見ていない間にも映画はどんどん進んでいくのだから）、一度鑑賞を中止してしまえば、もはや映画を充分に理解することはできないのである（くりかえして見るということも考えられるが、二度見た部分と、見落していて今度はじめて見た部分とでは、観客に対する意味がちがってくるに相違ない）。

「信じこむ行為」というものは、おそらくすべての芸術に、何らかの意味で見いだされるものだと思う。すべての芸術は、ある想像上の対象を作りだし、私たちに対してある意義をもつものだから……。しかし、それは映画の場合に最も強いものに感じられるのだが、なぜだろうか。映画のなかの対象は――理解を助けるために例を人物にとろう、映画のなかの人物は、絵画や彫刻の場合のように、それだけがとりだされ孤立させられたものではない。人物は映画のなかに、たとえば、長年すべてをかえりみず医学の研究に専念し、ある表彰をうけるために旅にでようとしている老年の男として現われる（ベルイマンの『野いちご』）。彼はある過去と未来をもつ――つまりある独自の時間のなかに生きている男なのである。彼は旅行の準備のために寝室から食堂へ行き……、彼の母親と子供はどこか他の所に暮しており……、彼はまたある空間のなかに生きている男なのである。映画のなかの人物は、独自の時間と空間のなかに――つまりひとつの世界のなかに生きているのである。

しかし、これもまた映画だけではなく、演劇や小説にも見いだされる性質である。ところで、演劇の空間は、舞台枠によって明確に区切られ、観客席の空間から距てられた、その意味で完結した空間であった。そして演劇の時間は、ある始りと終りをもち、そのなかで進行するものであった。このような時間空間から成立する演劇的世界は、ひとつの完結した世界であり、観客に対してある世界だということができる。

ある単一映像は、空間的にも時間的にも部分としての性格をもつ。部分にすぎない映像は、それだけでひとつの世界を形作ることはできない。しかし部分であるということは、それを包みこむある全体的な空間と時間、つまりある世界を支えとして成立っていることを意味する。映像は、つねにあるひとつの世界を予想させるといえる。サルトル流のいいかたを借りれば、映像はそれ自身のなかに「世界の雰囲気」をもっている。

映像の結合からひとつの映画作品が作りあげられる。しかし、映像はつねに部分であり、つねに連続的なのだから、いくらそれを結びつけたところで、完結した全体を完成することはないだろう。映像を結びつけることによって、映像自身のなかにあった「世界の雰囲気」は、しだいしだいに濃いものになっていくだろう。しかし雰囲気はどんなに濃いものになったところで、完結した世界を作りあげることはないだろう。映画では空間は自由自在に変化し、時間もまた過去・現在・未来を激しくゆれ動くものだった。それ自身のなかに激しい動きをもつ映画が、演劇のように完結した世界を作りだしえないことは明らかである。映画は、ある独特の性質をもった、濃い世界の雰囲気を作りだす。したがって、それは観客に対してあるものではない。雰囲気が観客をまきこむのである。観客は、いつと知らず雰囲気に包まれ、映画の世界のなかで生きているのである。

映画を鑑賞している間、私たちは映画の世界のなかに生きているのだから、もはやその世界を疑うことはできない。そのなかに生きている間、映画の世界のなかの対象は、私たちが現実のなかに生きているときに現実の対象が私たちに対してもつのと同様の意義を獲得するのである。それはもはや「信じこむ行為」ということさえできないものかもしれない。しかし前にも見たように、映画の鑑賞はあくまでもある自発性を必要とするものなのだから、観客はみずからその世界のなかで生きることを選んだとも考えられる。映画鑑賞における「信じこむ行為」は、演劇などと比べられぬほど強い性質をもつ。

独特の時間、空間のなかに生きる人物の表現を通して、ある世界の濃厚な雰囲気を作りだすという性質は、小説などにも特徴的に見いだされる。小説を読みながら、私たちはたしかに小説の世界の雰囲気に包まれ、その世界のなかで生きていくのである。小説を読む行為のなかにも、「信じこむ行為」はかなり強くあるといえる。しかし、前に考えたように、小説の鑑賞には反省する意識が、かなり自由に入りこむことができ、その点で映画の場合と大きなちがいをもっている。そしてもうひとつのこと――小説の場合には、映画とちがって、登場する人物その他が、現実に似通った外観を備えていないということも、注意されなければならない。小説を読む場合の「信じこむ行為」は、他の芸術に比べたときにはかなり強い性質をもっているが、映画鑑賞の場合には、それはさらに強度のものとなるのである。

今までいろいろな面から、映画鑑賞の態度は、他芸術鑑賞の場合と共通の性格をもちながらも、かなり特殊な性格をももっていることが明らかになった。映画を見ている間、私たちは映画の世界のなかにひきこまれて生きているのであり、しかも現実の世界から映画の世界へ入りこむために、ほとんど何の抵抗を感ぜずにすむ。しかもその世界は観客にある親しさをあたえるものであり、その世界はまた、私たちをとらえてなかなか離さない。実際に存在しない世界でありながら、私たちはそれを完全に信じこみ、その結果、映画の世界は私たちに対して大きな意義を獲得するのである。

映画の世界は、私たちに対して、それ以外にはありえないものとしてあるのだから、私たちはその世界を変えようとしたり、自由気ままにそのなかで生きることはできない。作者によって作りだされた世界のなかで、作者により意図されたように生きるしかないのである。それはたしかに受身で不自由なものである。しかしそのような生きかたをするということは、つまり映画を見るということは、私たちが選んだのであり、私たちの自発的な意志の結果である。そして、ある一定の生きかたを強いられるということは、すべての人が映画の世界のなかで画一的に生きるということを意味しない。現実の世界で、ある一定の条件を課せられても、私たちは各人各様の個性にもとづきながら自分の生を生きていく。それと同様に映画の世界であたえられた生を、私たちはそれぞれのやりかたで生きていくのである。

映画の世界が、そのなかで自由気ままに生きることを許さないということは、映画鑑賞を幻想や空想から区別するものといえる（これは芸術全体についてもいえることである）。映画の世界は、作家によってある意図の下に作りだされた秩序ある世界であり、そのなかでの体験は現実での体験よりもはるかに秩序づけられたものでありうる。しかも映画の世界は、現実の世界の法則から脱したものであり、事物のかくされた姿が、あらわにされている世界である。現実の生活で忘れさられている人間の問題がいたるところに姿を現わし、すべてが圧縮され、密度をもって現われる世界である。観客はそのなかにとらえられ、否応なしにそのなかで生きなければならない。問題から逃れることも、体験を中止することもできないのである。現実の世界では、ごく特殊な状況のなかでしかできないような体験が映画のなかで行われ、忘れさり目をおおっている自分の、人間の真の姿を見ざるをえないのである。

もちろん、映画の世界は、現実の苦しみや否定面を除きさり、すべてが思いのままに幸せに成就するように作りあげられることもできる。観客はそのなかで一時の幸せを生きることもできるだろう。それしかない、それ以外にありようのない、そのなかで生きなければならない世界、それは現実であろう。映画の世界は、観客にとって、鑑賞のつづく間、ひとつの現実なのであり、そのなかで体験は、現実におけるような強さと意義をもつものとなる。映画鑑賞の特質は、現実性にあるのでもなく、受身の性格にあるのでもない。その体験が、現実体験に匹敵するような強さと意義をもつ点にあるのである。

最後に映画鑑賞のもうひとつの特色をあげてみよう。映画鑑賞は反省する意識が入りこむことを許さなかった。つまり映画の世界での体験は、反省によってたしかめられとらえなおされることのないという性質をもつ。かつて読んだ小説の記憶は、反省によって確認したものという性格を多く帯びている。人物の生きかたとか、そのある言葉が自分にあたえた影響などである。いわば読書しながら自分のなかに生まれた感想が、その記憶の内容をなす。それに対し、映画の場合には、かってある世界で生きたという体験に対する思い出だけが残る。かつてそのなかで生きた世界の雰囲気が、記憶の内容を形作っているといえる。

Ⅳ　映画の種類

私たちはこれまで、ごく一般的に映画について考えてきた。しかしもっと具体的に個々の作品について考えてみると、ひとつひとつがずいぶんちがった性質をもっていることに気がつく。もちろん、個性ある作家が、つねに新しい問題と取組みながら作品を作りあげるのだから、ひとつひとつの作品がちがうのは当然のことでもある。しかしちょっと注意して作品に接してみると、あるいくつかの作品は、それぞれに個性をしめしながら、一方ではかなり共通した性格をもっていることがある。このような点に注意しながら、無数の作品をとらえなおしてみると、映画全体が大なり小なりのグループに分れているのを見ることができる。

グループといっても、その性質はさまざまである。かなりはっきりした性格とまとまりをもったもの、ごく曖昧なもの。大きなもの、小さなもの。大きなものは、そのなかにさらにいくつかのグループを含む場合もある。それはともかくとして、映画の性質を一般的に知ったうえで、もっと具体的に映画をとらえるためには、グループごとに考えていくのが適当ではないだろうか。個々の作品全部について考えることなどできるものでもないし、代表的な作品を選ぶにしても、選びだす規準をはっきりさせておかなかったら、無意味なものに終るだろうから。

ところで、グループにもいろいろな性質のものがあるのだから、どのような規準にもとづいてグループを分けるかということを、あらかじめ明確にしておかなければならない。たとえば人間について研究するために、青年というグループと女というグループを並べて考えたとしたら、いかにも奇妙なことになるだろう。一方は年齢という規準によって分けたグループだし、他方は性別という規準によるグループだからである。

あるクラスの学生をグループ別にする場合、家庭の貧富という規準に従うとしたら、多分混乱が生まれるだろう。というのは、家庭の貧富ということは、学生にとってかならずしも本質的なものではないし、貧富の判断というものは、クラス内の生活からは明確に行いえぬものだからである。グループ区分の規準は、分けようとするものにとって意義あるものでなければならず、また明確かつ客観的に判断できるものでなければならない。

他の同類のものからはっきり区別されるような特徴をもち、しかもその内部では一定の共通の性格によってあるまとまりをもった作品のグループ、それをジャンル（genre）と呼ぶ。映画の研究にとって、ジャンルの問題は欠かすことのできないものである。その理由は前に述べた。映画にはいろいろなジャンルがあると思われる。しかしはっきりした規準にもとづいてそれを分類する試みは、まだそれほど行われていず、研究の大きな支障となっている。そこで、いくつかの規準を立てて、映画のジャンルを分類・整理する必要がある。もちろん、映画の作品は、それぞれ強い個性と複雑な性格をもっており、分類といっても自然科学で行われているような明確な性質をもちえないのはいうまでもない。あるひとつの作品が、いくつかのジャンルに属しうるような性格をもつこともしばしばある。しかしそのなかでも、あるジャンルの要素が他の要素よりも多いわけで、その点であるひとつのジャンルに含めて考えることもできるわけである。あるジャンルの特徴を最も強く、純粋に備えている作品（典型的な作品）を中心に作品がひとつの群を作っており、中心から離れた作品ほど他ジャンルの要素が強くなってくると考えられる。

　映画のジャンルを区分する規準にはいろいろなものが考えられる。しかし映画の作品は、ある性質の映像を用いて、ある性質の内容を、ある一定の仕方で表現することによって作られるのだから、映像の性質、内容の性質、表現の仕方という、三つのものを考えるのが最も妥当であろう。

1　映像の性質による分類

(1)「無声映画」と「トーキー」

　これはいうまでもなく、映像が何らかの方法で録音された音をもつかどうかによる区分である。これについては、すでに第二章第三節で詳しくふれた。現在では、言葉・もの音・音楽という三つの音全部を欠いた映画は、ほとんどないといってよいので、無声映画は過去のものとなったジャンルといえる。無声映画とトーキーの最も大きな相違は、言葉のあるなしだと考えられる。これについても、前の個所で述べた。

(2)「黒白映画」と「色彩映画」

色彩の有無による区分。これは前の区分よりも重要な意義をもっている。映画のなかで、音はあくまでも映像による表現を補い、明確なものにするものであり、映像につけ加わったものであるが、色彩の有無は映像自身の性質を変化させるものだからである。無声映画はトーキーの出現とともに消えたが、黒白映画は色彩関係の技術が進歩した現在でも立派に残りつづけている。将来も消えることはないだろう。色彩映画では表現しえないような内容を、黒白映画が表現しうるからである。

現在カラー・フィルムは非常に進歩してはいるが、それでも複雑な、そして多様な色彩を完全に再現する段階にはいたっていない。不完全に再現された色彩は、表現された映画の世界を「信じこむ行為」を、いちじるしく損なうおそれがある。そのうえ、映画の色彩は、撮影する対象の色彩がレンズ→フィルム→スクリーンという過程を通って機械的に再現されるものであり、照明、衣裳や装置、フィルターなどによってかなり自由な構成が行われるとはいうものの、画面の厳密な色彩構成はかなり困難なものになってくる。ある色彩効果をえるためには、それに応じた撮影対象を選ばなければならず、ある対象を選べば、それに応じた色彩しかえられないのである。画面の色彩構成を厳密に考えると、色彩映画の内容はかなり限定されたものとなる。

そのうえ、映画の色彩は運動し変化するものなのだから、色彩構成はますますむずかしさを増す。逆に、色彩構成にのみ注意をはらいすぎると、映画の動きがにぶくなってしまうおそれもでてくる。黒白映画の場合、画面の調子は黒↓白の変化をしめすだけだが、色彩映画の場合には、調子の変化は非常に幅の広いものとなり、調子の統一はなかなか行いにくい。それとともに、観客の関心や注意を一定の状態に統一することも、黒白映画に比べるとかなり困難となる。

カラー・フィルムの感光度は、現在では黒白のフィルムに比べてかなり低く、撮影に強い光線を必要とするため、夜景の撮影や暗い調子の画面を作りだすのに不便であり、かつ微妙な調子の失われてしまうおそれもある。

以上では、色彩映画の否定的な面をあげたが、このような性質のために、ある性質の内容は、色彩映画によっては充分に表現されにくいものとなる。圧縮され統一された構成を要求するものや、観客に緊張し集中する態度を要求するもの。具体的には悲劇的なもの、推理映画やスリラー映画、あるいはある種の戦争映画などである。ウィリアム・ワイラー*（William Wyler, 1902-1981）の『必死の逃亡者』（*The Desperate Hours*, 1955）のような映画が、もし色彩映画で作られたとしたらどうだろう。

あるいは、画面の微妙な調子を通して、ある個人の心の問題や、個人と個人の間の心のふれ合いやもつれを描くような場合には、黒白映画こそがふさわしいと考えられる。ブレッソンの映画（とくに『田舎司祭の日記』）などその最もよい例だろう。独特な立場に立って人間の内面の生活を追求しながら、生そのものの意義を問いただそうとするベルイマンの作品の多くが、黒白映画であるのも偶然ではない。そして、『処女の泉』(*Jungfrukällan*, 1960) の冒頭のシーンのように、いわば空気の動きそのものを感じさせるような微妙で密度の高い画面は、黒白映画特有のものといえる。

ところで、現実の世界は色彩をもっているのだから、色彩映画は黒白映画より現実に近い性質をもつといわれることが多いが、はたしてそうだろうか。現実の場合には、色彩はつねにある物体の表面に感じられるわけだが、映画の場合には(これは絵画の場合も同じに考えられるが)、色彩は物体をはなれて平面に移しかえられる。色彩はたしかに物体のもっているものだが、映画に撮影された場合には、物体そのものではなく、その色彩がフィルムに移しかえられ、それがスクリーンに再現されるのである。ということは、色彩が物体から離れて、ある程度の自由さを獲得することを意味する。忠実に現実を再現した映像においても、色彩は現実におけるよりもはるかに強くそれ自身の存在を主張する。平面の世界では、物体感は色彩の背後に後退する。

平面の世界で物体感を表わすために働くもの、それはものの形を写しとる輪郭線であり、立体感を表わす明暗の調子である。ところが色彩はむしろ輪郭を曖昧にし、そのうえ(映画の場合には特に)明暗の調子を弱まらせる働きをもっている。このようなことを考えあわせると、色彩映画においては、物体感はむしろ薄くなり、現実から離れる傾向がみられるといってよい。その上、色彩自身は、古くからいわれているように主観的な性質をもち、さらに多様な、豊な、豪華な印象をあたえるものであれば、色彩映画に適した内容というものも自然に明らかになってくる。幻想的なもの、エギゾティックなもの、伝説的なものなどがそれであり、特に「ミュージカル映画」や「コスチューム・プレイ」

などは、色彩なくしては考えられないといってよい。

これまでは、ごく一般的に黒白映画と色彩映画について考えてきたが、ここで映画における色彩の役割について考えてみよう。映画においては、たとえそれが現実をそのまま再現したものであっても、色彩それ自身の性質がきわ立ってくることは前に述べたが、このことは色彩そのものの性質を利用した表現が可能となることを意味する。あたえられた対象の色彩をそのまま再現するのでもなく、また単純に画面の色彩効果だけを考えるのでもなく、あくまでも映画の表現する内容と密接な関係を保ちながら、色彩を使用しなければならない。つまり、ひとつの映画的な世界を構成するために色彩を用いるのである。

私たちは、映画のなかで背景や小道具が俳優のように演技することを知っているが、色彩はその性質をさらに強めると思われる。マイケル・パウエル*（Michael Powell, 1905-1990）の『赤い靴』（*The Red Shoes*, 1948）のなかで、バレエ靴が重要な役割を演ずることはよく知られているが、真紅の色彩がその存在をきわ立たせていなかったならば、映画全体を通してあれほど主要な役割を演じることはなかっただろう。ラモリス*（Albert Lamorisse, 1922-1970）の『赤い風船』（*Le Ballon rouge*, 1905）にしてもそうである。灰色のパリの家並を背景に、それだけが鮮かに赤い風船は、単なる小道具というよりは、その存在が最も強調された主役となっているのである。

前のことと関連するが、色彩映画では衣裳が非常に重要な役割を果す。衣裳は人間の体を包みかくし、人間を社会的な存在にする一方、着る人の個性をあらわにするという働きをもつ。衣裳による人物の性格表現の可能性は、色彩によってさらに強められるだろう。色彩が人間の感情内容と直接的な関係をもつことは、古くからよく知られた事実である。

無声映画の時代に、染色法というものがあった。撮影した黒白のフィルムを、画面の雰囲気に応じていろいろな色に染めるのである。色彩によって映画の雰囲気を表現しようとしたものといえる。現在の色彩映画では、こうした表現はかえって困難になったともいえる。前にもふれたように、カラー・フィルムを用いて統一した色彩を作りだすことは、かなりむずかしいからである。しかし、何らかの手段によって、画面の色調を統一し、優れた効果をあげているものがある。ジョン・ヒューストン*（John Huston, 1906-1987）は、『白鯨』（*Moby Dick*, 1956）を作る時に、カラー・フィルムの上に黒白のコピーを焼きつけたといわれているが、そのために全編の色彩は黒っぽく沈んだ調子で統一されていた。市川崑*（一九一五―二〇〇八）の『おとうと』（一九六〇）の場合も、全編の色彩はくすんだしぶい調子を保ち、ところどころに挿入される華やかな色彩の画面（咲き乱れる花、結婚衣裳……）などが、そのために非常に美しい効果をあげていた。

絵画の構図をとり入れた映画があることは前に知ったが、色彩についても同様のことがいえる。ローレンス・オリヴィエの『ヘンリー五世』（*Henry V*, 1944）の色彩は、ミニアチュール絵画の色彩を思わせ、カステラーニ*（Renato Castellani, 1913-1985）の『ロメオとジュリエット』（*Giulietta e Romeo*, 1953）には、明らかにルネサンス絵画の色彩がとり入れられていた。これらは、映画全体をある時代の枠にはめるとともに、映画全体から現実的な印象を除き去り、それがひとつの物語（せまい意味での）であることを強調していた。

(3)「標準映画」と「ワイドスクリーン映画」

これは映像の大きさ、あるいは型による区分である。いわゆる「大型映画」は、すでに映画史のごく初期に存在していたといわれる。一九〇〇年のパリ万国博覧会で、リュミェール兄弟が幅二五米、高さ一五米の大スクリーンを用いて映画を上映したという記録が残っている。したがって、大型スクリーンが一九五〇年代に急速に一般化するようになったのは、明らかにテレヴィジョンの影響に対抗するための、企業上の理由によるものと考えられる。しかしたとえそうであるにしても、映像の型や大きさが変るということは、作品全体の性質にも決定的な影響をおよぼすと考えられ、映画研究にとっても重要な課題であると思われる。

大型映画、あるいはワイド・スクリーン映画といっても、いろいろな種類があるし、性質も決して同じではない。標準映画（スタンダード・スクリーン映画）よりも映像が大きくなることも事実だが、もっとはっきりした特徴は、縦・横の比率が大きく変っていることである。標準映画では、1：1.37であるのに比べ、「ヴィスタ・ヴィジョン」（vista-vision）では1：1.85、「シネマスコープ」（cinemascope）では1：2.55、「シネラマ」（cinerama）では1：2.88、「トッドAO」（Tod A-O）では1：2.21、という比率になっている。ヴィスタ・ヴィジョンはそれほどでないが、ワイド・スクリーン映画では映像はいちじるしく横長のものとなっている。

映像が横長であるということは、どのような意味をもってくるだろうか。人間の現実的な視野は、本来水平にひろがったパノラミックな性質をもつものであり、その点でワイド・スクリーンは人間の現実的視野に近く、観客に現実感をあたえるという主張が、シネマスコープなどが現われたころ、さかんになされた。しかし人間の視野は、実際には3:4の比率をもつといわれ、標準映画のそれに近いのである。したがってシネマスコープなどのような画面は、かえって不自然な印象をあたえるとさえいえる。

標準映画では、画面が人間の視野に近いプロポーションをもっている点から、遠景、近景、クローズ・アップなどが、自由に、急速に変化することができるが、ワイド・スクリーンの場合、あまり急速な画面交替は、観客の目にあるショックをあたえるおそれがでてくる。事実初期のシネマスコープなどでは、画面交替が自由さを失い、表現が固定化したものがよく見うけられた。

大型映画では、遠景はたしかにパノラミックに開けた印象をあたえ、広い空間のなかで展開するような事件を描きだす場合や（「西部劇映画」、「戦争映画」など）、風景を中心にした「旅行映画」などには適しているといえよう。しかし、近景やクローズ・アップの場合には、上下が圧迫されたような不自然な印象をひき起しやすく、また画面に余分な空間ができてしまい、緻密な画面を構成することがむずかしくなる。それとともに、横長の大きな画面は、画面全体を一度に見ることを不可能にし、観客の注意を画面の一部から他の部分へ拡散させるおそれがないとはいえない。したがって、厳密な構成を必要とする内容には適当でない。また、個人の内面的な問題を扱うもののように、外面的な動きの少いものも、大型映画にふさわしい内容とはいえない。

大型の画面が緻密な構成を行いがたいという性格をもっていることは、作者が気づかないもの、あるいは意図しなかったものが、画面のなかに入りこんでくることを意味する。思いがけないものの出現、不意の効果は、ある意味では画面に新鮮な現実感をあたえる場合が多く（計算された作りものではないという印象）、「ルポルタージュ映画」、「ドキュメンタリー映画」に適したものだと考えることもできる。また横長の画面は、舞台空間に似通った外観をもっていることから、舞台的な性格の濃い題材を表現する場合に、大きな力を発揮すると考えられる。たとえば、ミュージカル映画、オペレッタ映画、バレエ映画などである。

広い画面を、白と黒の調子の変化だけで埋めつくすのは、かなりむずかしいにちがいない。黒白の大型の映像は、非常に単調なものになるか、密度の薄い、さむざむとした印象をあたえるおそれがある。画面が大型になるほど、色彩は欠かすことができない。黒白映画はほとんどが標準映画かそれに近い型の映画であり、大型映画は大部分が色彩映画でもある。そして色彩のもつ豪華で豊な性質は、大型の画面ではいっそう強調されるにちがいない。この点からも、大型映画に適した内容の性質がうかがわれる。

画面構成の緻密さ、集中的な性格という点で、ワイド・スクリーン映画が標準映画に比べて劣っていることは否定できない。しかし一方では、映画の画面が標準映画の型でなければならないということは、別段きめられているわけでもない。画家のルオー（Georges Rouault, 1877-1958）が映画を見たとき、映画では画面をなぜ縦にしないのだろうという疑問を発したというエピソードがあるが、たしかに縦長の画面があってよいわけである。グリフィスは、『イントレランス』のあるシーンで、城壁から転落する兵士の姿を表現するときに、横に長い画面では縦の動きの効果が減少するからといって、画面の両端を黒くおおいかくし、画面の中央に縦長に兵士の落ちる姿を描きだしたといわれている。エイゼンシュテインは、縦の動きにも横の動きにも適した形として正方形を考え、映画のスクリーンも正方形を採用すべきだと主張したことがある。

　にもかかわらず、標準スクリーンが長い間用いられたのは、その型がいわゆる黄金分割比に合った、最も安定したものであること、先にも述べたように人間の視野に近いプロポーションをもつことなどによると思われる。一部の人びとがいうように、単なる習慣によるものではなく、相応の理由にもとづいているのである。しかし、大型画面が、標準画面にはないような特徴を備えていることも事実であり、それを否定してしまうことも、根拠のないことである。

　標準映画と同じ内容を、単に拡大するだけなら、大型映画は無意味なものになってしまう。それにふさわしい内容と表現の技法を見いだすとき、ひとつの完成した作品が生まれるのである。マクス・オフュルス*（Max Ophüls, 1902-1957）の『歴史は女で作られる』（*Lola Montès*, 1955）などは、シネマスコープに新しい表現の可能性を見いだしたものとして記憶すべき作品である。画面が広くなるということは、人物の行動する背景が広くなり、人物といっしょにある小道具などの比重が大きくなることを意味する。オフュルスはこの映画で装置・小道具に大きな意味をあたえ、しかも、横長の画面にふさわしいものを選んでいる。彼は、横長の画面全部を使わずに適当な手段で画面を区切り、効果的な表現を行っている。それよりも、広大な画面に一人おかれた人物は、観客に孤独であり淋しさを抱いているという印象をあたえるだろう。映画の主人公ローラ・モンテスは、ヨーロッパの上流人たちの情人として華やかな生活を送りながら、晩年はあるサーカスの見世物にされているような女性である。名声を求める女の、名声を失った女の孤独が、シネマスコープの広い画面によって強調されていたといってよい。

ところで、シネラマなどの場合には、彎曲して観客を包みこむような巨大な画面と、場内いたるところから鳴りひびく立体音効果によって映画の表わす場所に観客が実際にいると感ずるような、いわゆる臨場感をあたえるといわれているが、それは私たちが映画鑑賞の態度の特徴と考えたことを、さらに強めるものと考えてよいのだろうか。たしかに、私たちは映画の世界が観客を包みこむといった。しかし、それは映像によって作りだされる世界の雰囲気が包みこむことを意味するのであって、画面が包みこむことを意味するものではない。むしろあまりに巨大な映像は、部分という性格を失い、したがって世界の雰囲気を失ってしまうだろう。巨大な画面は、むしろ観客に対してあるひとつの世界といった性格をもち、その世界が、半ば強制的に観客をそのなかに引きこもうとするとも考えられる。

私たちが映画の世界を「信じこむ」のは、あくまでも意識がそのなかに自然に吸いこまれるからである。世界の雰囲気が私たちを包みこみ、映画のリズムに快く運ばれるからである。あまりにも巨大な画面は、むしろ暴力的に私たちの体までもそのなかに引きこもうとするのであり、感覚的な反応を引きおこすことはできても、意識をそのなかに吸いこみ、幸福感をあたえてくれることはできないだろう。大型映画が画面の大きさだけに頼るかぎり、本当の芸術作品を作りだすことはできない。優れた標準映画が、画面の小ささなど決して感じさせないように、大型映画が画面の大きさを感じさせない場合――大型映画というジャンルにふさわしい内容が、それに応じた技法によって表現される場合、優れた作品といえるだろう。

(4)「自然映像による映画」と「自由映像による映画」

この区分は、前の三つとは、かなり性格がちがう。名前も便宜的につけたものであって、はたして明確なジャンルを形作りうるかにも問題はあると思うが、自然映像と自由映像では、明らかに映像としての性質が異なるので、ここで考えることにする。

映像を作る場合、何らかの具体的対象が必要だと考えたが、この区分はその対象の性質による区分である。したがって、前の三つが映像の形式による区分であるのに対し、これは映像の対象による区分であり、つぎに考える内容による区分にふくめられるものとも考えられる。しかし、映像の性質の相違と考えたほうが適当だと思われる。

自然映像とは、何らかの意味で自然的・現実的対象との直接的関連から作りだされる映像である。自由映像とは、それに対して、自然的・現実的対象との関連をはなれて、自由に形作られる映像をさす。具体的には、いわゆる「アニメーション映画」、「人形映画」、「影絵映画」などである。それ自身まったく動きをもたない絵、人形、影絵などが、ある手段を用いて撮影され、まったく新しい運動する形を作りだすのである。この場合、撮影対象自身が、まったく新しく自由に作りだされるのである。

自然映像とは、アニメーションその他の映像以外のもの全部を含む広い概念である。現実に存在する対象を再現した映像から、俳優・セットを用いて作られる映像までを含む。セットなどは撮影のために特に作られたという性質をもつが、上映においては自然のものとして見られる性質をもっているので、このなかにやはり含まれるべきであろう。自然映像を用いる映画は、非常に範囲が広いが、何らかの意味で、自然界や人間界に生ずる具体的な出来事、現象を対象にするものといえる。

自由映像の場合を、アニメーションを例に説明してみよう。アニメーションでは、フィルムの一駒一駒が、作家の意図にもとづいて描かれ（実際には一駒のためにいくつかの絵が描かれ、合成される）、一枚一枚の絵は上映されることによって新しく運動を獲得する。このような映像が、現実の人生や自然にその内容を求めるよりも、幻想的な、メルヒェン（お伽話）的な世界を描くのに適していることはいうまでもない。そして、一駒ずつ描かれた絵によって動きが表現されるのであるから、描かれるものは単純化され、様式化され、さらには戯画化される傾向にあり、したがって作品の内容も、諷刺的な性格を帯びたり、喜劇的なものが多くなる。ディズニー*（Walt Disney, 1901-1966）のアニメーション映画などがそのよい例である。単純化・様式化が進むと、抽象的な形が生まれるだろう。いわゆる抽象映画である。

アニメーション映画について考えたことは、人形映画その他にも当然あてはまるだろう。なお自由映像の特殊なものとして、もはやカメラを用いず、感光させたフィルムの上に直接抽象的な形を描いて作られるものがある。ノーマン・マクラーレン*（Norman Mclaren, 1914-1987）の作品がそれである。

2　内容の性質による分類

映画のいろいろなジャンルのなかで、これほど問題にされることの多いものはない。そして、これほど人によって解釈のちがってくるものはない。これまでにもドキュメンタリー映画を定義づけようとする試みは、幾度となく行われてきたが、ひとつひとつがまったくちがった見解をしめしている。ある場合には単に現実に起きた事件を対象とする映画と考えられまたある場合には「ニュース映画」や「美術映画」などまで含むものと考えられている。

(1)「ドキュメンタリー映画」（あるいは「記録映画」）

ポール・ローサ（Paul Rotha, 1907-1984）の定義によれば、ドキュメンタリー映画とは、現実的かつアクチュアルな素材のドラマティゼーション（dramatization、劇化）である。つまりそれは、ニュース映画や旅行映画のように、現実の出来事や環境を単純に描写し記述するものではない。作者はつねに明確な態度をとりながら、人間社会のいろいろな現象をとらえ、それを一定の方法にもとづいて構成することによって現在の社会問題を浮きぼりにし、民衆にそれを強く訴える（プロパガンダする）のである。作者の態度、社会現象のとらえかたによって、ドキュメンタリー映画にはいろいろな系統が存在する。

このようなローサの規定によると、ドキュメンタリー映画のなかには、普通は「劇映画」のなかに含めて考えているものから、政治上の主張を大衆に説得するための「政策（国策）映画」のようなものまで含まれることになり、ひとつのジャンルとして考えるには、あまりにも広く、あまりにも性格の曖昧なものになってしまう。ローサ自身、ドキュメンタリー映画をジャンルとして考えるよりも、映画におけるドキュメンタルな方法を問題とするといっていることからみても、これはむしろ当然の結果だろう。ローサにとって、ドキュメンタリー映画は、作家の根本的な態度の問題となっているのだと考えられる。

ドキュメンタリー映画のジャンルとしての特徴を、思いきって単純化し、純粋化して考えれば、つぎのようなものとなるのではあるまいか。ドキュメンタリー映画とは、人間や社会にとって意義のある、現実に実際に生じた出来事ないしは行為を、最も純粋な自然映像を用いて表現する映画作品である。作品であるという点で、それはある完結した性格と全体の統一をもたなければならず、その点で事実の断片的な再現であるニュース映画から区別される。現実の出来事や行為（これらは最も広い意味に考えてよい）を対象とするという点で、美術映画や旅行映画からも区別される。そして最後に、いっさいの人為的構成を含まない、純粋の自然映像を手段とする点で、過去の事件を記録にもとづいて再構成したような映画、観客の興味をひくために安易な演出を加えたようなまがいものの映画から区別される。前に述べたような意味での典型的なドキュメンタリー映画では、作為的な演出は行われるべきでない。

このジャンルの映画では、現実的な対象があるがままに撮影されるのだから（映画の内容を作者が自由に作りだすことができないのだから）、映画の内容の性質は、すべて現実の事件なり行為によって決定されるといってよい。したがって現実の事件や行為といっても、あまりにも日常茶飯事的な私的なものであっては、映画の意義も失われるだろうし、ひとつのまとまった作品を作りあげるだけの力ももたないだろう。人間や社会にとって意義あるという限定をつけたのはそのためである。もちろん、日常生活で気づかずに過しているような小さな出来事から、ある意義のある問題をとらえることはできる。人間や社会に意義あるといったのは、大事件や重要人物の行動などを意味するのではない。大事件などを描くよりも、日常的な、身近な出来事を通して、意義ある問題を描きだしたほうが、説得力をもつのではないか。

現実の事件を再現するだけでは、おそらく積極的な意義は生まれないだろう（後世への記録・資料としての意義はあるだろうが、それだけでは芸術としての資格はない）。現実の事件を通して、より本質的な、より普遍的な問題が現われてきて、はじめてドキュメンタリー映画の作品はひとつの意義と芸術的価値をもつことができる。ドキュメンタリー映画にとって最も重要なものは、事件をとらえる作家の目であり、事件に対する作家の態度である。

現実の事件というものは、かならずしも首尾一貫したものでもないし、明確にその姿を現わすものでもない。複雑で、雑然として、そのうえ曖昧な現実の事件をそのまま描きながら、作品に統一をあたえ、事件全体にある意味をあたえるもの、それもまた作者の、これは首尾一貫した明確な態度なのである。優れたドキュメンタリー映画は、現実の事件の描写を通して普遍的・本質的問題を具体的に描きだすとともに作者の世界観や個性をも現わしだすのである。

アラン・レネの『夜と霧』（*Nuit et Brouillard*, 1955）は、その意味でこのジャンルの最も優れた作品のひとつである。ナチのユダヤ人虐殺の様子を当時の実写フィルムによって描きながら、カラーでとらえた収容所の現在の情景を随所に挿入することによって、レネは、ナチの暴挙がある少数の人によって行われた過去の事実に過ぎないのではなく、同時代に生きている人間すべての問題であることを呼びかけている。単なる資料としてのフィルムが、生命をあたえられ、優れた芸術作品に結晶しているのである。

現在記録映画ないしドキュメンタリー映画の名のもとに公開されている作品の大部分は、演出の跡がはっきりしており、さらに作者の個性も感じられず、純粋にこのジャンルの作品と考えることはできない。その多くは珍しい風景や風俗を紹介する旅行映画であり、動物の生態映画であり、ショウ映画にすぎない。優れた作品が一般に公開されることは、きわめて稀である。

なおルーキエの『ファルビク』にも、演出の行われたのを感じさせる部分があるが、それは演出によって現実にない事件や行為を映画のために行わせるものではなく、農夫たちの生活で現実におきた問題を、より明確なものにするために生活の現実のなかで行われた演出であり、この映画のドキュメンタリー的性格を傷つけるにはいたっていない。またロバート・フラハーティ*(Robert J. Flaherty, 1884-1951)の『ルイジアナ物語』(*Louisiana Story*, 1948)は、一般にドキュメンタリー映画と考えられているが、別の理由で純粋なこのジャンルの作品とはいいがたい。

(2)「劇映画」

これまた曖昧な言葉である。第一、映画が劇芸術とまったくちがうことを知っている私たちからすれば、これは矛盾した言葉ですらある。しかしとにかくもある特徴をもった一群の作品を指ししめしているのだから、そのジャンルとしての性格を明確にしておこう。

ドキュメンタリー映画が現実の事件を描くのに対し、劇映画の場合には、作家によって自由に創造された想像上の事件を描くのである。その意味では、劇映画に相当する英語 "fiction film" のほうが、適当な言葉だといえる。もちろん、フィクションという言葉自身も曖昧に用いられることが多く、それ自身の定義が必要となってくるのだが、問題があまり一般的になるため、ここでは触れることができない。

いずれにしても、劇映画は俳優やセットを使用し、現実から離れて独特な性格をもったひとつの世界を作りだす。現実から離れるといっても、もちろん人間や人間の住む社会とまったく無関係だというわけではない。前にもそれについて考えたことだが、日常の世界では、人間の行動は習慣の枠のなかで型にはめられ、真実の姿は現われにくい。したがって現実の人間の行為を通しては、人間についての本質的な、普遍的な問題は現われにくいのである。死に直面したり、大きな危機に出会うとき、人は否応なしに周囲との関係を断ちきられ、自分自身の真の姿を直視しなければなるまい。しかし現実の生活では、このような特異な状況はほとんどない。作家はそのような状況を想像によって作りだし、そのなかにある性格をもった人物をおいて、その行動を描写するのである。あるいは、ある人物の行動を通してそのような状況を作りだすのである。そうした人物の行動、あるいは人物たちの行動から生ずる出来事の発展、それが劇や小説、あるいは映画の物語だといってよい。架空の世界、フィクションの世界といっても、それは勝手気ままな空想の世界ではない。

　想像の世界を作りだすというだけでは、このジャンルの性格を充分に規定することにはならない。アニメーション映画や人形映画なども想像上の世界を描いているが、これらの映画は劇映画に含めて考えることはないからである。ここで私たちは、自然映像を用いて、という条件をつけなければならない。そして、自然映像の性質によって、劇映画のなかに小さな作品のグループ（いわゆる下位ジャンル）が形作られる。まったく実在するものから作られる自然映像は、最も純粋なものといえるが、劇映画のなかにもかなり純粋な自然映像によって作られるものがある。物語の行われる場所に現実の場所をえらび、作中人物と同じ環境にある素人俳優を用いて作られる、いわゆる「セミ・ドキュメンタリー映画」である。これはいってみれば、劇映画のなかでもドキュメンタリー映画に近いジャンルといえるが、映画の状況設定や人物の性格づけが、作家によって自由に行われる点で、劇映画としての性格をもっている。

　劇映画には、それが描きだす世界の性質によって、さらにいくつかの下位ジャンルが区分される。その種類も非常に豊富であり、全部を網羅することはとてもできない。その主なものだけを、ある規準に従いながらあげてみよう。まず時間的な性質からは、「歴史映画」（時代劇映画）――過去、「風俗映画」（現代物）――現在、「空想科学映画」（S・F映画）――未来、などが考えられ、空間的な性質からは、特殊な場所での物語を描くものとして、「西部劇」が重要なものとして考えられる。その他未開の土地が舞台となる点では「探検映画」なども考えられるだろう。

一方、映画のなかに描かれる人間が、個人中心であるか、集団的なものであるかによって、いくつかの下位ジャンルが区分される。個人中心の代表的なものには、「恋愛映画」や「宗教映画」などがあげられ、集団中心のものでは「戦争映画」などがその代表的なものであり、さらに政治、社会などの問題を中心にしたものとして、「政治映画」「社会問題映画」なども考えることができる。もちろん、これらはある作品の特徴を、相対的にとらえてのみいうことができるのであり、実際の作品においては、いろいろな性質が共存しており、どのジャンルに区分するかにとまどう場合が多い。たとえばジャン・ルノワールの『大いなる幻影』(*La Grande Illusion*, 1937)などは、第一次大戦に題材を求めているため「戦争映画」とも考えられるのであるが、一方貴族と労働者という階級の対立を描いている点で、一種の「社会問題映画」とも考えることができる。あるいは国家間の対立を問題にしている点では、「政治映画」としてもとらえられ、さらには人種問題までが重要なテーマとなっており、もはや既成のジャンル概念ではとらえることのできない大きさをもっている。これまで考えた下位ジャンルは、あくまでも作品の相対的特徴をとらえたものであることを忘れてはならない。

ところで、映画の場合にも、滑稽な出来事を描く「喜劇映画」と、厳粛な出来事を描く「悲劇映画」というジャンルが考えられるが、前に考えたように、純粋な悲劇的効果は映画においてはあげることがむずかしく、それを反映してか「喜劇映画」という言葉は使われても、「悲劇映画」という言葉の使われることは少いようである。喜劇的な内容は、映画にとって親しいものであるといえる。それは悲劇的なもののように集中的な、圧縮された表現を必要とせず、むしろ軽快な、急速な筋の展開をもつものだからである。さらに喜劇的な効果は、一種の意外さの効果から生まれるとも考えられ、映画の急速な場面転換は、その表現に適しているとも思われる。なかでも、駒落し撮影による人物のギクシャクした動きの効果、広い空間を現実の法則を無視して、自由自在に発展する物語などから成立つ「ドタバタ喜劇」(slap-stick comedy)は、映画でなければできない喜劇的効果をもっている。トーキーの出現により、「性格喜劇」や「状況喜劇」などのジャンルも、かなり盛んになっている。マクス・ランデ*(Max Linder, 1883-1925)、チャプリン、エルンスト・ルビッチ*(Ernst Luibitsch, 1892-1947)、あるいはルネ・クレールの作品などが、代表的な喜劇映画だろう。

以上のほかにも、「推理映画」など、多数の下位ジャンルが考えられるが、ごく特殊なものとして「音楽映画」があげられる。音楽映画のなかでも、クリスチャン＝ジャック*(Christian-Jaque, 1904-1994)の『幻想交響曲』(*La Symphonie Fantastique*, 1942)のようなものは、ある実在した音楽家の生活を描いたものとして、「伝記映画」のなかに含めて考えられるが、「ミュージカル映画」や「オペレッタ映画」などは、音楽が映画の世界を作りあげるための主要な役割を果たしているとも考えられ(物語の展開や人物の性格づけが、音楽によって行われる)、劇映画のなかでもごく特殊なものと考えなければなるまい。『ウエスト・サイド物語』(*West-Side Story*, 1961)、『会議は踊る』(*Der Kongress tanzt*, 1931)などは、それぞれのジャンルの性格をよく現わした作品である。

(3)「抽象映画」　ドキュメンタリー映画にしろ劇映画にしろ、ある具体的な対象を描くという点では共通の性格をもっているが、作家によって作りだされた抽象的形態の自由な動きを通して、ある視覚的リズムを作りだすのが、抽象映画である。いってみれば、絵画における抽象絵画と比べて考えられるものだが、ひとつの時間的な形式を作りだすという点では、音楽にも比べられる。しかし、これについては前に考えた。ハンス・リヒター*（Hans Richiter, 1888-1976）の『リズム21』（*Rythmuns 21*, 1921）やマクラーレンの作品がその例である。一方、具体的な対象を撮影しながらも、それらの日常的意味をまったく無視し、純粋な形や運動に還元して終ったような作品もある。いわばものの踊りである。ものを描くのではなく、ものによって形と運動を作りだすのである。「絶対映画」とか「純粋映画」と呼ばれるものであり、マン・レイ*（Man Ray, 1890-1976）の『理性への復帰』（*Retour à la Raisons*, 1923）やフェルナン・レジェ*（Fernand Léger, 1881-1955）の『バレエ・メカニック』（*Ballet Mécanique*, 1924）などがその例である。

3　表現の仕方による分類

文学のジャンルについて考える場合には、この表現の仕方を規準とした分類が、古くから最も一般的に行われている。その結果区分されるジャンルは、抒情詩、叙事詩、そして劇の三つである（これについては、第二章第二節で述べた）。いまこのジャンル区分を映画に適用して、抒情的映画、叙事的映画、劇的映画というジャンルを区分することができるだろうか。このような分類を行っている学者もたしかにいる。しかし私たちは、ある作者がカメラ――映像を用いてある事件や物語を描写する芸術として映画を考えたのだから、映画は全体として叙事的な性格を備えているといわなければならない。したがって表現の仕方による分類は、映画の場合はっきりとは成立しえないと考えられる。

ただ、全体としては叙事的な性格をもってはいるが、作品の内容や作者の態度によって、抒情的な色あいの濃い映画、劇的な印象をあたえる映画が生まれることは考えられる。小説が叙事的な文学であることはいうまでもないが、そのなかでたとえば「私小説」とか「告白小説」のようなものは、作者の感情や思想がかなり直接にいい表わされ、抒情詩に近い性格をしめすのである。それと同様に、映画の場合にも「私映画」といったようなものが考えられるともいえるのであるが、第三章で考えたように純粋な「私映画」なるものはほとんど考えられず、この意味での抒情的な性格は、きわめて稀である。一般にいう抒情的な映画とは、情趣味豊な、あるいは感傷味を帯びた、ある気分をたたえた映画であろう。それと同様に劇的な映画も、純粋に劇的な性格を備えたジャンルというよりは、主要人物同志の対立が強く、それにもとづいて事件が展開していくようなものである。そして民族の伝説や英雄をテーマにしたようなものを、叙事的な映画というのである。映画の場合、抒情的、叙事的、劇的という言葉は、ジャンルを意味するのではなく、ある作品の特徴を相対的にいい表わすために用いられる。

これまで考えてきたことは、いうまでもなく劇映画についてだけあてはまることである。ところが劇映画とはぜんぜん別個に、純粋に抒情的な性格を備えたジャンルがある。いわゆる「映画詩」と呼ばれるものである。映画詩のなかには自然映像を用いたものもあれば、自由映像からできているものもあり、対象の性質からいっても、現実の世界を対象としたものも想像上の世界を描いているものもありで、映像や対象の性質を規準とするかぎり、このジャンルの性格をはっきり規定することはできないのである。

先に抒情詩について簡単に考えたときに、柿本人麻呂の「ひむがしの……」という短歌を例にとり、それが風景を描いてはいるが、風景の描写を目的としたものではなく、むしろ風景に託して作者の感情をうたいあげたという性質をもつことを知った。そして、風景画の場合も、風景の描写というよりは、描かれた風景を通して風景を見る作者の心が現われるのだということを知った。映画詩は、いわば叙景歌や風景画と共通の性格をもつものである。

自然界の風物が、人物の行動が確かに描きだされてはいるが、作者はそれらを客観的に眺め叙述しているのではなく、自分の心を風物に溶けこませ、風物によって心のなかに作りだされたある定かならぬ感情——気分を、風物に託して表わそうとしているのである。客観的描写ではなく、主観的な印象が中心となっている。観客は風物や行動を見るのではなく、ひとつの気分を味わうのである。そして作者の表現態度は叙事的ではなく、叙情的だといわざるをえない。

ヨリス・イヴェンス*（Joris Ivens, 1898-1989）の『セーヌの詩《うた》』（*La Seine a rencontré Paris*, 1957）は、純粋の自然映像を用いてセーヌの流れとセーヌから見たパリを描いたものだったが、イヴェンスは川の流れに、幼児期、労働、愛そして死といったものを見ていたと思う。人間の生のもつ独特な気分が、この映画の基調をなしているといえよう。ディミトリ・キルサノフ*（Dimitri Kirsanoff, 1899-1957）の

『秋の霧』（*Brumes d'Automne*, 1927）では、ある一人の女性が登場するが、もちろんその人物の行動を描写するのが目的ではなく、秋の風景のなかの女性を通して、あるもの憂さをもったメランコリーが表現されていた。全体の気分は、ヴェルレーヌ（Paul Verlaine, 1844-1896）の『秋の歌』（*Chanson d'Automne*）に通ずるものがある。前にあげたフラハティの『ルイジアナ物語』なども、ある事実の表現というよりも、抒情的な気分の表現という性質をもっており、むしろ映画詩のなかに含めて考えるべきだと思われる。

結局映画における表現の仕方からは、叙事的映画と抒情的映画（映画詩）の二ジャンルが区分され、前者はさらにドキュメンタリー映画と劇映画を含むものと考えることができよう。なお、抽象映画や絶対映画なども、視覚的リズムによる作者の内的な感情の表現という性格をもつとすれば、映画詩のジャンルに含まれると考えてよい。

私たちはこれまで三つの規準をたてて、いろいろなジャンルを区分してきた。具体的な作品のジャンルとしての性格は、これらのものがいろいろにからみ合うことによって決定されるといえる。たとえば『秋の霧』は、自然映像を用い、想像上の対象を、抒情的な表現の仕方で描いた作品である……。もちろん、ジャンルを区分するといっても、侵すべからざる明確な境界を作るのではない。いろいろなジャンルの境界は重なりあい、複雑な様相を呈している。しかし、研究の上でも、実作の上でも、あるジャンルの基本的性格をはっきりとらえておくことは必要である。そして私たちが映画について全体的に考えてきたことは、もう一度各ジャンルの特質を考えあわせることによって、より具体的なものとなるだろう。

なお映画のジャンルには、フィルムの性質によるもの、八ミリ、一六ミリ、三五ミリ、七〇ミリなど、あるいは短編、中編、長編などのジャンルが考えられる。特に八ミリ映画は、映像の性質自身、他のものとちがうとも考えられ、さらには製作の状況（これによっても何らかのジャンル区分は可能かもしれない）も異なっており、現在充分に考えるべき問題を含んでいると思うが、別に考えるべき性質のものであるため、ここでは触れない。もちろん八ミリ映画にも、映画の一般的性質として私たちが考えてきたものは、あてはめられる。他方、製作目的による分類として、「ニュース映画」、「教育映画」、「科学映画」、「P・R映画」、そして「テレヴィ映画」などが区分されるが、これもまた別に考えるべき問題である。

テレヴィジョンの問題

テレヴィジョンは、映画美学の研究対象ではない。もしそれが独自の芸術的性格を備えているのなら、テレヴィジョンの美学が、映画美学とは別個に考えられなければならない。もしそれが芸術として何ら独自の性格をもっていないのだったら、テレヴィジョンは美学ではなく、他の学問の研究領域に属すべきである。

しかしテレヴィジョンは、たしかに映画に似通った性格をもっている。あまりにも似通っている、そういったほうがよいかもしれない。映画が生まれたとき、それは他のものとあまりにもちがった性格をもっていた。いわば異端の子であった映画は、芸術の仲間に入れてもらうために、先輩の模倣をしてはそのものになりきれない矛盾を感じつづけ、ついに他の何ものにもない独自の性格を形成する以外、他のものと同列に並ぶことのできないことを悟ったのだった。テレヴィジョンは、生まれてすぐ、映画という自分に似通った先輩を見つけた。先輩の長所は、ほとんどが容易に自分のものとなった。技術の進歩いかんでは、テレヴィジョンは映画のすべてを自分のなかに吸収してしまうだろう。しかし、テレヴィジョンが自分のなかに映画を包みこんでしまったとき、後に何が残るのだろうか。映画館はなくなるかもしれない。映画会社はテレヴィジョン局に吸収されるかもしれない。だがその場合でも私たちは、自分の居間で、かつて映画と名づけられていた芸術を鑑賞しているだろう。私は自分の映画美学を、例としてあげた作者名や作品名を変更するだけで、「テレヴィジョン美学」と名を変えて刊行しつづけるだろう。テレヴィジョンが映画を吸収したとき、テレヴィジョンは映画化されてしまうかもしれない。しかし、これはむしろ望ましい方向なのだ。

テレヴィジョンが映画の骨や肉をわがものにし、成長をつづけることもあろう。映画は死ぬだろう。映画の主要な部分はテレヴィジョンに吸収されたのだから、もって瞑すべきかもしれない。しかし、映画という芸術の微妙な性格は骨や肉だけではなく、それらの微妙な関係、その上にかけられた薄い皮膚によって作りだされているのだ。私たちは類い稀な美人の肉と骨を喰らった野獣を愛しつづけねばならないのか。

テレヴィジョンが真に独自性をもった芸術となるということは、映画全体を自分のなかに吸収しきることでもなく、映画の息の音を止めることでもない。映画に接近し、その成果を学びとることは必要だろう。しかし、いつかは映画に絶縁状をつきつけなければならない。他のあらゆる芸術になかった真に独自の性格を、みずからの力で探し求め、確立しなければならない。

映画の側でも、自分にはないテレヴィジョンの個性を、教えかつ目ざめさせる必要があろう。いたずらに巨大な画面を誇り、テレヴィジョンを見下すのは益のないことである。映画美学の立場からテレヴィジョンについて語りうることがあるとすれば、映画の側から見た両者の相違ということだろう。

⑴ テレヴィジョンの世界の根本的な性質

映画映像（以下単に映像と略していう）は、カメラの前に行われている出来事を記録し、再現する性質をもつ。観客の側からいえば、かつて生じた出来事を、現にいま生じているかのように再現するものだった。テレヴィジョン映像（以下TV映像と略していう）は、現に今生じているものが、TVカメラによってとらえられ、伝えられるものである。今生じているものが、TVカメラによって映像に移しかえられ、観客につたえられる。映像の特徴が再現にあるのなら、TV映像の特徴は移しかえにあるといってよい。

TV映像の表わすものは、今現にカメラの前にある。それはいわば存在の保証をもっている。もちろんブラウン管の上に何かが存在するのではない。しかしTV映像を通して、たしかに観客は、カメラの前にあるものの存在と結ばれているのである。TV映像は、存在しないままに存在の保証を有するという、特殊な性格を有する。映像にはそのような保証はまったくない。映像の表わすものが、現に存在するという保証のないことはもちろんであるが、かつてあったという過去の存在の確証もない。過去の存在は、存在の痕跡によって信ずるほかない。

映像の表わすものは、それを存在しないままに信じこむことによって、私たちに対して意義を獲得するものだったが、ＴＶ映像の場合には、存在の確証性によってある意義を獲得する。信じこむのではなく、私たちはＴＶ映像によって仲介されたものの存在と関りあっているのである。映画の場合には、映像によって作りだされる世界のなかに入りこみ、そのなかで生きるのだが、テレヴィジョンの場合には、ＴＶ映像を通して存在する事物に接するのである。

映画では、映像の作りだす世界に私たちを引きこみ、私たちにそれを信じこませるためにある手続が、ある準備が必要である——暗い館内、映写開始前の音楽……。テレヴィジョンはそのような手続、準備をまったく必要としない。信じこむまでもなく、ＴＶ映像はある意義をもってそこにあるから……。映画の世界は、それを包みこむ殻をもたず、私たちに対してむき出しのままあたえられるものだった。しかもそれは、現実の世界とはまったくちがった性格をもっている。もしもこの現実の世界の真只中に、別の世界がむき出しのままに現われるなら、現実の世界はそのなかにおし入り、うちくだき、解消させてしまうにちがいない。神がこの世界に降臨し、その姿を現わすためには聖なる場所が必要とされるだろう。映画の世界がむき出しのままその姿を現わすためにも、ある場所が、そのために捧げられた聖なる場所が必要なのである。俗界の不信の空気が聖なる場所をかき乱すとき、神は現実界から姿を消し、不在となる……しかしどこか他の次元に、他の仕方で存在するだろう。映画にとっての聖なる場所に現実の世界がおし入るとき、映画の世界は消えさる。しかしそれはたしかにどこか他に別の存在を有しつづけ、聖なる場所がそのために捧げられる時、ふたたび姿を現わすのである。

テレヴィジョンの世界は、ブラウン管上のＴＶ映像によって作りだされるのではない。その世界は、むき出しのまま私たちにあたえられているのではない。それは、つねに、ＴＶ映像の向こう側にある他の世界が、ＴＶ映像を通して私たちの日常生活の世界に入りこみ、私たちを包んでしまうのでは決してない。ＴＶ映像に移しかえられたある世界は、その姿をブラウン管の背後から私たちの前に現わすが、日常の世界とそれの間には、透明な壁が立ちふさがり、日常の世界がそのなかに入りこんでいくのを許さない。テレヴィジョン受像機は、最も日常的な家庭の内に置かれ、私たちは日常的雰囲気のなかで生活をつづけながら、それを見るのである。

たしかに私たちは、ＴＶ映像を通して、存在の保証をもった対象とひとつの関係を結ぶ。しかし私たちは、映画の世界へ入りこむようには、テレヴィジョンの世界に入りこめない。その点でＴＶ映像は、鏡に映った像（それも一種の映像だろうが）に似通っているともいえる。私たちは鏡の映像を信ずるのではなく、見るのである。もちろん鏡の上に実際にある対象が存在するのではない。しかし鏡の映像の表わすものが、現にそのとき、鏡の前に存在していることは確実である。鏡の映像もまた存在を保証されている——鏡に映るということ自体が存在の保証なのだろう。しかし、私たちはいかようにしても、鏡のなかに入ることはできない。コクトーが映画のなかでやってみせたように、鏡をつき抜けて向う側の世界に入りこむことは、現実には不可能なことである。ブラウン管は、こちら側の世界ではなく、向こう側の世界を映しだし、こちら側に見せてくれる鏡だといってよい。

いったん映画の世界に入りこんでしまえば、私たちは簡単にはそこから脱けだすことができない。

たとえ脱けだしえたにしろ、私たちは映画に捧げられた聖なる場所に閉じこめられているのであり、ふたたびその世界に立ち戻らざるをえないだろう。テレヴィジョンの場合、世界は透明な鏡の向う側にしかないのだから、そして私たちは日常の空間のなかにいるのだから、目をそらすことによって、ごく簡単にその世界との関係を断つことができる。ふと鏡の角度を変えれば、今までとはまったくちがった映像が結ばれるだろう。テレヴィジョンの鏡の角度を変えることによって、私たちは向う側のちがった世界と関係をもつことができる。しかも、鏡の角度は、私たちの手によってある程度自由に変えられるのである（チャンネルの選択）。映画では、同一のスクリーンにまったくちがった性質の世界を、つぎからつぎへ現わしだすことは、まったく不可能なことである。テレヴィジョンでは、チャンネルの切替によって、同一のブラウン管上にちがった世界が、一瞬の間にその姿を映しだすのである。

このような両者の相違は、映画作品の放送という現象のなかに、最もよく現われるといえる。それがたとえどんなに優れた作品であっても、放送された映画は、私たちに一種の白々しい印象と苛立たしさを感じさせずにはおかない。映画特有の濃い世界の雰囲気がつたわってこないのである。ブラウン管の上にあるのは映像ではない、あくまでもＴＶ映像なのである。向う側の世界で上映されている映画作品を映しだしたＴＶ映像なのである。鏡をつき抜けて向う側の世界に入りこめば、あの雰囲気にふれ、映画の世界に入りこめるだろうに……。それが禁じられているのだ。画面が小さくなる、明暗のコントラストが強調され、中間のトーンが消え失せる……、それらはむしろ二次的なことだろう。

⑵　テレヴィジョンの空間と時間

ＴＶ映像は、ある世界のＴＶカメラの視野に入った部分の切りとりである点、その空間は、映像と同様に、部分的であり、連続的であり、同質である。映画の場合と同様に、ＴＶ映像もかなり自由にかつ急速に交替しうる。しかし、その交替しうる範囲は、映画に比べてかなりかぎられるのではあるまいか。ＴＶ映像は、現にそのときある場所で生じているものの移しかえであり反映であった。ということは、別の面から見れば、ＴＶ映像の空間の変化しうる範囲は、ある時間、ある場所の内部に限定されることを意味する。生じている、起きているということは、ある時間の継続を意味するものであり、瞬間的なものではない。そしてあるものが生じながら運動しうる範囲は、かなり限定されるからである。

現に生じているものをとらえるのだから、カメラの視点設定、あるいは視点の運動も、ある制限を受けることになる。ある位置を選び、ある運動をするために、現に生じつつあるものを停止させることはできないからである。野球試合の中継のときに、ピッチャーの投球モーションをある角度からとらえたいといって、グラウンド内にＴＶカメラをもちこむことは不可能なことである。数台のカメラを同時に使用することによって、この制限はある程度ゆるめられるだろうが、問題を根本的に解決することは、もちろんできない。この点で、ＴＶカメラにとっては、望遠レンズやズームレンズが、映画カメラの場合よりもはるかに重要な意義をもつのである。

テレヴィジョンでは、場所の変化は映画に比べかなり限定されたものとなり、またある場所の内部での視点変化も少くならざるをえない。多数のカメラの同時使用、多種類のレンズ使用によって、映画とは別種の変化をえることは可能にしても……。

時間の点では、テレヴィジョンは映画とかなりちがった性質をしめす。現に生じつつあるものの移しかえであるTV映像の時間は、ある場所で現に流れている時間とまったく同一であるという性質をもつ。したがって映画に見られるような時間の圧縮も拡大もありえない。ある一定の場所の内部に流れる時間は、逆行も飛躍も行いえない。それは現に流れつづける時間である。もちろん場面の変化とともに時間が飛躍し、また逆行することはできるが、現に行われつつあるものは、ある時間持続するのだから、映画の時間のような自由さは失われるにいたる。他方、場所の変化もある制限を受けるため、異なった場所に同時に流れる時間の表現にもひとつの限界がある。

以上のように考えると、テレヴィジョンの空間・時間は、映画のそれから演劇のそれへ近づいたもののように考えられる。もちろん時間・空間とも演劇の場合のような固さを脱してはいるが、映画のそれと比べれば、やはり一種の固さをもつといわざるをえない。

以上のことは、テレヴィジョンの世界が、全体としては演劇の世界に接近していることを意味するもののように思われる。私たちは映画とテレヴィジョンの相違を知るために、放送された映画作品を例に考えたのだったが、それにならって演劇との関係を考えるために、放送された演劇作品、つまり舞台中継について考えてみよう。

この場合も、舞台上の世界が、TV映像を通して日常の世界に姿を現わすのでないことは、改めていうまでもない。向う側にある舞台の世界が、ＴＶ映像として姿を映しだしているにすぎない。その世界に入りこむことは許されていない。しかし、演劇の世界は、明確に限定された空間と時間によって構成されるある確とした、完結した世界である。観客がそのなかに入る世界ではなく、観客に対してある世界。もともとそのような性格をもつのだから、演劇は放送されることによって、映画がその中心的な性格を失ってしまうようには、失うものをもたないといってよい。映画にはまったくなかった存在の確証が、演劇にもテレヴィジョンにも存在する。そして濃厚な雰囲気によって私たちをそのなかに引きこむ世界ではなく、私たちに対してある世界を作りだすという点でも、この二者には共通した性格がある。とすれば、演劇の世界は、ＴＶ映像に完全に移しかえられるのだろうか。

ＴＶ映像は、演劇の世界の直接の反映なのだろうか。演劇を鑑賞するときには見ることのできないような舞台空間の細部が、人物の細かな表情がＴＶ映像としてとらえられており、ある意味では演劇鑑賞の場合よりも直接に演劇の世界に対しているようにも考えられる。望遠レンズやズームレンズは、演劇の世界をより身近にひきつけ、ある場合には境界を越えてその世界のなかに入りこんでいくようにさえ考えられる。しかしＴＶカメラは舞台に入りこみもしないし、それ自身舞台に接近していきもしない。ＴＶカメラのおかれている場所は、明らかに観客席のなかである。観客が自分に対してある演劇の世界を見ているように、ＴＶカメラも演劇の世界に対しているのだ。ＴＶ映像は現にある場所で生じているものの移しかえであった。ところが、ＴＶカメラは、現に生じている演劇の世界のなかにいて、それをＴＶ映像に移しかえているのではない。ＴＶカメラのいるのは、現にいま生じつつある演劇の世界に対している人びとのなかなのだ。演劇の世界が直接反映しているのではない。観客に対している世界が、その対しているという性格をもったままTV映像に移しかえられ、私たちはまたそれに対しているのだ。舞台中継の場合、私たちは二重にへだてられた演劇の世界を見ていることになる。舞台中継を見るときの、あの一種のもどかしさも、こうしたことが原因なのだろう。

舞台中継は、ときによって、もどかしさとともに苛立たしさを感じさせることがある。舞台に対して一定の位置におかれた観客席にすわりながら、私たちはつねに一様に舞台を見ているのではない。物語の展開につれて、私たちの視線は舞台空間のある一部に、ある人物のうえに特に注がれ、動きつづけるのである。視線は私たちが関心をもつものに、物語の発展の上で重要な意義をもつものに向けられるだろう。つまり視線の動きは、作品に対する私たちの態度によって決定されるのである。TVカメラもまた、ある観客と同様に、ある場所から舞台をとらえなければならない。直接の関係なしに作られた世界と対しているのだから、TVカメラもまたある判断にもとづきながら、視線を動かさなければなるまい。もっとも、舞台中継の場合、カメラは一台ではなく、三台あるいはそれ以上使用されるのであるから（いってみれば数人の観客の態度を平均した性格をもちうるのであるから）、作品に対する判断は、かなり中和され、一般化されることもありうる。しかし、あるひとつの舞台から同時にえられる数個のTV映像のなかから、ただひとつだけを選択して放送するのであるから、作品に対する態度は、一般観客の場合よりさらに強いものにならざるをえないとも考えられる。その上、各種のレンズを自由に用いることにより、TVカメラの視線の動きは、一般観客の視線の動きとは比較にならないほど多様なものとなり、それを導くためにも強い態度が要求されると考えられる。

以上のことは、テレヴィジョンの舞台中継を、演劇を見るようには見られないということを意味する。TV映像は舞台の直接の反映ではなく、ある独特な態度をとる個人（ディレクター）の意のままに動くTVカメラによってとらえられ、いくつかのなかから当人によって選びとられたものである。ある作品に対してある独特な態度をとる、それは作品を解釈することを意味しよう。私たちが見ているものは、実はある人物によって解釈されたものなのである。TV映像は移しかえという性格をもつが、それはもともと解釈という作用を内在させたものともいえる。舞台中継の場合、移しかえるべき対象が、すでに他の手段によってできあがった作品であったため、解釈の作用が表面化するものと考えることもできる。解釈が正当で納得させる力をもつ場合には、私たちはそれを受けいれることができる。解釈が自分自身のものと一致する場合には、私たちはある喜びをもって舞台中継を見るだろう。しかし、解釈が明らかに誤りで、納得させる力ももたないときには、私たちは作品の本来の姿にあこがれて、しかもそれに接することのできない苛立ちを感じるにちがいない。具体的には、ある時特にある人物の表情に注意を注ぎたいと思っても、見ることができないのである。ある作品を解釈した結果には、何らかの意味でその作品に対する批評の要素が含まれると考えられる。もちろん解釈がそのまま批評であるなどと考えることはできないが……。舞台中継は、放送される演劇作品に対する批評の要素も含みうるのである、もっとも、現在の舞台中継は、複数のカメラやその他によって、作品に対する態度を中性化しようとする傾向をとっていると思われるが、演劇の世界をTV映像に直接反映させることができないかぎり、それはかえって曖昧なものにおわる危険が大きい。

舞台中継について考えることから、私たちは演劇作品にたいしてあるTVカメラの重要な意義を見いだした。映画カメラとTVカメラは、機構上の相違があることは当然だが、機能ないし役割の点ではどのようなちがいをもつのだろうか。

(3) カメラの問題

映画の場合にも、カメラは現にそのとき自分の前で生じているものを撮影する。しかし、撮影したものが同時に映像となって観客の前に現われることはない。このことは映画カメラの動きがほとんど無制限のものとなることを意味する。ある視点をとるために、人物の動きを中断することもできる。フィルムの結合によって人物の動きは連続をあたえられるから――。時間的な順序をまったく無視して撮影することもできる。映像の結合ないしはその他の手法によって、一定の時間的な秩序が完成されるのだから――。映画のカメラは、自分の前に、何らかの意味でのまとまりをもつ世界を有していない。映画カメラが、ある世界を構成すべき部分部分を作りだしていくのである。この意味では、映画カメラは創造的な性質をもつ。

TVカメラの動きは、空間的・時間的にかなりの制限をうけることは前にのべた。ある出来事がある場所で生じている時間、TVカメラはその場所に、いわば縛られている。ということは、TVカメラが、とらえようとするものの場所・時間の性質に従っているということになる。つまりTVカメラは、撮影する対象の空間的・時間的法則の支配下にある。

映画の場合とちがって、TVカメラは、ある一定の時間的・空間的性質をもつものを対象とする。もちろんTVカメラもある空間の内部を運動しながら、その部分をとらえる。しかしながら、映画の場合には、全体はまったくあたえられず、カメラは全体を構成すべき部分を、あるいはある全体（世界）の雰囲気をもった部分を作りだしていくのであるが、テレヴィジョンの場合には、ある全体があたえられ、TVカメラはその全体の法則に支配されながら、全体の部分をとらえていくのである。この意味で、TVカメラは映画のカメラのようには創造的でない。何らかの意味で独立した（固有の法則をもつ）事物を、特定の観点（態度）にもとづいてとらえ、TV映像にそれを移しかえるという意味で、TVカメラは解釈する性質、批評する性質をもつと考えることができる。もちろん撮影する対象の性質によって、これらの性質がかなり表面にでたり、あるいは潜在的なままでいたりするだろうが、映画カメラと比べた場合のTVカメラの特色としてこれらの性質を考えることは充分可能と思う。

創造するカメラによって作りだされ、ある全体（世界）の雰囲気をもつ映像と、解釈するカメラによってとらえられ、つねに私たちに対してあるTV映像とを比較すれば、前者は主観的・情緒的性質をもつのに対し、後者は客観的・理性的性質をもつということもできる。もちろんこれは、両者を比較しながら相対的にその性質の特徴をとらえていうのであって、理性的性質をもつ映像や情緒的性質をもつTV映像も、当然考えられるのである。

以上で考えたことは、舞台中継ないしは中継放送一般についていえることであって、特にテレヴィジョンのために作られるもの、たとえばテレヴィ・ドラマなどについてはあてはまらないのではないか、そういう疑問は当然生じるだろう。たしかにテレヴィ・ドラマの場合には、カメラはドラマに対しているのではなく、ドラマの生ずる現場にいる。そしてドラマの台本、演技、装置などは、明らかにカメラの動きを予想して考えられているのだから、そのときのカメラは、解釈する性質をもつものではなく、創造的性質をもつものというべきではないか。

テレヴィジョンの場合、ともかくある一定時間内で、その時進行しているドラマが放送されなければならないのだから、映画の場合のようにセットを作りかえることは不可能となる（短時間のうちに組立てられるセットは、ドラマの納得させる力を弱めるだろう）。したがってセット数はかなり限定されるだろう。ということは、ある同一の場所である一定の時間、物語が展開しなければならないことを意味する。かぎられた場所に物語を分散させることは、ドラマを多様化し豊かにするのではなく、むしろくりかえしによる単調な印象をあたえるにすぎない。

ある場所である出来事が生じれば、ある一定の時間、それは中断することなく展開しつづける。たとえそれがカメラ・ワークを配慮して演出されたものであっても、いったん出来事がはじまれば（放送が開始されれば）、主導権はカメラにはない。カメラはある視点から展開する出来事を映像に移しかえるだけである。もちろんこの場合、カメラは出来事の現場を直接にとらえており、出来事はTVカメラのために生じているのだから、解釈し批評する性質は、舞台中継のようには表面化しない。しかし、依然としてその性質は保たれつづけるのである。

テレヴィ・ドラマは、全体としては、あるドラマ的な世界が、（解釈し批評する性質をもった）T

Vカメラによって、TV映像に移しかえられたという性格をもつ。そして、そのドラマ的世界の性質は、映画の世界に類似した性格をもちながら、空間・時間の点で演劇に接近する。もちろん、テレヴィ・ドラマは映画と演劇の平均値的な性格をもつものではない。カメラが介入するという点で演劇と異なり、カメラの性質の点で映画とも異なる。単純に演劇と映画の中間に位するものと結論することもできない。私たちは、むしろここにテレヴィ・ドラマの独自の性格を見るべきであろう。そしてこの独自な性格を開拓することにより、テレヴィ・ドラマは独立した芸術の一ジャンルとして成立することができるにちがいない。

このようにして成立するテレヴィ・ドラマの芸術は、しかし従来の純粋かつ自由な創造性を中心とする芸術とは、かなり性質を異にするものとなるにちがいない。それは、あるいは、解釈の芸術とでもいうべき性質をもつのかもしれない。他方、テレヴィジョンは、在来の芸術の解釈・批評という性格をもちうるかもしれない。舞台中継・音楽会中継・展覧会中継という形をとりながら……。そして、純粋に娯楽的な番組、教育的な番組を除けば、テレヴィジョンは一種の文明批評としての役割を果すのかもしれない。

(4) テレヴィ映画とヴィディオ・テープの問題

今まで考えてきたことは、これら二つのものには適用されない。ヴィディオ・テープの出現により、テレヴィジョンは同時性を免れて、映画に匹敵するだけの可能性を獲得する。しかしそれははたしてテレヴィジョンそのものの芸術的な独自性を強めうるものだろうか。安易な映画的な性格をあたえるものにはならないだろうか。私たちが前に考えたような性格は、決してテレヴィジョンにとって否定的なものではなく、その独自性を保証するものであったことを考えれば、ヴィディオ・テープの使用はかなり慎重に行われなければならないだろう。そしてヴィディオ・テープによる映像と、TVカメラによる映像の間には、明らかに性質の相違があるのだから、それを要求し、それを許すような場合にのみ、二つの種類の映像の混用を行うべきである。

テレヴィ映画の場合、テレヴィジョンのために作られた映画として、純粋の映画作品の放送に伴ういくつかの否定面は克服され、是正されるだろう。観客を作品の世界に引きこむための配慮は、テレヴィ映画にとっては無用のものとなる。展開される映画の世界のなかに入りこまず、それを外から眺められるのであるから、映画の物語に対する一種の反省が可能となろう(もちろん映画に比較しての話であるが……)。いわゆる推理的な内容をもつものは、映画にはかならずしも適しているとは思われないが、テレヴィ映画には好適のものといえよう。そして、外から眺める観客を画面にひきつけるためには、物語そのものの力に頼る度合が多くなるにちがいない。テレヴィ映画は、直截で魅力に富んだ語り口をもたなければならない。この点、映画はテレヴィ映画から教わるべきものをもっているといえよう。そしてテレヴィ映画の上映時間が、三十分あるいは一時間という場合が多いことを考えれば、それは短編小説に似通った性格をもつとも考えられる。映画において短編(劇映画)というジャンルは、いろいろな理由で存在しにくかったのであるが、テレヴィ映画はその可能性を教えてくれるともいえる。

しかし、テレヴィ映画は、テレヴィジョンのためのものであっても、テレヴィジョンによって作りだされたものではない。それはあくまでもごく特殊な映画作品なのである。ある新しい魅力はもっているが、映画特有の魅力のかなりの部分を失って終った映画作品なのである。

以上はテレヴィジョンを映画の側からごく大ざっぱに考えた結果にすぎない。テレヴィジョン独自の芸術は、まだはっきりその姿を見せていない。しかしその可能性は明らかにある以上、テレヴィジョンに対して美学的な考察を加えることは、必要なことであり、有益なことである。しかし、テレヴィジョンの根本的な性質の解明のうえに立つのでないかぎり、テレヴィジョンの芸術的な可能性を見きわめることは不可能である。現在必要なのは、いわゆるテレヴィ芸術論ではなく、テレヴィジョンの哲学なのである。

アントニオーニ、ミケランジェロ（Antonioni, Michelangelo, 1912-2007）
彼ほど現代を感じさせる映画作家は少いだろう。それはまず彼の作品のテーマに由来する。『さすらい』（*Il Grido*, 1957）、『情事』（*L'Avventura*, 1960）、『夜』（*La Notte*, 1961）、『太陽はひとりぼっち』（*L'Eclisse*, 1962）という四作を通じてのテーマは、具体的接触を失って孤独の中にしかも無意味な生の営みを続けねばならないという、現代人の精神的状況であろう。他方、彼の映画は、慣習的手法を完全に拒否した所に成立する。それは明らかに、直接的関係の有無はともかく、ロッセリーニやブレッソンなどの用意した道の、もっとも先端に位している。そして、その手法はそのテーマの表現に分ち難く結びついている点、新しい文学との親近性を思わせる。レネ、ベルイマンなどとともに、現代のもっとも重要な作家であろう。

イヴェンス、ヨリス（Ivens, Joris, 1898-1989）
抒情的な短編ドキュメンタリー作家として知られた彼は、のち政治的色彩の濃い作品を作ったといわれるが、パリとセーヌ河についての美しい映画詩『セーヌの詩』(*La Seine a rencontré Paris*, 1957)によって、『橋』(*De Brug*, 1928)などの当初の抒情性にもどったといわれる。

市川崑(一九一五―二〇〇八)

特異で鮮烈な映画美に対する感覚、それが彼の特徴である。題材は彼のこうした感覚を誘発するものがえらばれ、かならずしも内容的一貫性はない。多様な題材の処理のために多彩な技巧が駆使される。『ビルマの竪琴』(一九五五)、『炎上』(一九五八)、『野火』(一九五九)、『おとうと』(一九六〇)、『私は二歳』(一九六二)。〔『東京オリンピック』(一九六五)〕

ヴィゴ、ジャン(Vigo, Jean, 1905-1934)

フランス映画のもっとも特異な才能といわれたが、成熟期に達することなく若死した。彼の特色は透徹した観察力と鋭い批判力であり、しかもそれを包みこんでいる一種の抒情性であろう。ドキュメンタリー映画『ニースについて』(*À propos de Nice*, 1929-30)、一種の自伝といわれる『操行ゼロ』(*Zéro de Conduite*, 1932)、商業政策のために原型を変えられたといわれる『アタラント号』(*L'Atalante*, 1934)が残された作品であり(短編が一つあるといわれるが)、彼の優れた才能をうかがわせてくれる。

ウェルズ、オーソン(Wells, Orson, 1915-1985)

おそらく『市民ケーン』(*Citizen Kane*, 1941)一作だけでも映画史に名をとどめるだろうウェルズは、そのあまりにも特異な才能の故に活躍の場を与えられないばかりか、未だ充分な評価を受けるにいたっていない。シュトロハイム(Erich von Stroheim, 1885-1957)とともに現代の「呪われた詩人」といわれる所以である。『市民ケーン』の新しさは、パン・フォーカスやモンタージュなどの技法だけによるのではなく、人間の無意識の世界を、既成の理念的なものによっては捉えられない人間存在の実体を映画によってあばき出した点にあるのであり、ある論者のいうように、この作品によって映画の新しい時代が始ったとも考えられるのである。バロック的ともいわれる動的でエネルギッシュな才能の故に、誤解されまた否定されるのであろうか。

エイゼンシュテイン、セルゲイ（Эйзенштейн, Сергей, 1898-1948）
モンタージュ理論と力に満ちた作品によって、その後の映画に決定的な影響をあたえた。具体的な性格を持つ映像を、ある独特な仕方で結合することによって、概念的内容を表現する可能性を見出したことは、明らかに映画の歴史に大きな時期を画したというべきである。エピゴーネンによってその映画作法が教条視され、映画をある枠の中におしこむ結果になったとはいえ、彼の作品そのものは、創意に満ち新鮮な迫力を有するものであり、『戦艦ポチョムキン』（*Броненосец Потёмкин*, 1925）などは映画の古典的作品と称するに足る。第二次大戦後の『イワン雷帝』（*Иван Грозный*, 1944, 1946）はスターリンにより形式主義的として批判を受けたが、緊迫した構成を持った彼の傑作である。

エディスン、トーマス（Edison, Thomas A., 1847-1931）
リュミエール兄弟とともに映画技術の完成者と考えられている。実際に映画の製作を行ったのでないことはいうまでもないが、みずから映画会社を設立、二十世紀の初頭までアメリカ映画界に重要な地位を占めた。

オータン＝ララ、クロード（Autant-Lara, Claude, 1901-2000）
アヴァン・ガルドの出身。『肉体の悪魔』（*Le Diable au Corps*, 1946）によって優れた才能を発揮、声価を確立した。ラディゲの原作を戦争という枠の中に移しかえ、鋭い社会批判を見せた手腕は、ジャン・オーランシュ（Jean Aurenche, 1904-1992）とピエール・ボスト（Pierre Bost, 1901-1975）の脚色とともに、充分評価されるべきだろう。

オフュルス、マクス（Ophüls, Max, 1902-1957）

彼の形式への強い関心、その軽快・優美・艶美な様式は、かえって彼を浅薄で無内容の作家と誤認させてしまった感があるが、一部の批評家によって簡単に片づけられるような、そんな作家ではない。むしろ自己の様式を探究しつづけた作家であり、軽やかな外面の奥にはある暗い気分を漂わせ、人間の生の秘密をうかがわせてさえいる。『輪舞』（*La Ronde*, 1950）、『快楽』（*Le Plaisir*, 1951）、『たそがれの女心』（*Madame de…*, 1953）そして『歴史は女で作られる』（*Lola Montès*, 1955）など。

オリヴィエ、ローレンス（Olivier, Laurence, 1907-1989）

彼の作品は、あくまでも演劇の俳優、演出家の立場から、演劇的問題を映画によって処理しようとした試みの結果であると思われ、『ヘンリー五世』（*Henry V*, 1944）、『ハムレット』（*Hamlet*, 1948）、『リチャード三世』（*Richard III*, 1955）は、映画作品としての統一した様式をかならずしもしめしていない。しかし文芸作品の映画化にひとつの新しい可能性を与えたことは、彼の大きな功績である。

カステラーニ、レナート（Castellani, Renato, 1913-1985）

ネオ・リアリズムの中でも、地方的色彩の強い作家といわれている。『二ペンスの希望』（*Due Soldi di Speranza*, 1951）は、地方色を生かし、イタリー特有の喜劇味を加えながら作られた作品である。『ロメオとジュリエット』（*Giulietta e Romeo*, 1953）などを経て、次第にリアリズムから離れていったといわれる。

カルネ、マルセル（Carné, Marcel, 1906-1996）

一九三〇年代のフランス・リアリズムの作家といわれることが多いが、むしろ閉された状況の中での愛を通しての、宿命的、ペシミスティックな――しばしばロマンティックな――気分の表現をその特徴とする。『霧の波止場』（*Quais des Brumes*, 1938）、『日は昇る』（*Le Jour se lève*, 1939）。そしてバルザック的と評せられる『天井桟敷の人々』（*Les Enfants du Paradis*, 1945）もその例外ではない。なおこれらの作品のシナリオを書いたジャック・プレヴェール（Jacques Prévert, 1900-1977）の功績を忘れることはできない。

木下恵介（一九一二―一九九八）

新鮮な感覚によって一作ごとに何らかの試みを行い、慣習的な技法に縛られやすいわが国の作家の中にあって、きわ立った存在となっている。『お嬢さん乾杯！』（一九四九）、『カルメン故郷に帰る』（一九五〇）、『日本の悲劇』（一九五三）、『二十四の瞳』（一九五四）、『楢山節考』（一九五八）など。

キルサノフ、ディミトリ（Kirsanoff, Dimitri, 1899-1957）

印象的な映画詩『秋の霧』（*Brumes d'Automne*, 1927）の作者として知られる。

クリスチャン＝ジャック（Christian-Jaque, 1904-1994）

多作家であり平凡な作品も多いが、アルチザン的技巧の持主であり、題材によっては佳作を生む。『花咲ける騎士道』（*Fanfan la Tulipe*, 1952）、『空と海の間に』（*Si Tous les Gars du Monde*, 1956）など。

グリフィス、デヴィド（Griffith, David Wark, 1875-1948）

先人の探究を総合し、映画的表現の独自性を確立した事によって、映画芸術の父と呼ばれることもある。『国民の創生』（*The Birth of a Nation*, 1915）、『イントレランス』（*Intolerance*, 1916）が代表作と考えられる。

しかし彼の中にある大時代的な貴族趣味、人種的偏見、文学趣味などがその作品に過剰な表現となって現われたともいわれる。そして映画の発展から結局はとり残される結果になった。

クレマン、ルネ（Clément, René, 1913-1996）

レジスタンス運動をドキュメンタルな手法で描いた『鉄路の闘い』（*La Bataille du Rail*, 1945）、『禁じられた遊び』（*Les Jeux Interdits*, 1952）、『居酒屋』（*Gervaise*, 1956）などにより緻密な構成を伴なったリアリスティックな手法を見せたが、他方『しのび逢い』（*Monsieur Ripois*, 1954）や『生きる歓び』（*Quelle Joie de Vivre*, 1961）などでは喜劇的手法により現実への鋭い諷刺を見せる。平凡な作品も多いが、現代フランスの重要な作家の一人である。

クレール、ルネ（Clair, René, 1898-1981）

ルノワールとともにフランス映画を代表する一人。『眠るパリ』（*Paris qui dort*, 1923）や『幕間』（*Entr'acte*, 1924）などのアヴァン・ガルド映画で出発した彼の中に、様式化的・詩的傾向を見てとるのは容易である。それに加うるに軽妙なイロニーの感覚。これが無声映画時代の『イタリーの麦わら帽子』（*Un chapeau de Paille d'Italie*, 1928）などに始まる戦前の作品の特徴をなすものということができる。『パリの屋根の下』（*Sous les Toits de Paris*, 1930）は音の処理に独創性を見せてトーキー初期の混乱に一つの解決を与え、『ル・ミリオン』（*Le Million*, 1931）はオペレッタ的・バレエ的手法に鮮かさを見せ、『自由を我等に』（*A Nous la Liberté*, 1932）はチャプリンの『モダン・タイムス』の先駆的作品である。戦後は、人物の生きた内面の表現への努力がうかがわれ、『夜の騎士道』（*Les Grands Maneuvres*, 1956）、『リラの門』（*Portes des Lilas*, 1957）などは、コメディーからドラマへの転換を示すものと評されている。

黒澤明（一九一〇―一九九八）
現実と人間に対する熱烈な関心、それが彼の映画の基調をなすといえる。しばしばいわれるようにある理念的なものにもとづいているのではあるまい。人間に対する、特にひとつの特異な状況の中におかれた人間の苦闘に対するその関心は、作品にやや卑俗なものが介入することをおそれず、ひとつの強い力をもった作品を作りあげる――それがその作品をしばしばアンバランスなものにすることも否定できない。『酔いどれ天使』（一九四八）、『野良犬』（一九四九）、『羅生門』（一九五〇）、『生きる』（一九五二）、『七人の侍』（一九五四）、[『乱』（一九八五）] など。

コクトー、ジャン（Cocteau, Jean, 1889-1966）
映画はこの詩人にとっては、詩的創作の手段に他ならない。そして『詩人の血』（*Le Sang d'Un Poète*, 1930）、『オルフェ』（*Orphée*, 1950）、『オルフェの遺言』（*Le Testament d'Orphée*, 1960）は、殊に映画による詩人自身の自画像といった性格が強く、その点でシュールリアリズムの映画から完全に区別されねばなるまい。愛による時との戯れ、それが彼の作品の特徴であるともいえるだろうか。『美女と野獣』（*La Belle et la Bête*, 1946）、『恐るべき親たち』（*Les Parents Terribles*, 1949）などの他、シナリオ、会話のみを書いた作品もある。映画史の流れから独立した、特異な存在である。

シァンピ、イヴ（Ciampi, Yves, 1921-1982）
『悪の決算』（*Les Héros sont fatigués*, 1955）においてその才能の一端を示している。なおサドゥールによれば、一九五〇年から五五年にかけての新人監督の中では、才能を持った少数の一人だという。

シェーベルイ、アルフ（Sjöberg, Alf, 1903-1980）
『もだえ』（*Hets*, 1944）、『令嬢ユリー』（*Fröken Julie*, 1951）の二作だけによっても、ベルイマンとともにスウェーデンの生んだもっとも重要な作家であることがうかがわれるが、わが国で公開された作品は上記二作のみで、詳細に語りえない。無声時代のスウェーデン映画、ソヴィエト映画、ドイツ表現主義映画の影響が顕著といわれるが、精神分析学と社会学の融合——こんな譬喩でその特徴をいい表わすことができるのではないか。いずれにせよ、もっと紹介されてしかるべき作家である。

新藤兼人（一九一二—二〇一二）
シナリオ・ライターとして出発、後監督に転じ、『原爆の子』（一九五二）など多くの作品を作っているが『裸の島』（一九六一）において優れた成果を示した。

スミス、ジョージ（Smith, George Albert, 1864-1959）
ウィリアムスン（James Williamson, 1855-1933）とともに、いわゆるブライトン派を形成し、映画史のごく初期に、当時としては非常に先進的な技法を用いた映画を作っていた。クローズ・アップ、編集などがかなり効果的に用いられている事は驚くべきである。『美術学校のねずみ』（*Tony and the Mouse in the Art School*, 1902）など多くの作品がある。

チャプリン、チャールズ（Chaplin, Charles Spencer, 1889-1977）
映画の、というよりは現代の最大の喜劇作者である彼について、短い文章であらためて語るべき何があろうか。ただ次のようなことは考えられよう。彼の俳優としての天分、人間的性情、そして人間理解が完全に調和し、完成した様式を示している作品は『キッド』(*The Kid*, 1921)、『黄金狂時代』(*Goldrush*, 1925)、『街の灯』(*City Light*, 1931)、『モダン・タイムス』(*Modern Times*, 1936) などであり、『独裁者』(*The Great Dictator*, 1940)、『殺人狂時代』(*Monsieur Verdoux*, 1949) は優れた作品であることは否定しえぬにしろ、その主題は一人の芸術家が自己の肉体によって表現しうる範囲を超えており、ある不統一を内在させていたといえる。『ライムライト』(*Limelight*, 1952) において自己自身の問題に帰った彼は、映画による自己の内的手記という稀有の仕事を完成するが、『ニューヨークの王様』(*A King in New York*, 1957) においては、不統一はもはや覆うべくもない。しかし彼の作品はつねに映画のある原型的なものを保持しつづけており、作品の質とともに他に対する影響力の大きさによって、最大の映画作家たるに値する。

ディズニー、ウォルト (Disney, Walt, 1901-1966)

エミール・レノー (Emile Reynaud, 1844-1918) により発明され、エミール・コール (Emile Cohl, 1857-1938) などにより大きな発展を見た「アニメーション映画」の作家として、ディズニーの名前は他のすべてを消しさるほど一般化している。初期の作品 (『シリー・シンフォニー』(*Silly Symphony*) のシリーズなど) にはたしかに独創性が見られるが、その後技術の進歩とともにアニメーション映画のジャンルとしての特徴は、彼の作品から次第に姿を消し、俗化しているようにも思われる。

ドライヤー、カール (Dreyer, Carl T., 1889-1968)

おそらくもっとも個性的な映画作家の一人であるドライヤーの、『裁かるるジャンヌ』(*La Passion de Jeanne d'Arc*, 1928) は、主題、題材、そして表現の技法までが、無声映画というジャンルの特質に完全に適合した作品といえ、もっとも完全な映画作品と呼ぶことができよう。おそらくドライヤーは人間の苦悩 (情熱) を描こうとしたのであろう、人間を神に向かって引上げるべき苦悩を。メークアップを行わないファルコネッティの顔が美しく、雄弁であり、聖なる趣きを呈していたのもその故なのだろう。そして、このテーマは『怒りの日』（*Verdens Dag*, 1943）などにおいても、追求されている。

パウエル、マイケル（Powell, Michael, 1905-1990）

エメリック・プレスバーガー（Emeric Presburger, 1902-1988）と共同で『黒水仙』（*Black Nurcisus*, 1946）、『赤い靴』（*The Red Shoes*, 1948）、『ホフマン物語』（*The Tales of Hoffman*, 1951）などを製作し、特に色彩表現の面で新しい試みを見せている。

ヒューストン、ジョン（Huston, John, 1906-1987）

『マルタの鷹』（*The Maltese Falcon*, 1941）、『黄金』（*The Treasure of Sierra Madre*, 1948）、『アスファルト・ジャングル』（*Asphalt Jungle*, 1950）から『白鯨』（*Moby Dick*, 1956）に到るまで、彼の作品の主人公は運命や社会的制約に反抗しながら行動する人間であり、その意味で実存主義的と評する批評家もいる。しかしその作品には統一した様式は存在せず、単なるアルティザンだと評するむきもあり、評価はかならずしも定まっていない。しかしその作品がつねに新しい制約に対する反抗の結果であるとすれば、統一した様式的特徴の欠如も当然であろう。ハリウッドにおける異色の作家である。

フェデ、ジャック（Feyder, Jacques, 1885-1948）

一九三〇年代のフランス映画を代表する一人といわれる。『外人部隊』（*Le Grand Jeu*, 1934）、『ミモザ館』（*Pension Mimosas*, 1935）、『女だけの都』（*La Kermesse Héroïque*, 1935）などが代表作と考えられる。この三作のシナリオを書いたシャルル・スパーク（Charles Spaak, 1903-1975）の個性を見逃すことはできないが、心理的リアリズムとでもいうべきものが、これらの作品に共通の特徴であろう。そして女性を通して描き出される人間への幻滅感と無力感が色濃く現われ、『女だけの都』にあってはそれがシニカルな笑いとなっており、前二作に見られるメロドラマ的要素を克服して、彼の最高傑作となっている。

フェリーニ、フェデリコ（Fellini, Federico, 1920-1993）

ある意味ではロッセリーニと強い親近性を有する作家である。彼の関心も人間的現象に向けられるが、その人間は彼にあっては神と獣的存在の間を烈しく上下する存在として捉えられ、そのすべてを余す所なく描き出そうとする結果、彼の映画は聖と俗、神と悪魔のバロック的混淆といった趣きを呈する。『道』（*La Strada*, 1954）、『カビリアの夜』（*Le Notti di Cabiria*, 1957）、『甘い生活』（*La Dolce Vita*, 1960）などを代表作と考えることができる。

フォード、ジョン（Ford, John, 1894-1973）

アメリカの代表的作家であるが、近年スタイルの古さ、個性の欠如などの理由でその作品にさしたる価値を認めようとしない傾向が出てきている。しかし外的な危険に対する集団という、彼に典型的に見られる題材を通して、人間の生の営みのある面が直接的に捉えられている事も事実である。『駅馬車』（*Stage Coach*, 1939）などの「西部劇」に成功する事の多いのもうなずける。他方『わが谷は緑なりき』（*How Green was My Valley*, 1941）のような場合、人間の内面への洞察の欠如が、致命傷となって現われる。

プドフキン、フセウォロド（Пудовкин, И Всеволод, 1893-1953）

エイゼンシュテインとともに、ソヴィエト映画を代表する人物と考えられる。『母』（*Мать*, 1926）、『聖ペテルスブルグの最後』（*Конец Санкт-Петербурга*, 1927）、『アジアの嵐』（*Потомок Чингисхана*, 1928）などが代表作といわれるが、その作品の公開の機会は少なく、むしろ理論活動によって知られているといってよい。

フラハーティ、ロバート（Flaherty, Robert J., 1884-1951）

『ナヌーク』（*Nanouk*, 1920-22）、『アランの人』（*Man of Aran*, 1935-37）などで知られるドキュメンタリー作家。『ルイジアナ物語』（*Louisiana Story*, 1948）では、人間と自然が一体化した調和的な世界に対する愛情がその作品を支えているように思われ、現実の客観的表現というよりは主情的な性格が強い。他に対する影響は非常に大きい。

ブレッソン、ロベール（Bresson, Robert, 1901-1999）

既成のすべてのものを拒否する彼は、自己の内的要求とそれにもとづいて選択しぬかれた主題を追い続けている。慣習的なもの、偶然的なものを完全に捨てさった彼の作品は、すみずみまで彼の個性によって浸透され、高い緊張した完成度をしめしている。自己の様式を確立した数少い作家の一人。「映画は何かの写真ではなく、それ自体存在する何かである」「絵筆やペンを用いて自己を表白するように、映画によって自己を表白すべきである」という彼の言葉は、その作品の特徴を充分にいいつくしている。手垢にまみれた映画は彼によって純化され、一つの極限にまでもたらされたといってよい。詩の歴史における象徴詩のような位置を、彼の作品は映画史において占める。一九四三年の『罪ある天使』（*Les Anges du Péché*）から『ブーローニュの森の貴婦人たち』（*Les Dames du Bois de Boulogne*, 1945）、『田舎司祭の日記』（*Le Journal d'un Curé de Campagne*, 1950）、『抵抗』（*Un condamné à Mort s'est échappé*, 1956）、『スリ』（*Pickpoket*, 1959）、『ジャンヌ・ダルク裁判』（*Le Procès de Jeanne d'Arc*, 1962）、[『バルタザールどこへ行く』（*Au Hasard Balthazar*,

1966)〕へと、実に寡作であるのも、むしろ当然といえるだろう。

ベルイマン、イングマール（Bergman, Ingmar, 1918-2007）

一貫した主題を追いつづけ、自己の様式を確立している数少い映画作家の一人である。神の不在による現実の悲惨さ、純粋な生への意志の現実における挫折、神との連りを欠いた直接的生への努力の無意味さとグロテスクな喜劇性〔『不良少女モニカ』（*Sommarnattens med Monika*, 1953）、『夏の夜は三度微笑む』（*Sommarnattens leende*, 1955）〕。他方永遠の生の流れの中にくみ入れられることによって生ずる人間存在の意義が、老人の内的世界や誕生の神秘を通して描き出され〔『野いちご』（*Smulstronstället*, 1957）、『女はそれを待っている』（*Nära livet*, 1958）〕、神との純粋な結合が処女の奇蹟を通して描かれている〔『処女の泉』（*Jungfrukällan*, 1960）〕。〔そして自伝的な色合の濃い『ファニーとアレクサンデル』（*Fanny och Alexander*, 1982）など。〕

ポーター、エドウィン（Porter, Edwin S., 1870-1941）

「メリエスが映画を演劇の方向に押しやったとすれば、ポーターは映画を映画的方向に押し進めた人である」とは、『アメリカ映画の興隆』（*The Rise of the American Film, A Critical History*, 1939）の著者として知られるジェイコブス（Lewis Jacobs, 1904-1997）の言葉である。たしかに、彼は一種のドキュメンタルな手法によって映画に動きを与え、旧大陸の固化した映画に対して、生きた若々しさを持った映画を作り出した。とともに「西部劇」というアメリカ映画固有のジャンルを開拓した功績も忘れることができない。

マクラーレン、ノーマン（McLaren, Norman, 1914-1987）
非常に特異な作家。カメラを用いずフィルムに直接描いて作る動画や特殊なテクニックの映画で知られる。彼の作り出すまったく抽象的な形象は、観客にはある具体的存在を有すかのように思われ、彼によって描かれる人間は、物的な性格をあたえられるかのように思われる〔『ある椅子の物語』（*A Chairy Tale*, 1957）など〕。

マル、ルイ（Malle, Louis, 1932-1995）
いわゆるヌーヴェル・ヴァーグ（Nouvelle Vague）の一人。映画的感性ないし思考を、習得によってではなくほとんど生得のものとして有している若い世代の一人として、技巧上の柔軟さは見るべきものがあるし〔『地下鉄のザジ』（*Zazie dans le Métro*, 1960)〕、『死刑台のエレベーター』（*Ascenseur pour l'Echafaud*, 1957）や『恋人たち』（*Les Amants*, 1958）の感覚性もすてがたい。

マン・レイ（Man Ray, 1890-1976）
『理性への復帰』（*Retour à la Raison*, 1923）、『エマク・バキア』（*Emak Bakia*, 1927）などの「純粋映画」を作った後、シュールリアリズム映画の中の傑作『ひとで』（*L'Etoile de Mer*, 1927）を作った。人間と物体が輪郭を失って溶けあったような映像は、たしかに新鮮で魅力的な一つの世界をしめし出している。

溝口健二（一八九八―一九五六）
世界的に評価の確立した日本人作家の一人。それは単なるエグゾティズムによってではなく、世界（人間と自然）に対する非西欧的態度、永遠の愛に対する新鮮な感覚にもとづくものであろう。自然、人間そして時間に対する日本的感覚に徹した時、彼は慣習的な映画の技法を自ら克服し、新鮮な作品を作りえたのだと思われる。『祇園の姉妹』（一九三六）、『雨月物語』（一九五三）、『近松物語』（一九五四）など。

ミトリ、ジャン（Mitry, Jean, 1907-1988）

シネマテーク・フランセーズの創設者の一人であり、映画理論の面で知られている彼は、オネゲルやドビュッシーの音楽にもとづいた美しい短編映画を作っている。『パシフィック231』（*Pacific 231*, 1949）、『ドビュッシーのための映像』（*Images pour Debussy*, 1952）など。

メリエス、ジョルジュ（Méliès, Georges, 1861-1938）

無数のトリックの案出と組織的な演出の導入によって、映画に「物語」をあたえたメリエスは、珍しさだけにすぎなかった映画に、見世物としての永続的な土台を与えた。他方、そのことによって、リュミエールの映画が持っていた生き生きとした性格が失われ、映画が人工的、演劇的方向へ一歩押しやられたことも否定できない。こうした史的評価はともかく、今日たとえば『月世界旅行』（*Le Voyage dans la Lune*, 1902）や『不可能界旅行』（*Le Voyage à travers l'impossible*, 1904）などを見ると、彼の「変身」（métamorphose）への一種の情熱が、素朴な魅力を醸し出していることに気づく。再現的なリュミエール映画とともに、変身的なメリエス映画は、その後の映画の主要な二つのタイプの原型をなしていると考えられる。

メルヴィル、ジャン＝ピエール（Melville, Jean-Pierre, 1917-1973）

特異な才能を持ち、新鮮で実験的な作品はフランスの若い作家たちに大きな影響を与えたといわれる。『海の沈黙』（*Le Silence de la Mer*, 1947）、『恐るべき子供たち』（*Les Enfants Terribles*, 1950）など。

モンゴメリ、ロバート（Montgomery, Robert, 1904-1981）

一人称映画への試みたる『湖中の女』（*Lady in the Lake*, 1946）によって知られる。むしろ俳優として著名。

ラモリス、アルベール（Lamorisse, Albert, 1922-1970）

少年と野生の馬の交流を描いた『白い馬』（*Crin Blanc*, 1953）、『赤い風船』（*Le Ballon Rouge*, 1956）によって知られる。記録的手法によっているものの、その作品は「映画詩」と呼ぶにふさわしく、またその発想と天分は短編的性格を有しており、長編の『素晴しき風船旅行』（*Le Voyage en Ballon*, 1960）は前二作ほどの成功を収めていない。

ランデ、マクス（Linder, Max, 1883-1925）

チャプリン以前の最大の喜劇俳優であり、チャプリンは彼を師と称している。典型的なフランス中流階級に属するような人物を創造し、その点でも明らかにチャプリンの先駆者と考えられる。卑俗なだけであった喜劇映画に一種の心理分析と繊細さをもちこんだ功績は忘れることができないが、その身振の適確さと創意に満ちていることは、彼の作品を無声時代のもっとも優れたものにさせ、現在なおそれに新鮮さを与えている。『マクスの決闘』（*Max a un Duel*, 1911）、『マクス大きくなりたがる』（*Max veut grandir*, 1912）、『マクスと除幕式』（*Max et l'Inauguration de la Statue*, 1912）など。

リヒター、ハンス（Richter, Hans, 1888-1976）

『リズム21』（*Rythmus 21*, 1921）その他の抽象映画によって知られる。

リュミエール兄弟（Lumière, Auguste, 1862-1954 ; Lumière, Louis, 1864-1948）

エディスンとともに映画の発明者として知られている。映画製作は主にルイによって行われ、『列車の到着』（*L'Arrivée d'un Train en Gare de La Ciota*, 1895）、『工場の出口』（*La Sortie des Usines Lumière à Lyon*,

1895）などの題名が示すように、実写によって生きた現実を再現することを目した。一方『水をかけられた水まき男』（*L'Arroseur Arrosé*, 1895）によって、最も素朴ではあるが演出による喜劇を作り出している。それまでは実験室の中の機械にすぎなかった映画に、社会的性格を与え、その後の発展の基礎を作った人として、映画史の中で重要な意義を有する。

ルーキエ、ジョルジュ（Rouquier, Georges, 1909-1989）

ドキュメンタリー映画作家。農村のある家族の生活を描いた『ファルビク』（*Farrebique*, 1946）で才能を示す。これは自然の季節の推移、大きな時間の流れに重点をおいた作品で、社会批判その他よりは、むしろ詩的持味の作品である。他に『ルールドとその奇蹟』（*Lourde et ses Miracles*, 1954）など。

ルノワール、ジャン（Renoir, Jean, 1894-1979）

フランスを代表する映画作家の一人。その特色は、適確で幅広い人間把握にある。そして人間は彼においてはつねに社会的存在として捉えられており、したがって彼の創造する人物は、ある階級、職業、人種……の典型としての性格を有する。『トニ』（*Toni*, 1935）は下層労働者の問題をテーマにした最初のフランス映画といわれ、またネオ・リアリズムの先駆的作品ともいわれる。『ランジュ氏の犯罪』（*Le Crime de M. Lange*, 1936）では人民戦線当時のフランス社会が見事に描出され、『大いなる幻影』（*La Grande Illusion*, 1937）の持つ作品としての大きさ、深さは他に類例を見ない。一方彼の中に天性的なものとしてあるゴール的エスプリは、前述の特質と合致した時に傑作『賭の規則』（*La Règle du Jeu*, 1939）を生み、一方では『ピクニック』（*Une Partie de Campagne*, 1936）その他を生む。また画家ルノワールの子供としての絵画的感覚は、『フレンチ・カンカン』（*French Cancan*, 1954）などの色彩映画において発揮されている。

ルビッチ、エルンスト（Lubitsch, Ernst, 1892-1947）
ドイツでの活躍の後、ハリウッドに移り、『ラブ・パレード』（*Love Parade*, 1929）、『陽気な中尉さん』（*The Smiling Lieutenant*, 1931）、『ニノチカ』（*Ninotchka*, 1939）などの喜劇映画を作り、ハリウッドにおけるこのジャンルの映画に大きな影響をあたえた。

レジェ、フェルナン（Léger, Fernand, 1881-1955）
画家。チャプリンをもっとも早く認めた一人として知られるが、物体の舞踊とでもいうべき『バレエ・メカニック』（*Ballet Mécanique*, 1924）を作った。

レネ、アラン（Resnais, Alain, 1922-2014）
『ゴッホ』（*Van Gogh*, 1948）、『ゲルニカ』（*Guernica*, 1950）、『ゴーガン』（*Gauguin*, 1950）などの美術映画で特異な才能をしめした彼は、『夜と霧』（*Nuit et Brouillard*, 1955）においては、独特な時間構成によって、ナチの残虐が単なる過去の事実ではなく、現在に生きる人間の意識の問題であることをしめした。このことは、彼の最初の長編である『二十四時間の情事』（*Hiroshima Mon Amour*, 1959）でさらに拡大され探究されている。主題に密着した見事な時間処理、形式の独自性などにより、この作品はきわめて注目すべきものであり、サドゥールのいうように、映画史に一つの転機を与えたものともいえる。時間、意識の問題は『去年マリエンバートで』（*L'Année Dernière à Marienbad*, 1961）においても、主要なテーマとなっている。

ロッセリーニ、ロベルト（Rossellini, Roberto, 1906-1977）
いわゆるネオ・リアリズムの代表的作家と考えられている。ネオ・リアリズムがある世界観によって裏づけられた芸術上の主義主張ではなく、カメラによる現象の忠実な記述を通しての本質の露呈という、創作の態度に関するものであると考えるなら、ロッセリーニをもっともネオ・リアリズム的作家と考えるのは正当である。その意味では『戦火の彼方』(*Paisà*, 1946)、『ドイツ零年』(*Germania Anno Zero*, 1947) などがその代表作と考えられる。しかし彼の捉えようとする現象が人間的現象であり、それを通して露わにしようとするものが人間の魂の問題である以上、『ストロンボリ』(*Stromboli*, 1949)、『ヨーロッパ51』(*Europa 51*, 1952) や他のカトリック的色彩をもった作品を、彼の後退と見ることは当をえていない。その創作の基本的態度は、旧来的な物語上の統一の無視、エイゼンシュテイン的モンタージュの無視となって現われ、戦後の若い世代に対する影響は非常に大きかった。

ワイラー、ウィリアム (Wyler, William, 1902-1981)
ハリウッドにおける最もオーソドックスな作家で、着実な技巧の持主。その特色は『我等の生涯の最良の年』(*The Best Years of Our Lives*, 1946) においてあます所なく発揮され、『女相続人』(*The Heritrice*, 1949) などにおいては、パン・フォーカスの手法による心理描写などとともに、緊密な構成の作品を生み出している。その後ハリウッド的商業主義の枠内での製作が続くが、その場合でもそのオーソドックスな態度は失われていない。

文献解題

＊印は邦訳のあることを示す。書名は原題の直訳を用いたため、邦訳の書名とは必ずしも一致しない。

映画に関する数多い著作の中から、主要なものを選びだすことは、かなりむずかしい。ある時期に非常に大きな影響力をもっていた本でも、現在の私たちから見れば、それほど問題にならないと思われるものも少くないし、非常に優れた研究と考えられるものでも、問題があまり特殊な場合には、とりあげるのが（特にこの本のように概説的な内容をもつ時には）ためらわれるといった工合である。それに重要と思われるものでも、現在入手不可能なものがかなりあるし、第一に映画関係の本のすべてに目を通すことは、到底不可能なことである。私たちは、この本のはじめで、映画の研究につきまとうむずかしさについて考えた。映画の古典的作品がきわめて少かったように、いやそれ以上に映画に関する古典的著作は少い。映画研究の歴史をかえりみることは、しかしながら、ここでの目的ではないのだから、現在の、しかも私たちが今まで考えてきたことに直接の関係をもつものの中から、さらに幾つかを選びだしてみよう。はじめに主要なものについて、内容をごく簡単に紹介し、その他のものについては書名をあげるだけにしたい。なお映画理論の歴史を知るためには、アリスタルコの『映画理論史*』（Guido Aristarco : *Storia delle Teoriche del Film*, 1960）がもっとも適当であり、アジェルの『映画の美学*』（Henri Agel : *Esthétique du Cinéma*, 1957）も一種の理論史と考えてよい内容のものである。

この解題の目的に従って、一九四〇年代以降の著作を中心としたいが、それ以前のものについてはまとめて先に考えることにする。評論的な、あるいはエッセイ的な色彩の強いものは割愛せざるをえない。もっとも初期のまとまった映画研究書としては、リンゼイの『映画の芸術』（Vachel Lindsay : *The Art of the Moving Picture*, 1915）などが知られているが、現在でも問題とすべき価値を充分もつと考えられるものに、『価値哲学』（*Philosophie der Wert*, 1907）などの著作で知られるフーゴー・ミュンスターベルクの『映画劇——心理学的研究*』（Hugo Münsterberg : *The Photoplay, a Psychological Study*, 1916）がある。映画のいろいろな技法が人間の心の働きと共通した性格をもっていると考え、映画が単なる写真による現実の模倣ではなく、むしろ現実を心の法則の支配下におくものであると結論している。映画が機械技術としてしか、あるいは低俗な娯楽品としてしか認められていなかったような時に、技法の具体的な分析を通して映画が精神の産物であり、他の芸術にはない独自の性格をもっていることを理論的に明らかにしたことは、この本の大きな功績である。

コンラート・ランゲの『現在と未来の映画』（Konrad Lange : *Das Kino in Gegenwart und Zukunft*, 1920）の内容については、本文中でも一、二度ふれた。この本の基礎となっている美学的な理論も、現在ではそれほど価値のあるものと考えられないし、その理論を映画に適用する仕方も、多くの誤りを含んでいる。しかしその後の映画研究者がなおざりにしてしまった映画の重要な側面にひとつの光があてられていることは事実であり、著名な美学者による映画研究として、その後の研究を触発する役割は確かに果したと思われる。誤った結論をしているからといって、無視されてよい本ではない。多くの人びとが早急に結論したように美学が無力なのではなく、適用の仕方に問題があったのである。熱狂的な映画芸術論などより、はるかに大きな問題を提示している。

芸術に対する根本的な考え方という点では、おそらくランゲの域を一歩も出ていなかったにもかかわらず、ランゲとは逆に映画に芸術的な可能性を見てとったのが、ルードルフ・アルンハイムの『芸術としての映画』*（Rudolf Arnheim : *Film als Kunst*, 1932）である。なお戦後この著作の主要部分とその他の論文が一緒にされた英語版（*Film as Art*, 1958）が刊行され、翻訳は英語版によっている。芸術は現実の単なる模写ではないという常識的な見地に立ち、現実像とごく類似した映像を用いる映画は、現実の単なる模写に終る危険性をもっているため、むしろ現実像と映像の相違を強調しなければならないと考えている。そしてそれを幾つかの点にわたって論じながら、さらにそこから具体的な技法の分析まで進み、その範囲内ではかなり精緻な論証を行っているが、彼の根本的な態度から、結局無声映画の理論という感じが強い（これは戦後の版でも同様である）。

バラージュ・ベラの『視覚的人間――映画文化』*（Balázs Béla : *Der sichtbare Mensch, oder die Kultur des Films*, 1924）は、標題の示すように映画芸術の理論というよりは、視覚文化論（あるいは映像文化論）という色彩が強い。内容は本文中で簡単に紹介したが、現在でも充分聞くに値する意見である。なおバラージュはその後『映画の精神』*（*Der Geist des Films*, 1930）などの著作を発表し、戦後、以前の著作の総まとめともいえる『映画の理論――新しい芸術の発展と本質』*（独訳、*Der Film-Werden und Wesen einer neuen Kunst*, 1949. 英訳、*Theory of the Film-Character and Growth of a New Art*, 1952）を発表している。厳密な意味での学問的性格は欠いているにしろ、独創的な観点に立って映画を全体的にとらえようとする試みは、示唆に富んだ結果を生みだしている。

エイゼンシュテインの諸論文は、理論といえるかどうかにも、前に考えたような疑問があるが、他に対する影響が非常に大きいこと、映画の発展を理解するためには欠くことのできないものであることから、必読の文献というべきである。その論文はいろいろな形で出版され、翻訳されているが、ジェイ・レイダが翻訳、編集したものがもっとも手ごろなものである（Sergei M. Eisenstein : *Film Sense*. Translated and edited by Jay Leyda, 1942. do, : *Film Form-Essay in Film Theory*. Translated and edited by Jay Leyda, 1949）。［なお『エイゼンシュテイン全集』全十巻（エイゼンシュテイン全集刊行委員会訳、キネマ旬報社）がある。］

(1) 歴史関係の文献

映画史の著作としては、まずジョルジュ・サドゥールの『映画全史』*（Georges Sadoul : *Histoire Génerale du Cinéma*, 1946-）をあげなければならない。現在刊行中の全六巻八冊におよぶ大部の著作は、つぎのような内容をもつ。『映画の発明（一八三二―一八九七）』（*L'Invention du Cinéma*（1832-1897), 1946）、『映画の開拓者たち（一八九七―一九〇九）』（*Les Pionniers du Cinéma*（1897-1909), 1947）、『映画、芸術となる（一九〇九―一九二〇）。(1)戦前。(2)第一次大戦』（*Le Cinéma devient un Art*（1909-1920). *I. L'Avant-Guerre*. 1951, *II. La Première Guerre Mondiale*, 1952）、『無声の芸術（一九二〇―一九三〇）』（*L'Art Muet*（1920-1930））、『トーキ

ーの登場（一九三〇―一九三九）』（*Les Débuts du Parlant*（1930-1939））、『現代。⑴戦中の映画（一九三九―一九四五）。⑵戦後（一九四五―一九五四）』（*L'Époque Contemporaine. I. Le Cinéma pendant la Guerre*（1939-1945), 1954. *II. Après-Guerre* (1945-1954)）。

資料の豊富なこと、単なる年代記に終らず映画の発展を有機的にとらえようとしていること、視野の広いことなど、数多い映画史関係の著作の中でも出色のものといえよう。あまりにも大部なもののため、一般的とはいえないが、より簡便なものとしては、同じサドゥールの『世界映画史。起源から今日まで*』（*Histoire du Cinéma Mondiale. Des Origines à nos Jours*, 1963）がある。

モーリス・バルデーシュとロベール・ブラジヤックの共著『映画史』（Maurice Bardèche et Robert Brasillach : *L'Histoire du Cinéma*. tome I. 1953, tome II. 1954)、ルネ・ジャンヌとシャルル・フォールの共著『映画汎史』(René Jeanne et Charles Ford : *L'Histoire Encyclopédique du Cinéma*. tome I - tome IV. 1947-1958)。

以上二書も、サドゥールのものとはちがった、それぞれ独自な特色をもつ本である。

英語で書かれた映画史関係の本は、よいものが少く、アメリカ映画史、イギリス映画史には一、二代表的な著作があるが、特殊にわたるので省略する。

ドイツ語では、フリートリッヒ・フォン・ツグリニッキの『映画の歩み。映画とその先駆者の歴史』(Friedlich von Zglinicki : *Der Weg des Films. Die Geschichte der Kinematographie und ihrer Vorläufer*, 1956）があげられる。これは映画技術の成立にいたる道とトーキー発生までを対象とした歴史で、資料を扱う態度の正確さなど、優れた著作である。それに対して、ウルリッヒ・グレゴールとエンノ・パタラスの共著『映画史』（Ulrich Gregor und Enno Patalas : *Geschichte des Films*, 1962）は、明らかに映画芸術の歴史であることを目的としており、そのために一九一九年まではわずか四十頁足らずがさかれているにすぎない。現在刊行されている映画史の中では、最も新しく一九六〇年までを扱っている。先のツグリニッキの本と、いわば一対をなす関係にあるといってよい。

特殊な問題を扱ってはいるが、非常に重要な文献として忘れることのできないのは、ジークフリート・クラカウアーの『カリガリ博士からヒトラーまで*』（Siegfried Kracauer : *From Caligari to Hitler*, 1947）である。書名が示すように、ドイツ映画の、しかもそのある時期を扱っているにすぎないが、社会心理学的な方法を映画史に適用したものとして、独自の意義をもつ。映画の動きと、社会、政治、企業などの動きが密接に関係づけられ、映画を通してドイツ民族の心情の秘密を明らかにしようとしたものと考えてもよい。

(2) 理論関係の文献

ジルベール・コーエン＝セア『映画哲学の諸原理に関する試論*』（Gilbert Cohen - Séat : *Essai sur les Principes d'une Philosophie du Cinéma*, 1946, Nouvelle Edition, 1958）

本文中でも触れたこの著作は、いろいろな映画研究の基礎学としての映画哲学の必要をはっきり述べたものとして、映画研究に新しい道を切り拓いたものと考えられる。いろいろな側面に共通に認められる映画の本質的な性格を「コミュニケーション」ないしは「情報」の手段としてとらえ、映画を一種の社会的な機関と考えている。第一部では現代文明の中での映画を考察し、第二部では映画哲学の主要な研究課題として、観客、映画によってひきおこされる心理的反応、映画の技法と意味、映画による陳述の性格などをあげ、分析している。難解な点もあるがもっとも重要な文献のひとつである。

アーネスト・リンドグレン『映画の芸術』(Ernest Lindgren : *The Art of the Film*, 1948)

平明な文章で、中庸の態度をとって書かれ、しかも全体としてひとつの水準に達している著作。鋭い分析には欠けるかもしれないが、温和な正当な意見を含んでおり、入門書としては好適のものと思われる。最初映画が製作される過程を説明した後、いわゆる「フィクション・フィルム」の性格について一般的にふれ、その後編集、音、カメラ、音楽、演技などの具体的な要素を分析し、最後に芸術作品としての映画について、まとめの意味もかねて、述べている。ロジャー・マンヴェル(Roger Manvell)は、英語で書かれたもっとも完全な映画理論書であると激賞している。

エティエンヌ・スリオ『映画学と比較美学』(『国際映画学雑誌』第三巻一〇号所収)(Etienne Souriau : *Filmologie et Esthétique Comparée*, in *Revue Internationale de Filmologie*, tome III, No. 10)

雑誌論文ではあるが、非常に重要な文献と考えられるので取上げる。スリオは現代フランスの代表的な美学者であり、『諸芸術の照応』(*La Correspondance des Arts*, 1947)などの著書が知られている。いろいろな芸術はその構造や要素のうえで一種の微妙な対応関係におかれており、ある二種の芸術の対応する構造や要素を比較することによって諸芸術の関係や性格が明らかにされると考え、いわゆる「比較美学」の方法を提唱している。この論文は、その比較美学の方法を映画に適用したものである。映画は総合芸術と呼ばれるほど、他の芸術とは複雑な対応関係におかれており、しかもその特質がまだ充分に明らかにされていないため、その性格がかなり明らかにされている他の芸術と映画を比較することは、非常に豊かな結果を期待しうるものと思う。スリオは、この論文では、演劇、小説、絵画、舞踊などと映画を比較しており、その分析の一部は、本文中にも簡単に紹介しておいた。

コアン＝セアの著作とともに、フランスにおける映画研究を飛躍的に発展させるのに力のあった論文とも考えられ、また「映画学」という学問を独立させるのにも、ひとつの原動力となったと考えられる。

なお『国際映画学雑誌』は、パリ大学の「映画学研究所」(Institut de Filmologie) が中心となって発行されている雑誌で、スリオやコーエン＝セア、アンリ・ワロン、ガブリエル・マルセル (Gabriel Marcel) などの重要な論文が発表され、純粋に学問的な映画研究誌として特異な性格をもっている。美学的な研究のみならず、社会学的、心理学的な研究から、さらには大脳生理学的な映画研究の論文ものせられ、非常に幅が広い。現在フランスの、というよりは世界の映画研究の水準を知るうえで、非常に重要なものである。

ワルター・ハーゲマン『映画——本質と形態』(Walter Hagemann : *Der Film-Wesen und Gestalt*, 1952)

ハーゲマンは、いわゆる公示学 (Publizistik、コミュニケーション論といってよいかもしれない) を専門とする学者であり、この本も『公示学への寄与』(*Beiträge zur Publizistik*) と題された叢書の一冊として刊行されたものである。このようなことを考えれば、ハーゲマンが映画を「一つの新しい言葉」としてとらえていることも、当然のこととして理解されるだろう。しかし彼は、この著作は映画の公示学的・心理学的・美学的問題を扱うのだといっており、映画芸術論としての性格も強くもっている。

映画が人びとに与える影響の性質がまず分析され、そこでは運動の問題、空間・時間の問題、視覚的・聴覚的要素の問題がとりあげられる。ついで映画作品の形成の問題が扱われ、内容上の構造、映画のいろいろな様式、種類の分析が行われ、最後に映画作品と映画観客の問題が扱われている。

全体がある一定の方法によって統一され、妥当な意見が多い。特に映画の様式（個人、時代、民族別の様式）を分析している点、他にあまり類例がなく、この本の一つの特色ともなっている。著者もいっているように、映画の問題をうきぼりにさせる一種の教科書的性格をもっており、研究を始めようとする人にもっとも適した本といえる。

なおハーゲマンによって編集、刊行されている『映画研究』（*Filmstudien*, I. 1952, II. 1954, III. 1957）という論文集の中にも、多くの興味深い論文が収められ、西ドイツにおける映画研究の水準を知ることができる。

エティエンヌ・スリオ編著『映画の世界』（*L'Univers Filmique*. Texte et Présentation par Etienne Souriau, 1953）

この本は、パリ大学の「映画学研究所」の研究員たちが、映画学上のいくつかの問題を分担し執筆した論文を集めたものである。これらの論文の題目によって、映画学がどのような問題をもっているかを、一部分ではあるがうかがうことができよう。そして、統一した用語や規定された概念にもとづいて行われる研究が、いかに多くの無駄を省きうるかが知られよう。集められた論文の質は、かならずしも一様ではないが、幾つか優れた論文もあり、フランス映画学の豊かな成果と可能性を示すものといえる。その中でも、特に次の論文は、重要なものと思われる。

ジャン＝ジャック・リニエリ「映画における現実の印象——信憑の現象」（Jean-Jacques Rinieri : *L'Impression de Réalité au Cinéma ; les Phénomènes de Croyance*）

映画鑑賞の態度を、この論文のように鋭くかつ適確に分析したものは、他にあまり類例がないのではあるまいか。現象学的な方法、あるいはサルトルの想像論の助けを借りて、リニエリは映画鑑賞の特質を「夢に似た」ものとして捉え、それによって映画の現実的性格をも説明している。本文で映画鑑賞の態度について考えた時、リニエリのこの論文からは、非常に大きな示唆を受けている。やや難解な点がなくもないが、その論旨は見事といわざるをえない。

その他この論文集には、時間の問題、衣裳や装置、音、音楽の問題などに関する十数編の論文が収められている。そして巻頭のスリオの手になる映画学用語のごく簡単な解説も非常に興味深いものである。

マルセル・マルタン『映画言語』* (Marcel Martin : *Le Langage Cinématographique*, 1955)

映画を一つの言語と考える点では、ハーゲマンなどの場合に共通しているが、マルタンの特徴は、クローチェ (Benedetto Croce) の説を参考にしながら、言語としての映画と、芸術としての映画とが、同一の学問によって研究しうると考えていることである。クローチェの場合芸術は表現を特色とするものとして捉えられ、言語もまた表現のもっとも根本的な一つであるのだから、言語の哲学は表現の哲学であり、したがって芸術の哲学、美学だとされている（クローチェの美学は『一般言語学と表現の学としての美学』(*Estetica come Scienza dell'Esperessione e Linguistica Generale*) と名づけられている)。

映画の根本的性格を表現ということに認め、その研究によって映画の本質を捉えようとし、しかも本質の研究が映画芸術の研究にもなると考えたマルタンの着想は、クローチェを土台にしたにせよ、優れたものといえる。しかしそういった着想がこの本全体に行きわたっているかというと、そうでもなく、全体は有機的なまとまりをやや欠いて、具体的問題の分析に終ったという感がなくもない。しかし問題の捉え方、分析の仕方は確かであり、重要な文献である。

エドガール・モラン『映画・想像の人間——社会学的人間学試論』*（Edgar Morin : *Le Cinéma ou l'Homme Imaginaire. Essai d'Anthropologie Sociologique*, 1956）

非常に特色のある本である。映画を具体的な人間の現実と密接に関連させて、その全体を捉えようとしている。映画は今日では単に美学的、社会学的問題だけに還元することのできない複雑な性格をもち、いわば全人間的な現象であるとモランは考えている。したがって彼は映画を現在の人間から捉え、逆に映画によって現在の人間の問題を解き明かそうとするのである。この点で、書名の示すように、人間学的な映画研究という性格をおびているといえよう。

このような基本的な態度をとるモランは、映画をある一定の原理にもとづいて整理して捉えようとはせず、具体的な歴史の流れに即して、いわばダイナミックに映画の全体を把握しようとする。たしかに、最初の映画から現在の映画へ変化して行く過程が明らかにされるなら、映画というものをあますことなく捉えるために大きな意義があるだろう。しかもさらに特徴的なことは、映画の発展を人間の精神の発展と照し合わせながら考えている点である。

こうしてモランは、映画の本質が主観—客観、現実—非現実、理性—感情……という弁証法的な運動の中にあると考える。そして、映画が弁証法的な運動の中で分裂することなく一つの全体を形作っていることは、人間の精神の発展からみれば健全な幼児期にも比すべきものと結論するのである。

いわゆる映画芸術論を期待する人びとは、この本に失望を感ずるだろう。しかし、映画の生きた姿が捉えられていることは確かである。非常に特異な、しかし重要な文献である。

エルンスト・イロス『映画の本質とドラマトゥルギー』(Ernst Iros : *Wesen und Dramaturgie des Films*, 1938. Neue, vom Verfasser bearbeitete Ausgabe. Mit Ergänzungen und einem Vorwort von Dr. Martin Schlappner, 1957)

この本の初版は一九三八年に出版されたが、カラーや大型スクリーンその他の項目がつけ加えられ、一九五七年新版が刊行されたので、ここでとりあげることにする。この本は、第一部「映画の美学」、第二部「映画のドラマトゥルギー」に分かれ、それぞれがさらに細かな章節に分かたれている。言うならば、第一部は映画芸術の理論を述べたものであり、第二部はその理論をより具体的な問題に適用し、実際の映画製作に対してある寄与をしようとしたものであろう。

第一部では芸術一般の性格づけを基礎としながら映画芸術の特徴を論じ、つづいて映画に描かれる物語の性質や、映画の諸要素を分析し、そして最後には映画の種類や様式にも触れている。第二部では製作の組織からはじめて映画全体の構成、カメラの役割、その他の問題が扱われている。非常に多くの問題がとり上げられ、映画に関する事典といった性格をもっているといってよいほどであるが、他方、個々の問題にさかれるスペースが少いため、ひとつひとつの問題の掘り下げ方がやや不足に思われるのもやむをえないことであろう。しかし主要な問題の核心は明確に捉えられており、手もとにおいて非常に役立つ本である。ただ、この本の性質上、叙述が簡潔であり具体例なども少いため、入門書というよりはある程度専門的な研究者に適当な本ということができるだろう。

ジークフリート・クラカウアー『映画の理論――物的現実の回復』（Siegfried Kracauer : *Theory of Film-The Redemption of Physical Reality*, 1960）

クラカウアーはまず、すべての映画が映画的なのではなく、映画という媒体の根本的性質に適った映画だけが映画的なのであり芸術としても優れているという。ではその根本的性質とは何か。彼は写真を手がかりとしながら物的現実の再現ないしは露呈にそれを求めている。これは一見何の変哲もない意見である。しかしアルンハイムなどに特徴的に見られるように、映画が現実との類似を克服する時にその芸術性が確保されるというのが大方の意見であった。クラカウアーは現実との類似という性格に忠実な場合にだけ、映画は芸術的となると考える。

このように考える以上、映画が物的現実や日常生活と非常に強い関係をもつのは当然のこととされる。したがって映画では完結し、規定され、予定調和的なものよりも、無限定で、無規定で、思いがけないものがよりよく表現されると考えられるのである。幻想的な映画、歴史映画、文芸映画などは、かならずしも真に映画的だとはされない。

既成の映画理論や前代の美学理論から自由な立場で、映画の本質に切りこんだクラカウアーの分析は、非常に独創的で豊かな成果をあげている。特に現代の映画を考えるのに、大きな示唆を与えてくれると思われる。

これまであげた本のほかに、映画研究にとって重要な著作が二、三ある。それは映画について書かれたものではなく、文学や芸術一般を扱ったものであるが、その中に映画に言及した部分があり、生半可な映画理論書よりも私たちに大きな示唆を与えてくれるのである。いくつかを選んで書名をあげておこう。

アーノルト・ハウザー『芸術および文学の社会的歴史*』(Arnold Hauser : *Sozialgeschichte der Kunst und Literatur*, II, 1953)

スザンヌ・K・ランガー『感性と形式*』(Susanne K. Langer : *Feeling and Form*, 1953)

ローマン・インガルデン『文芸作品*』(Roman Ingarden : *Das Literarische Kunstwerk*, 1960)

ローマン・インガルデン『芸術存在論研究』(Roman Ingarden : *Untersuchungen zur Ontologie der Kunst*, 1962)

これ以外に、映画の美学的研究には、美学や一般芸術学、あるいは他芸術の理論などについての著作を参考にすることが必要なことはいうまでもない。しかしそれらの文献をあげることは、たとえ主要なもののみに限定するにしても、到底不可能なことである。これらの学問について一般的な知識をえ、また主要な文献を知るためには、竹内敏雄編『美学事典』(一九六一)が便利だろう。★

★　刊行後に経過した五十年あまりのあいだに、たとえば映画に関連する講座を設けている大学の数の大幅な増加などが物語るように、映画の研究は飛躍的に進展し、また多様化したといえる。しかしその成果について一々述べる必要は、ここではないだろう。ただひとつだけ、映画研究上のあたらしい領域を開いただけでなく、他にたいする影響がきわめて大きいという点で、クリスチャン・メッツの『映画における意味作用に関する試論*』(Christian Metz: *Essai sur la Signification au Cinéma*, 1972)をあげておく。

なおこの国における先駆的な研究の一例として、板垣鷹穂(一八九四―一九六六)――『映画の世界像』(一九四九)など――と、中井正一(一九〇〇―一九五二)――『美学入門』(一九五一)など――の仕事をあげておく。

著者について――

淺沼圭司（あさぬまけいじ）　一九三〇年、岩手県に生まれる。東京大学大学院修士課程修了。成城大学名誉教授。専攻、美学、映画理論。主な著書には、『映画学』（紀伊国屋書店、一九六五年）、『映ろひと戯れ』（小沢書店、一九七六年。水声社、二〇〇〇年）、『不在の光景』（行人社、一九八三年）、『映画のためにI／II』（水声社、一九八六／九〇年）、『ゼロからの美学』（勁草書房、二〇〇四年）、『映画における「語り」について』（二〇〇五年）、『物語とはなにか』（二〇〇七年）、『〈よそ〉の美学』（二〇〇九年）、『昭和あるいは戯れるイメージ』（二〇一二年）、『物語るイメージ』（二〇一三年、いずれも水声社）などがある。

装幀――宗利淳一

映画美学入門

二〇一八年一一月二〇日第一版第一刷印刷　二〇一八年一一月三〇日第一版第一刷発行

著者――浅沼圭司

発行者――鈴木宏

発行所――株式会社水声社

東京都文京区小石川二―七―五　郵便番号一一二―〇〇〇二

電話〇三―三八一八―六〇四〇　FAX〇三―三八一八―二四三七

［編集部］横浜市港北区新吉田東一―七七―一七　郵便番号二二三―〇〇五八

電話〇四五―七一七―五三五六　FAX〇四五―七一七―五三五七

郵便振替〇〇一八〇―四―六五四一〇〇

URL : http://www.suiseisha.net

印刷・製本――精興社

ISBN978-4-8010-0380-4

淺沼圭司の本

制作について——模倣、表現、そして引用　四五〇〇円
宮澤賢治の「序」を読む　二八〇〇円
物語るイメージ——絵画、絵巻あるいは漫画そして写真、映画など　三五〇〇円
昭和あるいは戯れるイメージ　二八〇〇円
〈よそ〉の美学　四〇〇〇円
物語とはなにか　四〇〇〇円
映ろひと戯れ——定家を読む　二五〇〇円
ロラン・バルトの味わい——交響するバルトとニーチェの歌　二五〇〇円
映画における「語り」について——七人の映画作家の主題によるカプリッチオ　四〇〇〇円
ロベール・ブレッソン研究——シネマの否定　四〇〇〇円
読書について　三五〇〇円
映画のために　Ⅰ　三〇〇〇円
映画のために　Ⅱ　四〇〇〇円
書物の現在（共著）　一二〇〇円

*

クリスチャン・メッツ　映画における意味作用に関する試論（監訳）　五〇〇〇円
クリスチャン・メッツ　映画記号学の諸問題（監訳）　四五〇〇円

［価格税別］